戦争と国際人道法

その歴史と赤十字のあゆみ

井上忠男

東信堂

はじめに

二一世紀に入り、世界は「テロとの戦い」に揺れている。その犠牲者は膨大な数にのぼる。

米国ブラウン大学ワトソン国際関係研究所によれば、「テロとの戦い」が宣言された二〇〇一年から一〇年間の戦闘で二二万五〇〇〇人の兵士が死亡し、戦争の巻き添えとなって死亡した民間人は、イラクとアフガニスタンだけでも一三万七〇〇〇人に達するという。また国連人権高等弁務官事務所は、二〇一四年六月、シリア内戦の犠牲者は一九万人を越えたと発表した。六〇〇〇万人以上の犠牲者を出した第二次世界大戦から七〇年。世界は今、これまでとは様相を異にする「テロとの戦い」という新たな戦争の只中にある。

こうした流血を伴うリアルな戦争の一方で、二〇一四年一一月に起きた北朝鮮によるとされるソニー・ピクチャーズへのサイバー攻撃など、サイバー空間を舞台に繰り広げられるサイバー戦争の脅威も新たな戦争として危惧されている。これからの戦争の様相は、かつての伝統的な戦争観では読み解きにくい新たな領域に突入しつつあるともいえる。

歴史家は二〇世紀を「戦争の世紀」と呼んだが、二一世紀は「新たな戦争の世紀」を思わせる幕開けとなった。今日も続くＩＳ（イスラム国）を巻き込んだシリア、イラクの内戦は泥沼化を深め一向に展望が開けない。オバマ大統領は、二〇〇九年のノーベル平和賞受賞演説の中で、「われわれが生きている間には暴力を伴う紛争を根絶することは不可能という厳しい真実を認めることから始めなければならない」と述べ、平和への道は容易に達成できないとの認識を新たにした。

テロとの戦いは、平和であるはずの日常社会にもおよび、もはや一般市民もテロ攻撃に晒される恐怖を抱かずに暮らすことはできなくなった。まるでホッブスがいう「万人の万人に対する戦い」が世界を飲み込みつつあるかのようだ。一体、世界の文明化の果てに、こうした世界が到来することを誰が予想しただろうか。

人類の歴史は、生命が脅かされることのない安全で豊かな生活を求める人間の営みの積み重ねである。誰もが戦争ではなく平和を、不安や恐怖ではなく安心と安全を保障される社会を求めてきた。それを保障するのが国家と国際社会の役割であったはずである。

しかし、歴史の現実はこれまで皮肉な結果に終わっている。ロジェ・カイヨワは半世紀前の『戦争論』の中で、「文明が発達するにしたがって、戦争は消え去るどころか、かえってその外延を増大し、強烈の度を深め、普遍性を増してゆく」と分析し、「戦争は文明と共に成長する」と指摘した。社会は発展したにもかかわらず、人間を取りまく暴力の脅威はむしろ拡大し、私たちは安心・安全とは程遠い社会に生きている。こうした現代人を私たちは本当に幸福な人々と呼ぶことができるだろうか。この原因は一体どこにあるのか。それに答えるのは簡単ではない。

しかし、一方で人類はいつの時代にも平和を希求することを忘れなかったし、それが実現できない場合でも、戦争の犠牲を少しでも軽減するために人間愛に満ちた行動を重ねてきた。傷ついた兵士を手厚く看護する慣習は古代ローマにもみられたし、そうした慣行は戦争の歴史とともに古く、古代社会にまで遡ると見られている。

人はなぜ戦争し、またなぜ人を救おうとするのか。この一見相反する行為の源は、どちらも同じ人間の本性に根ざしているのだろうか。それはフロイト流にいえば、すべてを破壊し尽くそうとする死の本能タナトスと、その一方で強《したた》かに生きようとする飽くなき生の本能エロスとの闘争といえるかもしれない。

歴史的に見れば、戦争は長い間、様々な理由で正当化され、国家間の問題を最終的に解決するための「政治の道具」として容認されてきた。こうした戦争観が大きく転換し、人類が戦争を違法な行為として禁止したのは二〇世紀になってからのことである。しかし、その後も様々な理由による戦争は絶えることがなく、むしろ常態化する傾向さえ見られる。

さらに戦争の犠牲者を保護し救済する国際システムが誕生するようになったのは、一九世紀後半になってからである。それは、今日の国際人道法の起源とされるジュネーブ条約と赤十字が世界の戦争史にもたらした一大変革であった。この一大事業を成し遂げたのはスイスの一青年実業家アンリ・デュナンである。彼の戦争犠牲者に対する思いが国家を動かし、やがて不可能と思われた国際条約の締結を実現させた。以来、戦争犠牲者の保護・救済は大きく改善されてきた。

今日では、いかなる国家も交戦当事者も、戦争の遂行――もっとも「戦争」の語は戦争が禁止された現代では不適切な言葉であるが――にあたって、国際人道法を遵守することを義務づけられるようになっている。

一九九一年の湾岸戦争時のアメリカ軍統合参謀本部議長コリン・パウエル将軍は、「作戦上の決断は、あらゆる段階において法的配慮に影響を受けた。戦争法(国際人道法)は意思決定プロセスにおいて非常に重要なものであることが立証された」と証言している。またオバマ大統領は、グアンタナモ収容所の閉鎖を決断した理由に、ジュネーブ諸条約の遵守を再確認する意図があったことを明らかにしている。また、国民保護法をはじめとするわが国の有事関連法においても、その基本理念に「国際人道法の的確な実施」が明確に打ち出されている。

現代では国際人道法はあらゆる国家、国民を普遍的に拘束する国際的に無視することのできない戦時の究極の人道的ルールを構成している。また、二〇〇二年七月一日に発効した国際刑事裁判所設立条約（ローマ規程）のように、人道に対する罪や集団殺害など国際人道法に対する重大な違反行為は単に国家だけではなく国際社会によって普遍的に処罰しようという国際システムも構築されている。

戦争という極限状況下では、理性や愛に基づく道徳的な規範が軍隊や一般市民の行動を規律するのは稀であり、憎悪に満ちた敵愾心から必要以上の殺戮が行なわれることもある。こうした状況に最低限の人道的ルールを課し、不必要な苦痛や犠牲を軽減しようとするのが国際人道法であり、そのために活動するのが赤十字である。

＊　　＊

本書は、国際人道法の起源からその後の発展の歴史を戦争と赤十字の歴史に照らしながら概説したものである。内容の多くは、二〇〇三年にＰＨＰ新書から刊行された拙著『戦争と救済の文明史』をベースに冷戦崩壊後の民族紛争や近年の「テロとの戦い」を巡る諸問題も新たに付け加えた。また、近未来の脅威とみられる新兵器やサイバー戦争等が戦争と国際人道法の未来に与える問題についても言及した。

国際人道法は、その名称が戦争報道とともに次第に一般の人々にも認知されるようになってきた。また、ジュネーブ諸条約は締約国に対し、この条約の趣旨を平時から自国民に広く普及することを義務付けており、国民保護法にも同様の規定が置かれている。しかし、国際人道法という名称が「法は難しい」といったイメージを与えることもあってか、人道法の内容については一般の方々にほとんど知られていないように思われる。「テロとの戦い」やわが国有事を含む安全保障問題が声高に叫ばれる時代だからこそ、同時代に生きる者として戦時の国際ルールについての基本的理解を深めることは、世界の出来事を正しく認識する上でも極めて有益であるはずだ。

著名な国際法学者アントニオ・カッセーゼ博士がいうように、今こそ、「一握りの専門家たちの間で行われる議論に一般大衆を参加させることが大切」(『戦争・テロ・拷問と国際法』敬文堂)なのである。本書がそのための一助となれば幸いである。

井上忠男

戦争と国際人道法——その歴史と赤十字のあゆみ／目次

第Ⅲ部　世界大戦と国際人道法

《凡例》

国連憲章による戦争違法化が確立された現代では、一般に「戦争」の用語は使用せず、「武力紛争」または「武力行使」の表現が適切ではあるが、本書ではこの原則にこだわらず、文脈によりいずれの表現も使用している。同様に、また国際人道法の同義語として、武力紛争法、戦争法、戦時国際法の語を併用している。

戦争と国際人道法

——その歴史と赤十字のあゆみ——

序章　戦争と向き合う人類

1. 人類の歴史は戦争の歴史か

戦争は人類最大の惨劇

戦争とは一体何なのか。広辞苑によれば、戦争とは「武力による国家の闘争」であり、世界百科事典によれば、「ある政治目的のために政治、経済、思想、軍事的な力を利用して行なわれる政治集団間の闘争である」と定義する。しかし、いずれの解釈も戦争の一面をある程度汲み取ってはいるものの、歴史における戦争の実態を適確に表現し尽しているとは思えない。戦争はそれぞれの時代や社会、文明を映し込む極めて複雑な現象であり、それを一般的に定義することは困難である。

しかし、戦争には誰もが認めざるを得ない一つの真実がある。それは戦争が敵愾心を基礎にする組織的な破壊と殺戮であり、人類最大の惨劇であるという点である。それゆえに人類は右手で戦争をしつつも左手で常に平和を希求してきた。

戦争の廃絶は人類の長い間の悲願であるが、現実の世界は未だにそれを実現していない。歴史家によれば、記録された人類の歴史五五〇〇年のうちで主要な戦争は一万四五〇〇回に上り、その死者は三五億人に達し、過去三四二一年のうち平和であった時代は二六八年に過ぎなかったと記している(C. W. Henderson, W. J. Durant)。またロシアの歴史家によれば、近代以降、戦争の数とその犠牲者は増加の一途を辿り、例えば、一八二〇年から一八五九年までの九二の戦争では八〇万人が、一八六〇年から一八九九年の一〇六の戦争では四六〇万人が犠牲となっている。

二〇世紀に入り、第一次世界大戦では少なくとも一〇〇〇万人以上が犠牲となり、第二次大戦では、六〇〇〇万人以上が犠牲になり、その約半数は民間人だといわれる。

二つの世界大戦を経て、国際社会は戦争を禁止したにもかかわらず、第二次世界大戦後も民族解放の独立戦争やその後の内戦など様々な武力紛争が絶えることがなかった。さらに冷戦崩壊後の一九九〇年代に入ると民族紛争が各地で頻発し、そうした中で民族浄化などの集団殺害も多発した。これらの犠牲者を合計すれば、二〇世紀の一〇〇年間だけでその犠牲者は一億人を超えると見られる。この数に戦争に起因する傷病者や難民、離散家族、遺族等の数を加えると、二〇世紀には恐らく数億人の人々が戦争の犠牲になったと思われる。

つまり、二〇世紀の一〇〇年間を平均すれば、毎年一〇〇万人以上が戦争で死亡したことになり、この数は自然災害による死者を遥かに凌ぐ。世界的な再保険会社ミュンヘンが一九九九年一二月に発表した数値によれば、二〇世紀の地震、洪水、火山噴火などの自然災害(干ばつ、飢餓を含まず)による死者は三五〇万人とされ、戦争はその数十倍の人々の命を奪ったことになる。二〇〇四年一二月のインド洋大津波は、被災国で二〇万人以上の犠牲者を出したが、一九九四年四月に勃発したルワンダ内戦では、たった四ヵ月余りの戦闘で八〇万から一〇〇万人が虐殺されたことは、戦争の犠牲がいかに大きいかを物語る。一九六三年の下田事件判決も、戦争の損害について「その損害の大きさは、自然災害による場合と比較することができないものでさえある」と指摘している。

ともに多くの犠牲者を生み出す戦争と自然災害だが、自然災害時には世界の人々は連帯し、友愛精神に溢れる援助で協力しあうが、戦争は、人間の心に他国民や他民族への強い憎しみと敵愾心を生み出し、世界の人々を分裂分断へ導く。これこそが戦争が何にもまして悲惨である理由である。

戦争は二一世紀になっても、「テロとの戦い」の名の下に国家と過激なイスラム武装集団との新たな戦争状態が常態化し、犠牲者は増え続けている。

このように人類社会は、いまだ戦争を克服することができないばかりか、その過酷さを一層際立たせている。まさに、戦争は、人間を意図的に殺戮する人類最大の惨劇である。

戦争の負の遺産

戦争は膨大な数の人命を奪い、生き残った人々の心身にも重大な傷害を与えるだけでなく、犠牲者の家族や次世代の人々にも永続的な深い傷を残すことになる。広島、長崎の原爆の後遺症は、戦後七〇年を経た今日も被爆者を苦しめ続け、ベトナム戦争で空中散布された枯葉剤エージェント・オレンジやイラン・イラク戦争で使用されたマスタード・ガスは、その後の生態系や人体に深刻な影響を与えてきた。

一九九一年の第一次湾岸戦争に派遣されたアメリカ兵のＡＬＳ（筋萎縮性側索硬化症）発症率は、通常人の二倍に達するといわれ、退役後も何らかの精神的後遺症を負っている元兵士は三〇パーセントに達するとの報告もある。たとえ負傷を免れたとしても戦場の兵士は、通常の人間には耐えられないほどの恐怖感やストレスを強いられ、精神に障害を来すことも稀ではない。イギリス陸軍軍医部は、戦場の兵士を襲う戦争神経症として、ヒステリー、シェルショック、神経衰弱と心臓異常活動の四つを挙げている。またイラク戦争から帰還した米国兵士の五人に一人はPTSD(心的外傷後ストレス障害)に悩まされているといわれる。

戦争は人間の肉体に対する直接的な傷害だけでなく、経済、環境、人類の文化遺産にも永続的で広範な悪影響を与える。ブラウン大学ワトソン研究所によれば、二〇〇一年から二〇一一年までの「テロとの戦い」では、負傷兵の医療費を含む戦費は四兆ドルに達するとされ、英国の軍事史家ジョン・キーガンは、第二次世界大戦の戦場とならなかった米国の一九四五年のGNPが、その他のすべての国のGNPに等しかったことを例にとり、戦争が産業・経済に壊滅的な打撃を与えることを指摘している(『戦争と人間の歴史』)。「危機の一七世紀」といわれた近世ヨーロッパ社会の大混乱も、当事のヨーロッパのほとんどの国々を巻き込んだ三〇年戦争による国土の疲弊と荒廃が大きく影響しているという研究者の指摘もある。

ノーベル平和賞を受賞した英国のジャーナリスト、ノーマン・エンジェルは、一〇〇年以上も前に、「戦争は勝者にすら深刻な経済的損失を与える」(『大いなる幻想』)と指摘し、戦争には真の勝者は存在しないと説く。

環境への深刻な影響についても、ベトナム戦争時の枯葉剤の散布の影響や一九九一年の湾岸戦争でイラク軍がクウェート国内の油田を炎上させ、四〇〇万バレルとも言われる原油をペルシャ湾に流出させ、周辺地域の生態系へ広範な被害を与えた例などが指摘される。この時、炎上する油田から立ち昇る煙霧に晒されたことが、兵士のALSの発症と何らかの関連があるといった指摘もなされた。

また、人類の文化的・精神的な遺産への影響は、第二次世界大戦時の空襲による歴史的建造物の破壊や二〇〇一年にアフガニスタンのタリバン政権により爆破された世界遺産バーミヤンの石窟遺跡、あるいはカンボジア内戦で傷ついたアンコールワット遺跡や二〇一五年二月にISにより破壊されたモスルの歴史遺産など広範に及んでいる。

戦争をどう理解するか

戦争については、古代から多くの哲学者・歴史家が様々な解釈を試みてきた。ギリシャの哲学者ヘラクレイトスは、万物は流転するという独自の世界観から戦争も自然の秩序の一部であり、戦争がなければ世界は存在できないと考えた。また、プラトンは、『国家』の中で人間の欲望の拡大が他国との利害の衝突を生み、戦争を生み出すと考えた。

共和政ローマ期の思想家キケロは、戦争は力による闘争だと定義し、自衛と報復のための戦争だけが正当であり、その他の戦争は不正であると考えた。キケロの戦争観は、中世以降のヨーロッパ社会を支配した正戦論のルーツといえる。

フーゴー・グロチウスは、『戦争と平和の法』(一六二五年)の中でキケロの戦争観に言及し、戦争は単なる力の闘争ではなく、「力による闘争を行っている人々の状態」と定義した。彼は戦争(bellum)の語源は「二つ」を意味するduoから成るduellumに由来するとしていることから、戦争とは二つの対立するものや状態を表現したものと思われる。彼は平和(pax)を「一つ(unitas)」とも呼称した。またグロチウスは、正当な戦争は、自衛、財産の回収、処罰のための戦争だけであり、これ以外の戦争は不正であると説いている。

有名な『戦争論』を著したクラウゼヴィッツは、「戦争は一種の強制行為であり、その本質は相手に自分たちの意志を強要すること」と定義し、「戦争は政治とは異なる手段で継続される政治的交渉の継続である」と説いた。戦争が政治の一手段であるという彼の主張は現代でも多くの武力紛争に妥当するように思われる。

半世紀ほど前に『戦争論』を著したロジェ・カイヨワは、「戦争は集団的、意図的かつ組織的な一つの闘争である」と定義し、戦争の本質は破壊のための組織的企てであり、「戦争と祭りはともに社会の痙攣である」と考えた。また、戦争の研究に不朽の業績を残したクインシー・ライトは、『戦争の研究』の中で、広い意味での戦争は「互いに性質の似通った別々の存在の暴力的な接触」であるとし、星と星の衝突も戦争の一種であると譬えている。また国家も人間と同じで、若い国家ほど好戦的であると分析している。

近世の哲学者たちも人間と戦争の問題に関心を寄せた。トマス・ホッブスは、生命の自己保存の本能に着目し、人間の自然状態は闘争状態、つまり「万人の万人に対する闘争」状態にあると考えた。彼の影響を受けたドイツのカントは、『永遠平和のために』の中で、人間社会の自然状態は戦争状態であり、平和な状態は努力して創り出さなければならないと考えた。そして戦争のために国家の道具として個人が使われることは、「われわれ自身の人格における人間性の権利と調和しないであろう」と主張した。この主張は、ルソーの社会契約論に見られる戦争観の影響を受けたものと思われる。

一方、近代の社会主義革命の闘士たちは、戦争を別の視点から捉えた。ソビエト建国の父レーニンは、「戦争は資本主義社会の究極の形である帝国主義から生まれ、それを終結させるには社会主義革命しかない」と主張した。

戦争は人間の本能か

戦争はなぜ人類の歴史からなくならないのか。この素朴な疑問について先人たちは様々な解釈を試みてきた。

プラトンが戦争の原因を人間の欲望の拡大に見たように、精神分析学者ジークムント・フロイトは、「戦争は人間の攻撃欲に根ざした本能的な資質の一つの表現である」と考えた。第一次世界大戦後、国際連盟の仲介によりフロイトと平和についての往復書簡を交わしたアインシュタインは、「戦争を終結させるには、紛争を解決するための国際的な権威ある裁判所の設立以外にない」と考えたが、フロイトは、人間の本性から見て、そのような組織ができるはずはないと批判的だった。人間の行動を一四の本能によって説明するアメリカの心理学者W・マクドゥーガルの闘争本能説や動物の行動観察から人間の攻撃性を指摘したコンラート・ローレンツの説は、ホッブスやフロイトの説と同軸上にある。

一方で、リチャード・リーキーとロジャー・レウィンの『オリジン――人はどこから来てどこへ行くか』によれば、人間の攻撃性を裏付ける証拠は希薄であり、原始人は穏やかで協力的で比較的平和な生活を享受していたとされる。アメリカの人類学者マーガレット・ミードも、サモアの人々の平和な暮らしの研究を通して、戦争は社会的発明にすぎず、生物学的必然ではないと指摘し、平和な生活は他の国の人々にも可能であると主張した。また、クインシー・ライトは、高度な農耕・牧畜民族の方が低次の農耕・狩猟民族より、過酷な自然環境下の民族の方が温暖な地域の民族よりも好戦的傾向が高いとし、戦争志向には地政学的要素が作用すると指摘している。

しかし、現代の戦争の政治的、外交的、経済的な複雑な要因をみれば、戦争の原因を人間の攻撃本能に見る見解は短絡的すぎる。ではなぜ戦争は苛烈さを極めるのか。カイヨワは、その背後に国家権力の存在を見る。国家の持つ統制力と強制力、機械化の度合いが戦争を苛烈にしたと説く。しかし、カイヨワの古典的な戦争観では、現代の戦争をすべて読み解くことはできない。

現代の国際社会は、戦争は人間の宿命であると見るフロイト的な戦争観には否定的であり、人間の本能説を容認しない。それを認めることは、国連憲章に結晶化された国際社会の平和への願いを根底から否定することにもなりかねない。

世界の心理学、生物学、社会学、動物行動学の研究者らにより一九八六年に採択されたユニセフの「暴力に関するセビリア声明」は、戦争、その他の暴力行動は人間の本性に遺伝的にプログラムされているとする説や人間は進化の過程で攻撃行動を選択する傾向が強かったという説、あるいは人間の脳内には暴力中枢があるという説は、科学的に不正確であると述べ、戦争は人間にとって不可避ではないと宣言した。他方、この声明は武器を使用しての戦闘行動は他の動物に見られない人間特有な現象であることも認め、それを文化の産物であると解釈する。そして最後に声明は、「戦争は人の心の中で始まるのと同様に、平和も私たちの心の中で始まる。戦争を発明した種と同じ種は、平和を発明することもできる」と結んでいる。

人道法は戦争を認めるのか

戦争がいかなる原因により起こるかはともかく、現実に世界は戦争をなくすことができない。セビリア声明は、戦争を発明した種は、平和も発明することができると問いかけるが、未だに恒久的な平和を実現していない。過去の歴史を見ると、それは今後も絶望的にさえ思える。であるとしたら、せめて戦争の悲惨さを軽減することに努力することは不合理であろうか。そう考えるのは自然なことである。こうした思いを結集し、国際社会が交戦当事者に守るべき戦争のルールを課してきたのが国際人道法である。その伝統は古代より戦時の慣行として様々な文明に見られるが、一九世紀後半にこうした慣習を法典化する試みが進み、今日の国際人道法の基礎が築かれた。

国際人道法の直接的な目的は、戦争の不必要な苦痛を軽減し、その犠牲者を保護・救済することにある。その端緒となった一八六四年のジュネーブ条約の成立当初から中心的な役割を果たしてきたのがジュネーブに本部を置く赤十字国際委員会（ＩＣＲＣ）である。したがって、国際人道法は戦争そのものを禁止するものではない。

これに対し、戦争自体の廃絶を目的としないジュネーブ条約や赤十字の理念に批判的な人々も少なくなかった。インド独立の父・マハトマ・ガンジーは、一八九九年、南アフリカでボーア戦争が勃発すると、志願者による赤十字衛生隊を組織して従軍したが、ジュネーブの会議で赤十字について発言を求められた時、次のように語っている。

「残念ながら、私は赤十字の歴史についてよく知らないことを告白する。赤十字が何千という捕虜を救ったのなら頭を垂れ、敬意を表する。しかし、私はこの団体が戦争の後で救済するという考えを止めて、戦争のないところで救済することを考えることをお勧めする。〈中略〉私は、破壊の武器を行使する者と赤十字の仕事に従事する者とを区別しない。どちらも戦争に参加し、その原因を大きくする。」

また、ガンジーの遺志を継いでインドの初代首相となったパンディト・ネルーは、一九五七年、ニューデリーで開かれた赤十字国際会議で次のように演説している。

「心の癒しは、肉体の癒しよりも重要である。そして戦争の予防は、戦争の肉体的苦痛を和らげることよりも遥かに優先される。それゆえに赤十字の今日的な主要な機能は、まさに戦争の予防にある。」

このような主張には大いに共感できる。一八六四年に傷病兵救済のためのジュネーブ会議が計画された時、再三の要請にも拘らず、カトリックの総本山バチカンが参加しなかったのも赤十字会議が戦争そのものに反対するものではなかったためだと言われる。尤も、本当の理由は、カルヴァン派プロテスタントの巣窟だったジュネーブでの会議にバチカンが猜疑的であったためとの見方もある。

こうした批判に対し、赤十字やジュネーブ条約の提唱者たちは、いかなる反論を行ってきたのだろうか。

戦争の犠牲を減らせないか

赤十字の創始者アンリ・デュナンは、一五〇年前に赤十字を創るための基本的理念を次のように説いた。

「これほど進歩とか文明が口にされる時代でありながら、残念ながら戦争は必ずしも常に避けることができない。それだからこそ人道と真の文明の精神をもって、戦争を予防し、少なくともその恐ろしさを和らげようと根気よく努力することが急務ではないだろうか。」(『ソルフェリーノの思い出』)

また赤十字を創る前に戦争を予防する方法を考える方が先だと主張する人々を前に、デュナンの盟友で赤十字国際委員会初代委員長となったグスタフ・モアニエは次のように訴えた。

「戦争の惨禍を軽減する代わりに、直ちにその根本に立ち入り、恒久的世界平和を策する方が優れているという者がいる。これらの人々は、私たちが戦争を必要な悪と見て、それを是認するよりも、一層有益なことができるだろうと言っている。人類が互いに殺しあうことを止めて、祖先から受け継いだ野蛮な災禍から脱しようとすることは、私たちも人一倍希望するところである。しかし、人間はなお長い間、人間らしい欲望にとらわれて不幸な結果に甘んじなければならないだろう。だからこそ、その禍を即時にまた絶対的に防止できないのならば、それを軽減するように努力するのは間違ったことだろうか。いや、人道は私たちにそれを要求しているのである。」（ＩＣＲＣ議事録）

赤十字の創設メンバーの一人であり、スイスの国民的英雄であるデュフール将軍は、一八六三年の赤十字設立のためのジュネーブ会議でさらに現実的な言葉を述べている。

「戦争を消滅させる夢を追いかけるよりも、私たちは戦争の凄惨な結果を少しでも軽くするために努力するべきである。」

国際人道法と赤十字が戦争よりも平和を望んでいることは明らかである。それは戦争犠牲者の最も近くにいる者として戦争の残虐性を最もよく知っているからである。人々が平和を叫んでいる瞬間にも、現実として戦争で傷つき、死んでいく人々がいる。この現実にどのように対処すべきなのか。この問いに対する一つの答えが国際人道法であり赤十字である。

人道主義は大衆を安易に理想主義化するお手軽な反戦論とは異なるという点は重要である。赤十字の先人が「赤十字は理想と現実の結婚である」といったのはその意である。これに近い思想は、現代の人道的介入論者スーザン・ソンタグの次の主張にも見られる。

「人間が飽くなく続けてきた行為である戦争の撤廃は、文明の生んだ最も崇高な大望です。戦争を嫌悪する心は文明化された人間の証明です。でも、大望や嫌悪の心があるからといって人間が喜んですべての戦争を捨て去る段階に到達したというわけではありません。（中略）理想主義的な主張に呼応しやすい若者たちの素晴らしい感受性を奨励するにしても、それならば同時に人間の本性に関する他の言葉に置き換えることのできない認識を指標として、様々な原理的なことを検証する必要があることを彼らに教示してゆかなければならないと思う。」（朝日新聞、一九九九年）

ガンジーやネルーの批判は、ジュネーブ条約の目的や機能と平和をいかに達成するかの問題を混同するところから生じている。このような誤解を避けるためには法学者が言うところの「戦争の中で適用される法」（ユス・イン・ベロ＝Jus in bello）と国連憲章のように戦争と平和を規律する「戦争に訴える正当理由に関する法」（ユス・アド・ベルム＝Jus ad bellum）を明確に区別しなければならない。国際人道法は、正にユス・イン・ベロの一角を成す戦争法に他ならない。

しかし、だからといって国際人道法や赤十字が平和の達成にまったく無関心なわけではない。それは戦争犠牲者の最も近くにいる者として、犠牲者の保護・救済を通して最終的には平和の達成に貢献する「平和のための道具」であり、反戦運動とは異なる手法で行われる平和のための活動なのである。その提唱者アンリ・デュナンも含めると国際赤十字・赤新月運動がノーベル平和賞を過去四回という最多受賞している事実は、これを証明しているのではないだろうか。

2. 戦時の人道的慣行の歴史

古代社会の人道的慣行

国際人道法のルーツは、既に古代社会の戦争にも見られる人道的な慣行にまで遡ることができる。近代社会に至るまでは、戦争は部族間の対立の最終的解決策であったり、国家間の紛争を解決する手段の一つとして容認されてきた。戦争そのものを禁止するルールも傷病兵や捕虜を保護するルールも確立されていなかった。特に中世以前には、戦争の敗者は勝者により処刑されたり、占領された都市の一般住民は財産を略奪されたり奴隷にされることもあった。しかし、こうした時代においても無制限な戦争の犠牲を防ぐ、ある種の人道的な慣行が存在していた。

一般に「ジャングルの掟」が支配していた原始社会にあっても、一定の戦争のルールが慣習として存在したといわれている。パプア・ニューギニアの先住民族の間では、戦争を始める前には事前に通告を行い、双方の準備が整うまで戦争を開始しないという慣行があった。また矢尻には必要以上の傷害を敵に与えないように、「返し」がつけられていなかった。今日の戦争法にみられるような休戦のルールも存在したことが知られている。『戦争の研究』（一九四二）で知られるシカゴ大学のクインシー・ライトは、原始人の戦時の慣習の中には今日の戦争法のルーツに匹敵する慣行が見出せるとしている。彼が同書で言及した「積極的平和主義」の概念は、アメリカの第二次世界大戦参戦やその後の武力行使にしばしば引用された。

古代社会でも、戦時において人道的慣行の例が見られる。古代インドのアショカ王は、敵の傷病者や介護層を尊重することを命じたといわれ、マハーバーラタ叙事詩やマヌ法典は、「戦士は戦力を失った敵兵や投降した者、武器が壊れた者、重傷を負っている者を殺してはならない」と兵士の規則を定め、不必要な苦痛を与える武器の使用も禁じている。

また古代バビロニアのハンムラビ法典序文には、「敬虔なる君主にして国の中に正義を輝かせるために、悪者と奸者とを殲滅させるために、強者が弱者を虐げないために(中略)、アヌス神とエンリル神とは朕の名をこう呼び給うた。これは人びとの幸せを満たすためである。」(岩波文庫)と弱者保護の思想が見られ、捕虜を解放する習慣も記されていた。

紀元前五〇〇年頃の中国の「孫子」の兵法にも人道的な思想が見られる。そこでは、戦わずして勝つことが最善であるとされ、必要止むを得ざる最後の手段としてのみ戦争は許されるとしている。また戦争の目的は破壊ではないので、敵を安易に傷つけることを慎み、その所有物はできる限り破壊せずに捕獲することを説いた。これは、現代の国際人道法の精神が敵の無益な殺傷を防ぐために敵の戦闘能力を奪う手段の序列として捕獲が最も好ましいとしている理念と同じである。また孫子は敵のスパイ(間諜)であっても厚遇して味方につけるよう教え、都市の一般住民を不安に陥れる戦法は君主に相応しくない行為であると戒めている。これは、軍事目標(戦闘員)と民間物(文民)を厳密に区別し、文民や民間施設への攻撃を禁止している国際人道法の原則と同じである。

古代ギリシャ・ローマから中世の慣行

古代ギリシャにおいては、被征服者は奴隷とされるのが一般的で、プラトンやアリストテレスでさえも奴隷制を容認していた。奴隷となった者にはいかなる権利も認められず、過酷な扱いを強いられ、処刑されることもあった。

こうした時代でも、戦争で傷ついた兵士への治療は、医術の祖ヒポクラテスの時代の遥か以前からギリシャの陸海軍にいた軍医により行われていた。ヒポクラテスの書には軍陣外科の解説もみられ、外科医になろうとする者は軍に随伴すべきであると説いたが、ヒポクラテス自身は、敵の傷兵には治療を施さなかったといわれる。それは彼の倫理観の問題ではなく、当時の一般的な慣行だったようである。またクセノフォンは、一万人の兵につき、軍医八人が随伴したと記している。これらの軍医には、預言者や吹笛人とともに、当時、すでに非戦闘員としての地位が与えられていたようである。また現在の病院船の機能を持つ免脱船（イムネス＝Immunes）が登場したのも、古代ギリシャの軍隊だったといわれている。

古代ローマでは、法と軍隊の飛躍的な発達が見られた。英語で兵士のことを「ソルジャー（Soldier）」というが、これは古代ローマで兵士が俸給として与えられた塩（Salt）を意味するラテン語の形容詞（salarius＝salary の語源）に由来している。この時代には、既に現在の軍の衛生部隊にあたる衛生連隊（メディクス・レギオニス＝Medicus legionis）が組織され、トラヤヌス帝治世の頃までに総ての軍団と海軍に外科医が配属され、彼らには下士官と同等の階級が与えられ戦闘や労働の義務が免除されていた。J・E・マッカラムによれば、兵士は負傷した時に手当を受けられることを知ると戦意が高まることをローマの皇帝や軍の将官は心得ていたようである。しかし、ローマの市民法の適用外にあった異教徒には過酷な扱いが行われ、反乱や戦争では一般住民の略奪、虐殺も行われたようだ。

諸宗教に見られる人道的慣行

仏教やキリスト教、イスラム教といった諸宗教の伝統にも戦時の人道的慣行を見ることができる。古代インドのジャイナ教や仏教は不殺生と平和主義を唱え、他者に苦痛を与えることや捕虜を取ること、他者の財産、領土の収奪を基本的に禁じてきた。特に正義と不正義を峻別しない仏教は、アブラハムの宗教(啓示宗教)に見られるような異教徒に対する正義の戦争といった概念とは距離を置く。

またイスラム教は、今日、過激なイスラム原理主義の台頭により好戦的イメージが強調されているが、戦闘行為に関するイスラム法はかなり発達し、戦時の人道的行為が推奨されてきた。正当な戦争は防衛戦争のみであり、残虐で不必要な苦痛を与える殺害や人間・動物の身体の切断、あるいは捕虜の殺害などは禁じられた。またアラーの慈悲を体現するため、貧者や孤児と同様に捕虜をも正当に待遇することを命じている。

中世のキリスト教社会においては、対立する異教徒に対する戦いを悪魔に対する正義の戦いと位置づける正戦論(bellum justum)が戦争を正当化する論拠となった。この論理の起源は、キケロの戦争観の影響を受けた五世紀の神学者アウグスティヌスに見られ、それは一三世紀のトマス・アクィナスの神学に継承された。正戦論に基づく象徴的な戦争とされる十字軍の遠征では、言語に絶する殺戮が双方により行われたが、エルサレムを占領した十字軍がしばしば捕虜を皆殺しにしたのとは対象的に、迎え撃つアイユーブ朝のサラディンは、身代金の有無に関係なく敵の捕虜を助命している。正戦論は、その後のキリスト教内部の正当と異端を巡る抗争にも引き継がれ、旧教と新教との激烈な三〇年戦争に至ることになる。

こうした時代にあっても、一一三九年の第二ラテラノ公会議においてローマ教皇は、非人道的な武器としてクロスボウの使用を禁止した。しかし、異教徒への使用は依然として認められていた。

また中世の騎士道は、戦士としての名誉、戦いにおける節度、敵への尊敬と慈悲、勇気といった美徳を重んじた。このため騎士たちは、クロスボウなどの飛び道具は、勇気や騎士道精神とは無縁な卑怯で下劣な武器として使いたがらなかった。

古代から中世までの人道的な慣行は、宣戦布告の慣習化や特定兵器の使用制限など、近代国際法、特に戦時国際法の慣習的起源と見ることができるだろう。しかし、この時代には、まだ軍隊の組織的な衛生活動は行われておらず、仮に傷病兵への看護が行われたとしても、それは篤志の修道団や戦場近くの住民らによる自発的な看護の域を出なかった。しかも、しばしば異教徒はこれらの慈悲の対象外に置かれていた。

近世における国際法の芽生え

一四世紀末に火薬が発明され、大砲が戦場に登場すると戦争と傷病兵の状態に大きな変化が訪れた。

高価な大砲を保有できるのは諸侯や国王だけであり、当時、増えつつあった金銭目的の傭兵により構成される軍隊は、これらの国王に仕えることを好み、王も貴族階級の騎士よりも自由になる彼らの方を好んだ。こうして騎士道とは無縁な傭兵主体の歩兵部隊が登場するようになった。彼らは銃砲や大砲の扱いを教えられ、またそれらを使用することを躊躇しなかった。傭兵は、他に生計の途を持たない貧しい出稼ぎ労働者に近い者たちにより構成されたため、一般に士気も低く質も劣っていた。しかしこれらの傭兵こそ一五世紀から一七世紀まで戦争の主要な担い手であり、これが近代的な軍隊の初期の姿であった。

一六世紀には、「近代外科学の父」といわれるフランスのアンブロワーズ・パレ（一五〇九～一五九〇）が、フランス軍の野戦外科医として四肢切断と人工補綴《ほてつ》術（義肢、義足の技術）や止血法の改善など、戦傷外科の発展に大きな功績を残した。

その著書『銃創の処置法』は当時広く知られ、英語、ドイツ語、イタリア語、スペイン語、日本語など多くの言語に訳された。パレは当時、内科医に比べ身分が低かった床屋外科の弟子として技術を身に付けたが、四肢の切断手術に当時、一般的に用いられていた煮沸した油を使う焼灼法の誤りを指摘し、血管結紮法（動脈を縛って止血する方法）を初めて活用して成果をあげた。

この頃、「国際法の父」とされるフーゴー・グロチウス（一五八三〜一六四五）は、自然法の考え方から国家間の関係は契約関係であると考え、その著書『戦争と平和の法』（一六二五年）の中で、宣戦なき戦争は不正な戦争であり、司法手段が尽くされた最後の手段としての自衛の戦争が正当性を持つと主張し、戦争と平和を規律する法秩序の構築に貢献した。今日の戦時国際法、平時国際法という概念も彼の発想によるところが大きい。

しかし、グロチウスの時代は近世ヨーロッパ最大の宗教戦争「三〇年戦争」（一六一八〜一六四八）が欧州各国を泥沼の戦乱に巻き込んでいた。この戦争ではドイツの人口が三分の一に激減するほどの殺戮が行われたが、この当時はまだ傭兵が中心的に軍隊を担い、一般に略奪は正当な報酬と見なされ、一般住民の殺戮も稀ではなかった。

また、当時の国際法は、西欧以外の国々や未開社会の住民には適用されなかった。そのため一六世紀に行われたスペインの新大陸への進出では、先住民族に対する残虐な行為が繰り返された。こうした中で、ドミニコ会のフランシス・ヴィトリア（一四八〇〜一五四六）は、スペインによるインディオの虐殺を糾弾し、先住民族にもスペイン人と同じ国際法が適用されるべきだと主張した。だが、法学者たちの理想が現実のものとなるには、さらに次の時代を待たねばならなかった。

近代人道思想の芽生え

一八世紀になると、国家間の関係を規律する国際法という概念がさらに発展し、戦争においても一定の慣習的規則を守ることが意識されるようになった。しかし、この頃の国家は、絶対君主の支配する国家であり、戦争は傭兵主体の国王の常備軍同士の闘いだった。そのため、一般市民が直接、戦争に関わることはなかった。

この頃、フランスのルイ一四世(一六四三～一七一五)は軍の大改革を行い、傭兵は国家の常備軍を担う兵士としての身分が確立され、彼らには給与と制服が支給され、厳しい訓練により規律も教え込まれるようになった。近代国家と常備軍の出現は戦争の様相を一変させた。戦争は、訓練されたプロの戦闘員としての兵士と兵士の戦いとなったのである。

この時代において次第に人道的行動が意識されるようになったのは、一八世紀に活躍した啓蒙思想家の影響が無視できない。

一八世紀は、西欧思想史では啓蒙思想の時代ともいわれる。理性の名のもとに人間を封建時代の桎梏から自由にしようとする流れは、不平等で抑圧的な社会の現実を批判し、同時に弱者への同情や共感といった人道的マインドの醸成を促した。

例えば、ルソーは人道の語こそ使わなかったが、『人間不平等起源論』(一七五五)の中で人間の普遍的な本性は憐みの心(同情心)にあるとした。同書で引用されるマンデヴィルの『蜜蜂物語』には、野獣に襲われる幼児を見て心を掻きむしられる囚人の寓話があるが、この寓話は、今日でも人道思想が人間の本性に由来するものであることを説く際にしばしば引用される。これは、「幼児が井戸に落ちようとするのを見れば誰もが咄嗟に手を差し伸べる」ことに譬えて、「人に忍びざるの心」(惻隠の情)こそが仁の心であると説いた孟子の思想と酷似している。

ルソーと同時代のイギリスの思想家アダム・スミスも『道徳感情論』(一七五九)の中で、憐みや同情はあらゆる人間に普遍的に見出せる感情であり、共感の意識こそが社会秩序と相互扶助のメカニズムを支える基本であると説いた。スミスは、人道(humanity)の語を人間愛の意味で使用し、死刑廃止論者の先駆けとされるベッカリーアも『犯罪と刑罰』(一七六四)の中で人道の語を多用している。こうした人道的マインドは、残虐な刑罰や拷問、奴隷制あるいは植民地主義といった差別主義が跋扈《ばっこ》した当時の社会にあって理性と正義の名のもとに、非人間的状況の改善への取り組みを促した。こうしたマインドは傷病兵や捕虜の境遇の改善にも影響を与えたといえる。

しかし、その一方で戦争に人道主義が介入することに懐疑的な人々もいた。例えば、一九世紀初頭に『戦争論』を著したクラウゼヴィッツは、戦争に国際法慣習の制限が伴うことを認めながらも、その制限は微力であり取るに足らないものだと考えた。そして「戦争のように危険な事業においては、善良な心情から生じる誤りこそ最悪である」とし、戦争の中に人道主義を持ち込むことは危険であると主張した。また戦争の現場を知らない民間人が戦場に立ち入ることを快く思わず、赤十字が傷病兵救護に介入することに反対する軍人も多かった。

とはいえ、自由や平等、人間愛の名のもとに社会の矛盾を改善しようとする時代の空気は労働運動や社会福祉運動に弾みをつけ、戦争犠牲者の悲惨な状況にも人々の関心が寄せられるようになった。

第Ⅰ部　国際人道法と赤十字の誕生

第1章　ジュネーブ条約と赤十字のなりたち

1. 国際人道法の先駆者たち

傷病兵救済への試み

戦争で傷ついた者はもはや兵士ではなく、一人の人間として尊重され、保護されるべきであるという考え方は、古代にまで遡ることは前章で見てきた。しかし、近代においてその考え方を最も明確に表現したのはジャン・ジャック・ルソーであろう。ルソーは『社会契約論』(一七六二)の中で国家の戦争の道具としての兵士について次のように考えた。

「戦争の目的は敵国の撃破であるから、その防衛者が武器を手にしている限り、これを殺す権利がある。しかし武器を捨てて降伏するやいなや、敵または敵の道具であることを止めたのであり、再び単なる人間に帰ったのであるから、もはやその生命を奪う権利はない。」

この考え方は、赤十字の創始者ジャン・アンリ・デュナンの思想とよく似ている。『社会契約論』の出版から一〇〇年目にあたる一八六二年にデュナンは『ソルフェリーノの思い出』を出版し、その中で「傷ついた兵士はもはや兵士ではない。彼は武器を捨てたのであるから一人の人間として尊重されなければならない。」と訴えた。そして、傷病兵を救護するための団体を平時から各国に組織することと、その活動を保護するための国際的取極めを各国間で締結することを提唱した。そしてこの二つの著書は共にその後の世界に計り知れない影響を与えたのである。

こうした主張は、デュナンの先人達にも見られ、一八世紀中頃、イタリアの外科医フェルディナンド・パラシアーノとフランスの医師アンリ・アロールは、軍の衛生活動を局外中立とすることを訴えていた。

パラシアーノは、一八一五年、イタリアのカプアに生まれ、ナポリ王国軍の衛生部隊に所属した。一八四八年の革命のマンチュア包囲では、反乱軍の兵士は一人も生かすなという命令に反して傷兵を敵味方の差別なく看護したことで知られる。このため一旦投獄されるが、ナポリ王の取りなしで釈放された。彼はイタリアを始め、フランス、スイス、ドイツで傷病兵の中立の尊重を訴え、一八六一年に、ナポリのポンタニアン・アカデミーで戦時における傷病兵の局外中立に関する講義を行った。

彼は負傷兵の救護は国家の責任であると考え、一八六三年に赤十字社（傷病兵の救護社）設立のためのジュネーブ会議が開催されたことを知っても、それがこの問題の根本的な解決にはならないと考えた。民間の救護組織の設立は、本来の国家の責任を放棄させるもので、結果として戦争に手を貸すことになると考えたようだ。このような主張は、当初、赤十字の創設には批判的であったナイチンゲールの思想にも見られた。

またフランスの医師アンリ・アロールもパラシアーノと同じ考えから「野戦病院で使用する衛生器材の改善に関

する覚書」を出版し、軍医は戦闘員と見なさないで不可侵とすること、野戦病院の輸送車両や救急馬車は戦利品と見なしてはいけないこと、救護所は攻撃しないこと、また敗軍が撤退する時には、負傷兵は介護のため敵の軍医に引き渡すこと、など五つの提案を行った。この二人の主張は赤十字思想の先駆けと見られている。

南北戦争とリーバー法

傷病兵を救護する衛生活動を局外中立と見なし、保護することを求めたパラシアーノやアロールの主張は法律学者の立場からではなく、戦場の悲惨さを実際に体験していた医師の立場からのものだった。彼らと同じ動機から傷病兵保護のための法的整備に取り組んだのが南北戦争下にあったアメリカ合衆国である。

南北戦争（一八六一〜一八六五）は、両軍合わせて六一万八〇〇〇人もの戦死者（病死者四一万人含む）を出すアメリカ建国以来、最大の犠牲者を出す内戦だった。第二次世界大戦におけるアメリカ兵の死者が四〇万五〇〇〇人、第一次大戦の死者が一一万二〇〇〇人であるのと比較しても犠牲がいかに大きかったかが分かる。

この状況を改善しようとしたリンカーン大統領は、北軍の陸軍大臣スタントンに指示して法律顧問でコロンビア大学教授のフランシス・リーバーに「戦地にある合衆国軍隊の統治訓令」を起草させた。これは、一八六三年四月二四日にリンカーン大統領により公布され、一般に「リーバー法（綱領）」と呼ばれている。同綱領は、「戦争の究極の目的は平和を一新することにある」とし、しばしば人道の語に言及して敵兵に対する人道的対応を規定した。例えば、野戦病院とその要員は局外中立と見なして保護し、捕虜とはしないこと、傷病兵は人道的に待遇すること、捕虜に意図的な苦痛を与えたり、過酷な拘禁や復仇（敵の違法行為を止めさせるための報復措置）を行わないこと、上官命令に反してこれらに違反した者を処罰すること等を規定した。この綱領は、近代において初めて戦争法を法典化したものとして知られている。

戦争犠牲者を保護・救済するシステムは、その後、ジュネーブ条約が成立し、赤十字が誕生したことにより歴史的な転機期を迎えることになる。

イタリア統一戦争と赤十字思想

国際人道法の発展の歴史における一大転機となったのは、一八五九年六月二四日、北イタリアのソルフェリーノで展開されたイタリア統一戦争最大の激戦といわれた「ソルフェリーノの戦い」であった。

一九世紀後半、ヨーロッパの主要な国々の中で統一国家の形成が遅れていたのはイタリアとドイツだった。特にイタリアは、中世以来、ローマ教皇領や自治都市、諸侯領が乱立し国家的な統一がなされず、中でも北イタリアはオーストリアの支配下にあり、ナポリ王国やサルジニア王国などに分裂していた。

こうした中でフランスの軍事支援を後ろ楯にしたサルジニア王国は一八五九年、オーストリアに宣戦布告した。そして六月二四日未明、北イタリアの丘陵地帯ソルフェリーノにおいてフランス・サルジニアの連合軍とオーストリア軍の双方合わせて約三〇万の兵士が激突した。

今日、イタリアを訪れた人は、ミラノからイタリア国鉄でベネツィアに向かい、途中ブレッシアを過ぎ、暫く列車に揺られるとデゼンツァーノ・デル・ガルダという小さな田舎駅に着く。北イタリアの保養地ガルダ湖にほど近いこの町が古戦場ソルフェリーノへの入口である。

六月二四日の未明三時に始まった戦闘は午前六時には大激戦に発展し、多くの死傷者を出しながら一一時間続いた。その日の午後にはオーストリア軍は徐々に敗退し、激戦はようやく終結した。この戦闘は双方合わせて六〇〇〇人の死者と四万人の負傷者を出し、一九世紀最大の激戦の一つに数えられている。

負傷した兵士は、水や食料、そして看護と治療を求めて近くの村カスティリオーネに向かい、夕刻までに約九〇〇〇人が村に辿り着いた。村人は、負傷兵に自宅や納屋を開放して看護し、村の大教会や道路は負傷兵であふれたという。

激戦の翌二五日、この町にやってきたのがスイス人青年実業家アンリ・デュナン（三一歳）である。彼はフランスが一八三〇年から植民地化を進めていたアルジェリアで製粉事業を始めていた。水利権などを巡って幾つかの問題を抱えていたため、デュナンはフランス皇帝ナポレオン三世に陳情しようと考えていた。その旅の途上でこの町を訪れたのだった。そこでは、前日の激戦での夥しい負傷兵に村人が献身的な看護を行っていた。彼は地獄のような光景を目の当たりにし、村人とともに三日三晩、不眠不休の看護に奔走した。この出来事が、その後のデュナンの運命と戦争犠牲者の状況を大きく変えることになる。

世界を動かした一冊

デュナンは、ソルフェリーノの戦闘を直接目にすることはなかったが、戦争がもたらす悲惨な結果はデュナンの脳裏に焼きついた。

やがて故郷ジュネーブに帰ったデュナンは、カスティリオーネでの救護の体験を一冊の本にまとめ、一八六二年一一月、ジュネーブで自費出版した。『ソルフェリーノの思い出』と題されたこの本がきっかけとなり、世界中に傷病兵を救護する民間救護組織（赤十字社の前身）が誕生することになる。この本を読んだヴィクトル・ユゴーは、「君こそ人道を護り、自由の原点に尽くす人。君の気高い努力に万福の支持を捧ぐ」と賛辞を贈った。

この本は、日本では、一八九四年(明治二七年)に寺家村和介(じげむらわすけ)により『朔爾弗里諾之紀念』と題して初めて翻訳が刊行された。

『ソルフェリーノの思い出』には、「私が敵味方の差別なく救護するのを見て、婦人たちは、みんな兄弟です(Tutti Fratteri)、と叫ぶようになった」とあり、デュナンが救護活動を主導したようにも取れる。しかし、現在のカスティリオーネ・デ・スティヴィレの町に建つ赤十字博物館の古老によれば、一般に言われるようにデュナンが救護活動を組織したり、指揮したと考えるのは早計のようだ。デュナンが村に到着した時、すでに村人たちは民家に負傷兵を収容し、看護していたことを考えると村人は当初から兄弟愛に満ちた行為を実践していたのだ、というのが古老の言い分である。それが恐らく事実かもしれない。しかし、それはデュナンが単なる多くの看護者の中の一人でしかなかったという意味ではない。彼はその場にいた多くの善意の人々の中でも特別な人間であったことは確かである。傷病兵の目にも一際鮮やかな白服に身を包み、献身的な介護に当たっただけでなく救護に一定の組織的活動をもたらし、助言や指示も与えていたと思われる。そうした中で回復の見込みのない傷病兵には心からの慰めの言葉をかけた。見捨てられ、孤独のうちに死を予感する兵士にとり、それは魂の苦痛を和らげる霊的介護といえるものだった。

戦争が兵士にもたらす苦痛は肉体の苦痛だけではないことをデュナンは最も敏感に感じ取っていた。兵士を襲う心の問題はとかく軽視されがちだが、NATOの統計によれば、戦場で精神的障害を受ける兵士の割合は二五%に達するといわれ、さらに負傷兵の孤独感や精神的ストレスは一層激烈なものがあるといわれる。デュナンは戦争のもたらすこうした「心のケア」にいち早く光を投げかけたのである。

この本の中でデュナンは、戦争のない平和な時代から各国に傷病兵を救護するための組織を創設すること、その組織の活動を国際的な約束として戦時においても保護することを訴えた。この二つの主張が当時の国々の指導者、軍関係者、博愛思想家などの幅広い共感を生み、彼の提案を実現するための活動が動き始めたのである。

国際司法裁判所のウィーラマントリー元判事は、一九九六年の核兵器の使用の合法性に関する勧告的意見の中で、「アンリ・デュナンの『ソルフェリーノの想い出』は、その時代の文明を自己陶酔から呼び覚まし、戦争の残虐さを大衆の眼前に曝すことにより近代人道法の発展を触発した」と評している。

2. 国際人道法と赤十字の起源

デュナンとその仲間たち

戦争の傷病兵はもはや兵士ではなく、一人の人間として尊重し、収容・看護しなければならない。そのためには平時から戦争に備えて救護機関を組織しておき、その活動を国際条約で保護しようというデュナンの提唱は実現に向け動きだした。

一八六二年一一月、『ソルフェリーノの思い出』を読んで、デュナンの提唱に共感したジュネーブの福祉事業団体「ジュネーブ公共福祉協会」のグスタフ・モアニエ会長がデュナンに会見を申し出た。しかし、デュナンと面会したモアニエは、自らの提案を実現するための具体策をデュナンがほとんど持っていないことに驚いた。デュナンの提案を実現するためには、明確な目的意識と方法論をもった組織的な運動が必要であることをモアニエは直感したと思われる。

デュナンのアイデアがモアニエの目にとまったことは、その後の赤十字運動にとって幸いだった。デュナンとは性格も手法も異なるモアニエだが、デュナンは何よりも手堅い心強い同士を得たのである。こうしてデュナン自身も同年一二月八日、ジュネーブ公共福祉協会の会員となり、この問題に他の会員と共に取り組むことになった。

モアニエは、一八六三年二月九日夕刻から開かれた公共福祉協会の定例会でデュナンの提案を議題の一つにあげた。モアニエは、「フランス古典文学普及版の作成案件」および「障害児に対する地域社会の養護施設建設の案件」といった議題の中にデュナンの提案による「ボランティア救護員の軍隊への随伴に関する案件」をうまく紛れ込ませた。それは福祉協会の本来の仕事とは筋違いの提案に対して、会員の反発をかわないようにとの配慮からだった。モアニエの策が効を奏したのか、この提案は会員の賛同を得て承認された。その結果、公共福祉協会にデュナンの提案を実現するための作業部会が設立された。こうして、この件について積極的に発言した他の三人が指名され、ここに「公共福祉協会・戦傷者救護のための小委員会」が設置された。

委員がアンリ・デュナン、グスタフ・モアニエ、アンリ・デュフール、ルイ・アッピア、テオドル・モノアールの五人となったので委員会は通称「五人委員会」と呼ばれるようになった。そしてその最初の会合が二月一七日に開催された。

一般に五人委員会に始まるとされる現在の赤十字国際委員会（ＩＣＲＣ）の起源は、最初の五人委員会会合が開かれた一八六三年二月一七日とされ、国際赤十字の創立日は二月一七日とされている。しかし、モアニエは公共福祉協会がデュナンの提案を話し合うために初めて会合を開いた「一八六三年二月九日こそ、赤十字の本当の始まりの日といえる」と回想している。

二月一七日に開かれた最初の五人委員会の会合では、デュナンの提案を同年九月にベルリンで開催される予定だった国際福祉学会で提案することが話し合われた。

五人委員会の最長老であったデュフール将軍は、このような提案は既に衛生隊を保有している軍の反発をかう恐れがあることを懸念し、民間のボランティア救護要員は軍隊の衛生隊に代わるものではないことを明確にする必要があると考えた。またモノアールは、この提案が世界中に認知されるには、政府だけでなく一般大衆に訴えることが最も大切だと考えた。しかし、彼等の誰もがデュナンの最も独創的で本質的な主張である「救護組織の活動を保護するための国際条約を締結すること」は時期尚早で非現実的であると考えていた。

この会合で委員会は、「軍の傷者救護のための国際委員会」と名称を改めて出発することになり、デュフール将軍が委員長に就任し、モアニエが副委員長、デュナンが書記を務めることになった。

人道の夢追い人アンリ・デュナン

一体、赤十字を創ろうと集まった人々は、どのような人たちだったのだろうか。

ジャン・アンリ・デュナン(一八二八～一九一〇)は、一八二八年五月八日、ジュネーブ市の名家で立法会議参事会員のジャン・ジャック・デュナンとその妻アンヌ・アントワネットの第一子として生まれた。同年九月九日に生まれたのがロシアの文豪トルストイであり、奇しくも彼の没年もデュナンと同じである。日本では西郷隆盛がデュナンと同年の一月二三日に生まれている。日本の赤十字の誕生が西南戦争を契機にしていることを想起すると何とも奇遇である。

現在も、ジュネーブ市ヴェルデン通り一二番地にある生家の二階の外壁には、デュナンのレリーフと「アンリ・デュナン生誕の地。ジュネーブ条約の推進者にして赤十字の創立者。第一回ノーベル平和賞の栄えある受賞者」のプレートが刻まれている。

デュナンは幼少より信仰厚いキリスト教徒の両親のもとに育ち、特に母親の強い影響を受けて育ったという。一家は、一八世紀にイギリス、スコットランドでメソジスト派により作られたプロテスタント系改革派で特にジュネーブに信徒の多いセカンド・デイ・アドベンティスト教会の会員であった。

一八歳でジュネーブの銀行に奉職し、二五歳の一八五三年から一八五五年にかけてフランスが植民地化を進めていたアルジェリア、チュニジアを訪問し、この経験から「チュニスの摂政政治に関する考察」と題する論文を執筆した。この旅でアフリカに対する興味を一層深めることになる。また一八五五年、二五歳の時にはパリでYMCA世界同盟の創設に参加した。

その後、銀行を辞し、一八五八年にはアルジェリアで自ら製粉事業会社「ムーラン・ド・モン・ジェミラ社」を起こした。しかし、土地と水利権の取得がうまくいかないため直接、ナポレオン三世に陳情することを決意する。この目的と当時、オーストリアに隷属していたイタリア北部への興味からロンバルジア地方への旅に出る。その途上の一八五九年六月、カスティリオーネの町で彼の運命を大きく変えることになるソルフェリーノの激戦後の救護活動を体験したのである。

デュナンは、赤十字の創設以外にも奴隷解放や国際仲裁裁判所の理念などを構想する著作を著わし、それらはその後の国連、ユネスコ、ハーグの国際裁判所、奴隷解放令などの考え方の先駆けとなった。一九一〇年、八二歳でハイデンの病院で没した。

スイス陸軍の父デュフール将軍

ギヨーム・アンリ・デュフール(一七八七～一八七五)は、一七八七年九月一五日、スイス東北部のバーゼルに近いコンスタンツに時計職人の子として生まれた。五人委員会の最長老であり、スイス人にとってはスイス軍の創始者として特に有名な人物である。現在の赤地に白十字のスイス国旗を制定したのは将軍である。二〇〇二年九月から二〇〇六年六月まで駐日スイス大使を務めたジャック・ルヴェルダン氏は、デュフール将軍の夫人方の曾孫にあたる。

中等学校生徒の頃、ジュネーブがフランスに併合され、その後、パリの工科学校に学び、一八一〇年に工兵隊に入隊し、要塞建設などに当たった。その後、海軍の艦長として偵察活動中にイギリス軍艦に砲撃され負傷し、捕虜となった。捕虜交換で釈放された後、軍に復帰し、一八一五年の一〇〇日戦争で功績を残し、ナポレオンからレジオン・ド・ヌール勲章を授与された。しかし、ウィーン会議でジュネーブがスイスに併合されたことから新しい祖国を持つことになり、スイス連邦軍の中佐を経て連邦軍将軍に昇格する。スイス陸軍士官学校の創設者でもあり、この時、士官学校の学生だったのがルイ・ナポレオン・ボナパルト(後のナポレオン三世)である。以後、二人の交友は生涯続くことになる。後に赤十字創設にあたり、この関係がナポレオン三世の協力を得るために大いに役立つことになる。

アンドレ・デュランドによれば、一八四七年にスイスの七つのカントン(州)が連邦化に反対して「分離主義者同盟(ゾンダーブント)」を結成して連邦軍と戦った時には、連邦軍司令長官として部隊に対して次のような人道的な対応を指示したことで知られている。

「兵士は、戦闘で勝利者であるだけでなく、非難されることのない名誉ある勝利者でなければならない。そうすれば歴史家は『彼等は勇敢に戦ったが、常に人道的で寛容な態度を失わなかった』と語るだろう。従って兵士は、女性、子供、老齢者、聖職者を保護しなければならない。非戦闘員を傷つける者は名誉と祖国の国旗を汚す者である。捕虜と傷者には特に配慮しなければならない。」

これはまさにジュネーブ条約の精神そのものといえる。その結果、この戦争は双方合わせても戦死者およそ一三〇人、負傷者四〇〇人という極めて少ない犠牲で終結した。スイス陸軍の父とも言われる将軍がスイス国民の尊敬を集めるのは、こうした人道的、寛大な精神のためであり、将軍はその意味で「アンリ・デュナンの先駆け」ともいわれる。のちにジュネーブ市議会議員を経て、スイス連邦議会議員になるが、現在でもジュネーブの宗教改革記念公園に近いヌーブ広場に、馬上の将軍の銅像が雄々しく立っている。また将軍は、名高い測量技師としても知られ、一八三六年にスイスの地形地図（デュフール地図）を初めて作った人物として地形図の歴史には必ずその名が登場する。ジュネーブの地理学会で同じ会員だった若きアンリ・デュナンと知り合い、親子以上の年齢差を越えて知友となった。実直な青年実業家デュナンが事業のことで困っていた時、ナポレオン三世との面会を仲介したのも将軍だったと言われる。

思慮深い医師モノアール

テオドル・モノアール（一八〇六～一八六九）は、一八〇六年六月一日、ジュネーブの裕福な医師の家庭に生まれた。ジュネーブで普通教育を終えた後、イギリスとフランスで病院の研修を受けた。一八二九年、パリで医学の研究を始め、四年後に外科医の資格をとり、三四歳でジュネーブ病院の外科部長となり、医療コンサルタントとしても活躍した。この頃、ジュネーブ公共福祉協会会員となる。

前妻との間の子供や両親を含む大家族を養わねばならなかった苦労人でもある。そのためか庶民的感覚の持ち主だったようで、デュナンの主張は単に王侯や各国政府の高官、軍人だけではなく、広く一般大衆が理解してこそ運動として成功すると考え、一般市民への広報活動の重要性を説いた。また彼の明晰で思慮深い判断力には定評があり、ユーモアのセンスは人々を魅了したといわれる。赤十字創設に係わった五人委員会の同じ外科医ルイ・アッピアとは特に親しい仲だった。

また篤志の看護者を戦場で活用することを強く訴え、一八六四年のジュネーブ会議では、こうした看護者の参加に反対するフランス代表のブーディエ博士に強く反論した。

一方、南北戦争におけるアメリカの衛生活動を調査・研究し、「アメリカ衛生委員会の活動に関する報告」をまとめ、アメリカの先駆的な民間の救護活動、特にボランティア救護員の活躍を広く紹介し、ヨーロッパの赤十字社の発展に寄与した。

戦傷外科の権威アッピア

ルイ・アッピア（一八一八～一八九八）は、一八一八年一〇月一三日、北イタリアのピエモンテ州に牧師の子として生まれた。その後、ジュネーブ市民権を得てハイデルベルグ大学で医学を修めた。ジュネーブの生活に不慣れな彼を友人として親しく支えたのが同じ外科医だったテオドル・モノアールだといわれる。

ジュネーブ公共福祉協会会員であるとともに戦傷外科の権威でもあり、ソルフェリーノの戦いの悲惨な状況を弟のジョルジュ・アッピアから聞き、デュナンより先にソルフェリーノへ出かけて活動したことで知られる。そのため、デュナンは、『ソルフェリーノの思い出』を執筆するに当たり、医学用語や医療器材の表現についてアッピアから助言を得ている。戦傷外科を熟知し、特に傷者搬送のための担架の改善を行い、『担架の外科医学』などの著書がある。

一八六四年のプロイセン・デンマーク戦争の時、赤十字国際委員会（当時の「傷者救護の国際委員会」）の最初の海外派遣代表としてプロイセンの激戦地シュレスウィッヒに、また普仏戦争ではフランスに派遣され、両国の救護社と衛生部隊の活動を視察・研究した。また自身も赤十字腕章を身に付けて精力的に負傷者の治療活動に従事したことで知られ、彼の熟達した戦傷外科医としての実績は周囲の人々の赤十字への信頼を高めた。

のちにアメリカのクララ・バートン女史が米国赤十字の創設を思い立ち、米国政府にジュネーブ条約への加入を働きかけたのもアッピアの影響があったためといわれる。

赤十字の巨魁モアニエ

グスタフ・モアニエ（一八二六〜一九一〇）は、一八二六年九月二一日、ジュネーブに生まれた。赤十字運動の草創期から発展期まで国際委員会の中心人物として赤十字とジュネーブ条約の発展に半世紀にわたり貢献した。モアニエの存在なくして赤十字は組織としての基盤を築きえなかったか、あるいは、その姿はもっと違ったものになっていたかもしれない。

幼少期に家族とともにパリに移り住み、法律を学んだのち、一八五五年に福祉の道に専念するため「ジュネーブ公共福祉協会」に奉職し、二年後に三一歳で会長に就任した。スイス統計協会の創設者の一人でもある。

一八七三年に国際法の発展と法典化を促進するために万国国際法学会の創設にも参画し、国際人道法の発展に大きく寄与した。一八八〇年には、戦争法の原則をはじめて簡潔にまとめた「オックスフォード提要」を起草したことでも知られている。

生涯にわたって膨大な著作を著わし、そのどれもが赤十字運動と国際人道法の発展のための理論的な文献になっている。実務家、理論家と言われ、目的達成のために緻密な計画を立てて慎重に事を進める手法は、感性と情熱の人アンリ・デュナンとは対照的な性格である。しかし、デュナンが一八八七年に五九歳でハイデンに隠遁した後も四半世紀にわたり最も長く赤十字運動の中枢を担い続けた。デュナンより二歳年上で二人とも同じ年に亡くなっている。

森鷗外は、『独逸日記』の中でモアニエの風貌を次のように書いている。鷗外はドイツ留学中の一八八七年、ドイツ(当時のバーデン大公国)のカールスルーエで開かれた「傷者救護社の国際会議」に博愛社(後の日本赤十字社)代表の通詞として参加し、その会場でモアニエに会っている。

「議員中、人の目を注ぐは、瑞西萬国社(＊国際委員会)長モアニエ氏、米婦人バルトン氏(＊アメリカ赤十字創設者クララ・バートン)なり。モアニエは矯体短首、大鼻の中央にて屈折したるさま、図匠描くところの木葉天狗に顎髭たり。」

モアニエがジュネーブ条約の発展に尽くした功績は極めて大きく、今日の国際人道法の基礎は彼の存在なくしては確立できなかったといえる。彼は、戦争法の性格に関する小論の中で、戦争法は、「あらゆる国家の法の中でも特権的地位を占めている。戦争法は気高い動機から生まれ、無力で不幸な人々への抑圧に対する抵抗であり、誰もが持っている兄弟愛により支えられている」(一八九五年)と記している。

3. 赤十字創設への歩み

篤志救護隊の創設を提唱

一八六三年三月一七日、第二回目の五人委員会が開かれた。この間、デュナンは『ソルフェリーノの思い出』を自費で各国に配り、救護社(赤十字社)設立への理解を求める多くの手紙を書き続けた。そしてオランダ、プロイセン、イタリア、その他の国々から共感の手紙が寄せられた。

この会合では、五人委員会の成すべき事業が話しあわれ、一つの合意がなされた。それは、委員会自身が民間の救護組織を各国に設立することは不可能であり、またそのようなことはすべきではなく、委員会は各国にそうした組織の設立を呼びかけることに専念するというものであった。さらにモノアールの起草により将来の救護組織の指針となる三つの基本理念がまとめられた。

1. 救護社は正式に国の当局から承認され、権限を与えられるべきであること。
2. 篤志の救護員は軍隊を補助するものとし、軍の法規に従うこと。
3. 篤志の救護員は軍隊に従属するが、必要な装備や食糧等の負担を軍隊に求めずに無償で奉仕すること。

つまり志願による篤志救護員は軍の指揮下に入り、無償で奉仕し、軍司令官はいつでも救護員に解散を命じることができるというものである。これらの条件は、救護社が傷病兵の救護に参加することを拒否していた軍の理解を得るための赤十字側の妥協の結果だった。

また救護社の活動は、ヨーロッパ諸国間と列強諸国間の国際戦争だけに限定し、内戦は対象としないことが確認された。

五人委員会の第三回会合は一八六三年八月二五日に開かれた。委員会はこの日の会合で、九月にベルリンで開催されるはずだった国際福祉会議が中止されたことを知った。この会議において救護社設立の問題を提案しようとしていた委員会は出鼻を削がれてしまった。

モアニエはジュネーブで独自に国際会議を開催することを提案した。これにデュフール将軍とモノアール、アッピアが賛同し、モアニエとデュナンが日程調整を行い、会議を一〇月二六日に開催することが決まった。そして会議への参加を促すため各国に会議の招待状と会議で決議する予定のボランティアによる民間救護組織についての条約草案および五人委員会の活動を紹介した雑誌記事を送ることにした。

この間、デュナンは条約草案の起草に心血を注いだ。起草された一〇ヵ条の草案は、他の委員の意見を入れた上でモアニエとデュナンにより推敲が重ねられ最終案がまとめられた。こうして一八六三年九月一日、招待状が各国政府と博愛主義者などに送付された。

やがて最初の回答がフランスから寄せられた。しかし、フランス陸軍省からの返事は期待はずれのものだった。戦争の前に篤志の救護隊を組織することなど非現実的であるとした上で、そうした組織にまともな一般市民が参加するはずがないと批判した。

何事にも行動が先立ってしまうデュナンは、文書だけの参加要請には限界があることを痛感し、各国の要人に直接面会し、説得する必要があると考えた。デュナンが絶好の機会と考えたのは、九月六日から一二日までベルリンで開催される国際統計学会だった。同学会で「民間人と軍人の健康と死亡率に関する統計上の比較研究」が議題にあがることから、この機会に会議への参加を各国に訴えようと考えたのである。

鍵となった中立の概念

デュナンにベルリンの国際統計学会で呼びかけることを示唆したのは、オランダ陸軍軍医（陸軍少佐）バスティングだった。『ソルフェリーノの思い出』の主張に共感し、戦争犠牲者の救済に新たな情熱を燃やしていたバスティング軍医は、デュナンに賞賛の手紙を送り、一八六三年五月、同書をオランダ語にいち早く翻訳していた。同年九月、統計学会出席のためベルリンを訪れたデュナンは、宿舎のホテルでバスティング夫妻に面会し、軍医との会話から強い刺激を受けた。

バスティングは、『ソルフェリーノの思い出』が訴えていることは次の三つであることをデュナンにはっきりと気付かせた。

1. 篤志の救護組織は、戦闘のどちら側にも加担しないで中立を維持し、その中立性を敵対双方から承認される必要があること。
2. そのためには中立を標示する何らかの標章（印）が必要であること。
3. 救護組織は軍の衛生活動を補助するものであり、それに代わるものではないこと。

バスティングとの出会いは、デュナンに救護組織の中立の重要性を強く印象づけた。思い立つとじっとしていられないデュナンは、次第にベルリンの統計学会では、救護組織の中立問題を中心に訴えるべきだと考えるようになった。そしてデュナンが学会での演説原稿を作ると、それをバスティング夫人がドイツ語に翻訳した。

演説は大反響を呼び、統計学会からは全面的支持が寄せられた。この成功により意を強くしたデュナンは、すでに決まっていたジュネーブ会議の協議事項に、ボランティアによる救護社の中立問題も含むことを追加する旨の案内をベルリンから各国に送付した。

しかし、デュナンが送ったこの文書は、ジュネーブの国際委員会には何の相談もしなかったため、モアニエの猛反発をかった。しかも救護社の要員を中立とする主張はモアニエの考えとは相容れなかった。何事にも慎重で実効性を重視するモアニエは、軍関係者は篤志の救護員の戦場での活動にさえ批判的であるのに、その中立性まで持ち出すことは現実的でなく、却って軍の反発を買い、救護社設立の訴えまでも反対されかねないことを懸念していた。会議を成功させるためには、当面、中立の問題を棚上げにしようと考えるモアニエと、中立の原則は救護社とは切り離せない本質だと考えるデュナンやバスティングの間には大きな溝があった。

ベルリンでのデュナンの行動は、モアニエとの間に軋轢の種を蒔くことになり、その後の二人の関係だけでなく委員会とデュナンの関係にも影を落とすことになる。

赤十字規約の採択へ

一八六三年一〇月二六日から二九日まで、いよいよ救護社設立のための会議がジュネーブで開催されることになった。五人委員会が設立され、準備を始めてからたった八カ月での偉業である。これほどの短期間にあらゆる準備を行ってきた委員会の精力的な活動は驚くばかりである。

会議にはスイス、フランス、イタリア、イギリス、スペイン、オランダ、スウェーデン、ロシア、オーストリアのほか、統一以前のドイツを形成していたプロイセン、バーデン、ババリア(現バイエルン州)、ハノーバー、ヘッセ、ザクセン、ヴュルテンベルグの一六カ国と四つの博愛団体から三一人の代表(うち一八人は一四カ国の政府代表)が参加した。オランダ代表の中には、軍医バスティングも加わっていた。また、戦争救護の長い伝統を持つキリスト教系救護組織「エルサレムの聖ヨハネ修道団」もドイツから代表を派遣した。この組織こそ、初期の赤十字がその活動から多くの経験を学んだ傷病兵救護のパイオニアだった。

さて、会議ではデュフール将軍が委員長として開会挨拶を行い、モアニエが議長に選出された。議事に入るとプロイセン、スペイン、オランダの代表は委員会の提案を強く支持し、篤志の救護者の活動を歓迎した。一方、これに強く反対したのがフランスでイギリスも懸念を表明した。これらの代表は、戦場に正体不明の輩が立ち入ることを警戒していた。そしてどうしても活動を望むならば、救護社は活動の経費を全て自己負担し、軍に支援を求めず、活動中の衣食住や器材も自ら調達し、軍が要請した時はいつでも活動を中止して戦場から立ち去ること、そして活動に際して軍の規則や命令に従うことなどを要求した。

こうした議論の後、モアニエは会議で具体的な成果を得るために準備していた一〇カ条からなる決議案を提示し採決にかけた。この「赤十字規約」は一〇月二九日に採択され、ここに救護組織の目的と活動規則が次のように定められ、各国に傷者を救護するための民間救護社を組織することが決まった。

第一条　各国に救護の中央組織（のちの赤十字社）を作り、戦時において必要な場合に軍の衛生活動を援助する。
第二条　中央組織の支部は、必ず中央組織本部の指導を受ける。
第三条　中央組織は、その事業が政府の認可を得るよう政府と約束を交わす。
第四条　中央組織は、平時から戦時に備え、資材や要員の訓練を行なう。
第五条　戦時に中央組織は可能な限り軍隊に救援物資を配給し、篤志者を組織して負傷者の看護に当たることを約束する。その場合、中央組織は中立国に利益保護国の依頼をするものとする。
第六条　中央組織は、軍の要請又は承認により篤志の救護員を戦地に派遣する。この場合、救護員は軍の指揮下に入る。
第七条　篤志の救護員の派遣に要する経費は、中央組織が負担する。
第八条　篤志の救護員は白地に赤十字の腕章を着用する。
第九条　各国中央組織と支部は総会を開き、相互の経験を報告し、目的遂行に役立つ規約を協議する。
第一〇条　各国中央組織間の情報交換は、当面、ジュネーブ委員会を介して行なう。

この第六条にあるように、救護社の活動は軍の指揮下で行われることが明記されたのは、軍の事情に明るいデュフール将軍らの助言によるものと思われる。結果として、この条項がなかったならば、救護社設立は各国に受け入れられなかったに違いない。

この会議ではモアニエの意向により救護社の中立問題は話題にしない方針だったが、バスティングの突然の発言がきっかけで、中立とその標章について次の三つの勧告がなされ、これも各国の支持を得て承認された。

1. 戦時において交戦国は野戦病院の中立を宣言し、この中立は軍の衛生部隊、篤志の救護者にも等しく適用すること。
2. 各国政府は、各国に設立される救護社を保護し援助すること。
3. 軍の衛生部隊は、部隊を表示する標章を着用すること。

五人委員会は、この会議を契機に傷者救護の国際委員会(以下、略して国際委員会という)と名称を変え、常設組織として戦争犠牲者の救済にあたることになった。これが今日の赤十字国際委員会(ICRC)の前身である。そして各国に傷者救護のための国内委員会(のちの各国赤十字社)を組織するための活動が始まった。

しかし、この会議の政府代表は全権代表ではなく、条約締結の権限を与えられていなかったため、これらは条約としての効力を持たなかった。そのためには翌年八月のジュネーブの国際会議を待たねばならなかった。

各国救護社の設立

救護社設立のためのジュネーブ会議が終わると、各国で救護社設立のための動きが本格化した。最初の救護社は一八六三年一二月にヴュルテンブルグに、続いて一八六四年一月にオルデンブルグに、また同年二月六日にプロイセンに設立された。いずれも現在のドイツ連邦を構成する国々だった。また二月四日にはベルギー救護社が設立された。その後、ヴュルテンブルグ救護社とオルデンブルグ救護社はプロイセン救護社に統合されたため、世界で最も古い赤十字社はベルギー赤十字社となっている。この後も次々とヨーロッパの国々に救護社が設立されていった。

デュナン自身は、一八六三年一〇月のジュネーブ会議が終わると、翌一一月にはパリに向かった。フランスに傷者救護のための中央委員会を設立することと、フランス政府を説得し、ジュネーブ会議の決議を批准させることが目的であった。

プロイセンとは異なり、フランスでのデュナンの説得は困難を極めた。篤志の救護社が戦時に傷病兵を救護するという発想は、まだまだ一般には理解されず、特に軍の上層部は民間人の救護者が戦場に立ち入ることを警戒していた。また一〇月のジュネーブ会議で政府代表が国際委員会への支持を表明しなかったのもフランスだけだった。

思うように理解を得られないデュナンは、フランス政府の反対が比較的弱い衛生要員の中立化の問題から働きかけることにした。パリの外交関係者を通じてクリミア戦争でナポレオン三世の側近だったフランスの外務大臣が、中立問題に関心を示していることを知ると、直接大臣と交渉することを考えた。デュナンは、これについて手紙でモアニエに報告したが、モアニエの返事はデュナンの期待を裏切るものだった。

ジュネーブから、既に各国宛に決議内容の批准の意志について質問状を送付していたモアニエは、まだ回答を得ていない段階でデュナンが直接、政府と交渉するのはフランス政府を混乱させるものだと考えた。この時、モアニエにはベルリンの国際統計学会でのデュナンの独断的な行動が再び脳裏をかすめたに違いない。

しかし、絶好の機会を目の前にして、それを傍観せざるを得ないデュナンの葛藤は大きかった。これを知ったモノアールはモアニエに書簡を送り、この好機をむしろ利用すべきだと説得した。しかし、モアニエはこれを認めず、結局、デュナンは政府との交渉を断念して、パリで傷者救護社の設立だけに専念することになった。

赤十字標章の誕生

一八六三年のジュネーブ会議では、その後、世界中の戦場にはためく赤十字標章が保護の標章としてその第八条に初めて規定された。しかし、なぜ赤十字の印が保護標章として採用されたかを物語る確かな資料は見当たらないようだ。

今日では一般に、スイス連邦に敬意を表するために、赤地に白十字のスイス国旗を逆転して赤十字標章が採用されたと言われているが、そうした説明を裏付ける根拠は何もないと元赤十字国際委員会副委員長ジャン・ピクテは書いている。

当時のヨーロッパ社会では、一般に白い旗が休戦や保護の印として長い間使用されていた。しかし実際には、野戦病院に掲げる軍の衛生部隊の旗は各国が自由に決め、オーストリアでは白旗、フランスでは赤旗、スペインやアメリカでは黄旗が用いられていたといわれる。『ソルフェリーノの思い出』の中では、一般に黒旗を掲げていたとも記されている。

ジュネーブ会議において、白い腕章を左上腕に付けて保護の印とすることを最初に主張したのは外科医のルイ・アッピアだったといわれている。おそらく医師や看護者は白衣が一般的であったことや白旗が一般に休戦の印として認知されていたことから想起されたものと思われる。しかし、元赤十字国際委員会法律顧問アンリ・クワシエの説によれば、その後、スイス連邦の国旗を正式に制定したことで知られるデュフール将軍が白地の腕章の上に赤十字を付け加えることを提案し、これが標章として採用されたとしている。

しかし、ジャン・ピクテによると、一八六三年一〇月のジュネーブ会議の休憩時間に、プロイセン代表の首席医務官フリードリッヒ・レッフラーが「赤い十字」を雑談の中で示唆したことが発端だとしている。この時、レッフラーがスイス国旗の逆転をイメージしていたかどうかは分からない。

その後、赤十字の標章は「スイス連邦に敬意を表し、スイス国旗の配色を逆転して作成された」という表現が一九〇六年に改訂されたジュネーブ条約に初めて登場し、この説明が今日まで定着しているが、その経緯については後述することにする。

第2章　ジュネーブ条約締結への道

1．プロイセン・デンマーク戦争の教訓

戦争の現実から学ぶ赤十字

一八六三年のジュネーブ会議の成功でデュナンが目指した「救護社の設立」は実現することになった。残された課題は、『ソルフェリーノの思い出』の中で訴えた「国際条約の締結」だけとなった。

一八六四年二月一日、デンマークの支配下にあったシュレスウィッヒ公国とホルシュタイン公国のドイツ人の権利擁護を理由に、プロイセンはオーストリアとともにデンマークへ侵攻し、プロイセン・デンマーク戦争（別名シュレスウィッヒ・ホルシュタイン戦争）が勃発した。

パリから帰ったデュナンは傷病兵を救済するため、シュレスウィッヒに国際委員会代表を派遣することを提案した。三月一三日、国際委員会は会議を開き、デュフール将軍の助言により医師アッピアとオランダのヴァン・デ・ヴェルデ将軍をプロイセンとデンマークにそれぞれ派遣することにした。それは両国で傷病兵の援助に当たるともに、前年採択された赤十字規約に基づく救護社の設立がいかに進展しているかを視察することにあった。

この二人の派遣は、国際委員会が海外へ代表を派遣した最初である。

プロイセンに派遣されたアッピアは、戦線視察に止まらず、機会あるごとに負傷者への手術を精力的にこなした。プロイセンには開戦直後の二月六日に救護社が設立され、プロイセン軍は民間救護社の活動を受け容れて救護にあたっていた。アッピアも自ら赤十字腕章を付けて病院、救護所を訪問し、負傷兵の治療にあたり、プロイセンの将兵に対して新たに設立された救護社への理解を求めた。

一方、デンマークに派遣されたヴァン・デ・ヴェルデ将軍は、民間の救護社に全く理解のないデンマークの現実に直面していた。

デンマーク軍当局は、篤志者による救護社の活動を認めなかったため軍の衛生活動は非常に制限されていた。デンマークの新聞もジュネーブの国際委員会に対する批判を公然と書き立てた。新聞には、「ジュネーブ委員会（国際委員会）なる組織がヴァン・デ・ヴェルデなる人物をわが国に送ってきた。この使節はスイス国民のわが国への同情の証であるというが、ジュネーブ委員会なるものはスイスでは単なる私的な団体であり国内で評価されているわけでもない。もともと彼らがデンマーク人に無関心であることは明らかである。その証拠に敵国ドイツにもアッピアなる人物を代表として派遣している」といった批判記事が掲載された。

ヴァン・デ・ヴェルデはこうした無理解にも怯まず、赤十字標章を着用して捕虜となったプロイセン、オーストリアの両国傷病兵を野戦病院や収容所に訪問した。またコペンハーゲンの傷病者支援団体と連絡をとり、デンマーク救護社の設立も働きかけた。

二人の国際委員会代表の戦地視察は、衛生要員の中立概念を普及する難しさを実感させるものだった。当時のヨーロッパ社会では一般に衛生要員を中立と見なす考え方は、国際法上も軍の慣習上もほとんど存在しなかった。

軍医でさえ軍人としての名誉から戦闘員の地位を失うことを嫌っていた。軍医が衛生要員として中立の地位を保障されるためには軍刀を外さなければならなかったが、多くの軍医はそれを不名誉なことと考えていた。ましてや自らが負傷兵とともに敵の支配地に残留して、保護されながら味方の傷兵の手当をすることなど想像すらできなかったのである。

手本となったキリスト教修道団

しかし、この戦線視察で二人の代表は戦場で目覚しい活動を続ける民間組織の先駆的な活動を目撃することになった。一般に看護水準の低かった当時にあって、充実した医療活動を行っていたキリスト教系修道団の活動は、国際委員会のその後の活動に格好のモデルを提供した。

ジェームス・ウォルシュは、『看護史』の中で当時の一般病院の看護がいかに劣悪だったかについて次のように書いている。

「一般的に病院は病院といえる代物ではなかった。不潔で換気が悪く、伝染病の気配が漂っていた。そのため病気やけがの治療にきた患者は、別の病気か悪性の伝染病にかかった。死亡率は恐ろしいほど高く、時には五〇％以上の事もあり、(中略)病院の外科は極めて絶望的であった。病院に雇われた看護婦は、患者の世話以外に召使いのような卑しい仕事までさせられた。」

また一九世紀末のロシアの免疫学者で、のちにノーベル医学生理学賞を受賞したエリ・メチニコフは、クリミア戦争当時のロシアの病院の状況について次のように書いている。

「換気の悪い広い病室は、丹毒、化膿症および急性浮腫、敗血症等の病人であふれた。看護人たちは平気で創傷の湿布に用いたリンネルを一人の患者から他の患者へと換えた。病院の事務局では、傷の上から剥ぎ取ったばかりの汚い悪臭のするガーゼや、病室のすぐかたわらに作られた特殊な置物の中に並べられた包帯、圧定布、リンネルなどをまた売りするためにそのまま保存することまでしていた。」（『近代医学の建設者』）

こうした劣悪な医療現場において、献身的で規律ある高い看護水準を誇っていたのがキリスト教系修道団だった。その代表的な組織である「エルサレムの聖ヨハネ修道団」は、世界中から聖地エルサレムに巡礼に訪れるキリスト教徒への医療援助を目的に、一一世紀初頭にエルサレムに病院を設立したのに始まる。その伝統を受け継ぐ現在の「聖ヨハネ救急隊（St.John Ambulance）」は、一八七七年に設立され、ロンドンを拠点に病院運営のほか、世界四〇カ国以上で救急救命活動を展開し高い評価を得ている。

現在のジュネーブ第一条約第二六条は、戦時において赤十字社と同等の地位を得て活動することができる「その他の公平な人道的な団体」を規定しているが、この「人道的な団体」は具体的には聖ヨハネ救急隊を意味し、赤十字社とともにその活動が条約において公認されている数少ない団体である。ヨーロッパでは赤十字より長い歴史と実績を誇る戦傷者救護のパイオニアとして高く評価され、過去のジュネーブ条約改訂会議において、条約の中に同救急隊の名称を赤十字国際委員会と同様、明示的に記載するよう主張してきたが、現在までその主張は実現していない。

イタリア統一戦争でも同修道団は戦線に三つの野戦病院を建て、当時としては最新の二頭立ての救急馬車や車輪付の担架などの衛生装備を導入し、救護活動を展開していた。また戦時に備え、平時から救急法の訓練を積んだ救急要員と医師を養成し、持続的活動ができる体制を整えていた。こうした経緯から、一八六三年のジュネーブ会議にも同修道団はドイツ支部から代表を派遣していた。初期の赤十字救護班の装備や訓練は、この団体のノウハウから学んだものが多かったと言われる。なお、同修道団は一時期、「マルタの騎士団」の名称で活動したことがある。

アッピアとヴァン・デ・ヴェルデの戦場視察は、国際委員会に貴重な教訓を与え、モアニエは「どんな考えや会議よりも、これらの経験は我々の欠陥を明らかにし、改善すべき多くのことを教えてくれた」と回想している。同時にこの視察は、これまでの国際委員会の事業の重要性と、その方法が基本的に間違っていなかったことも実証することとなり、国際委員会のメンバーは赤十字運動に対する自信と確信を一層強めていった。

南北戦争の活動から学ぶ

一方、国際委員会の医師テオドル・モノアールは、南北戦争時のアメリカ合衆国の救護活動を調査し、近代的な衛生装備を持ったボランティアの救護組織が戦場の至るところで活躍する姿に衝撃を受けた。

中でも「アメリカ衛生委員会(US Sanitary Commission)」やキリスト教団体のボランティア活動は目を見張るものがあり、モノアールはそうした活動に深い感銘を受け、これらが欧州の赤十字運動の手本となることを確信した。

特に一八六一年に神学博士ヘンリー・W・ベロウが設立した民間救護組織「アメリカ衛生委員会」の活躍は目覚しかった。同委員会は、南北戦争を契機に民間婦人が結成した女子中央救済委員会を母体として組織されたもので、野戦病院の改善策を講じることを目的とし、その活動は衛生問題から排泄物の処理、水の補給、傷病兵の食事の研究など多岐に渡っていた。特に敗血症の予防のために野菜や果物を兵士に提供し成果を上げていたほか、世界で始めて病院列車を導入し、負傷者の輸送治療を大幅に改善した。

同委員会の婦人と共に負傷兵の救護活動に当たっていたのが、のちにアメリカ赤十字創設者となるクララ・バートン女史である。同女史は、その後、南北戦争の戦死者のために国立墓地の設立を呼びかけ、無名の戦死者にも敬意を表すべきことを訴えた。今日、よく知られる無名戦士の墓は、女史の働きかけにより設立されるようになった。

こうした組織化された活動とは別に、戦場に近い町村には兵士を支援する婦人組織が至る所に組織されていた。弟の負傷に心を痛めた詩人ウォルト・ホイットマンも看護助手として負傷兵に献身的な看護を行った一人である。

しかし、アメリカにおいても当初からボランティアによる救護活動が活発だったわけではなく、戦争の勃発時には軍の衛生隊は勿論、組織的な看護活動はまったく存在しなかった。負傷兵の看護は通常、訓練も受けていない一般兵士がこれに当たり、軍病院の設備も衛生状態も劣悪だった。しかも政府と軍は当初、戦場での民間人による救護活動が軍事作戦の障害になりかねないことを極度に警戒していた。

アメリカ衛生委員会のような組織は、同委員会のモデルとなったイギリス衛生委員会を除くとまだ欧州諸国でも例がなく、一般に赤十字が誕生する以前の欧米諸国では、既述したようにキリスト教系修道団の僧侶や尼僧が傷病兵の看護に当たることが多かった。クリミア戦争においても、フランスやロシアでは傷病兵の看護は主として召集された修道団の尼僧により行われていた。しかし、近代以降の戦争犠牲者の増加に修道団だけで対応するのは不可能である。こうした背景と欧米の婦人解放運動が広がる中で、一般婦人の看護業務への関心が高まり、彼女たちは短期の訓練を受けて傷病兵の看護に参加するようになった。南北戦争時のアメリカはまさにこうした看護活動の転換期にあったといえる。

このような一般市民による傷病兵の自発的な看護は、歴史的にも慣習として長く行われてきたが、第二次世界大戦中、ナチス・ドイツはそうした行為を利敵行為と見なし、看護にあたった市民が処刑や処罰を受けることがあった。そのため戦後、一般市民が敵味方なく傷病者を救護することを権利として保障する規定がジュネーブ諸条約に盛り込まれた。

さて、南北戦争でのボランティア救護組織の活躍を知ったモノアールは、この事実は傷病兵救護活動へのボランティア救護員の参加に頑なに反対しているヨーロッパの軍人を説得するのに役立つと直感し、軍関係者に次のように訴えた。

「ヨーロッパの軍当局者は、戦場では軍隊と民間人は融合できないと言うが、我々はそういう方々に、ではなぜアメリカではそれが可能なのかと問いたい。アメリカでは陸軍省に全く依存しない民間の医師や看護者、衛生資材、食糧が戦場で有効に機能し、それらは兵士たちにも敬意をもって受け入れられている。ヨーロッパの軍人たちは無意識のうちに軍服に誇りを持ちすぎ、民間の看護者に偏見を持っているのではないだろうか。」

アメリカの現実は、国際委員会のメンバーに赤十字運動の将来に対する自信と希望を与えたのである。

2. 国際人道法の夜明け

一八六四年のジュネーブ条約の締結

一八六三年の赤十字規約は救護社の設立に関するもので、軍の衛生活動を局外中立として保障するものではなかった。そのためには新たな条約を締結することが必要だった。

この間、プロイセン・デンマーク戦争を体験したことは、実際の戦争から多くを学んだという点で国際委員会にとっては幸いだったといえる。国際条約の締結に向け準備を続けてきた国際委員会の努力はようやく実を結び、一八六四年八月八日から二二日まで再びジュネーブに一六カ国の政府代表二六人が集まり、「戦地にある軍の衛生要員の中立に関する国際会議」が開かれた。

この会議の目的は、軍の衛生部隊の要員と施設、救急馬車を局外中立とするための国際条約を締結することだった。開会式で議長を務めたのはデュフール将軍である。それにモアニエとスイス連邦軍軍医総監レーマンがスイスの政府代表となった。その他の国際委員会委員であるデュナン、アッピア、モノアールとオランダのヴァン・デ・ヴェルデ将軍は政府代表ではなかったので、議長はこの四人を会議への参加者として承認する採決を行った後、議事に入った。

会議ではプロイセン代表の軍医レッフラーが、軍の衛生部隊だけでなく民間救護社の衛生活動の中立化も議題にするよう要望したが、フランス代表はこれに反対した。その主張は篤志の衛生隊も軍規に従い、軍の管理下で活動するのであるから、実質的には軍の衛生部隊と篤志の民間救護社を区別する必要はないというものだった。この問題は各国の救護社にとって極めて重大な問題であったにもかかわらず、結局、フランスの主張が大勢を占め、レッフラーの提案は却下されてしまった。一八六四年のジュネーブ条約が結果として赤十字のような民間の救護組織について全く言及していないのはこのためである。

一方、各国政府代表は、この条約により軍隊がどの程度拘束されるのか不安を抱いていた。そして条約が作戦行動の障害となる場合には、軍は条約をどの程度軽視できるかについて明確な判断を求めた。

この不安を解消したのは議長を務めたデュフール将軍だった。将軍は「司令官は、自らの判断と責任で、自らが妥当と考えるあらゆる行動をとる自由を有することは法も慣習も認めるところである。どんな規則も指揮官を拘束するものと考えることはできない」と軍人寄りの答えを用意し、軍関係者らの不安を取り除いた。軍関係者に歩み寄る形の回答ではあったが、建前を譲歩しても何とか会議を成功させたいと考えた国際委員会の必死の思いが垣間見えるようだ。

さらに赤十字標章を軍の衛生部隊が使用する件については、白熱した議論が展開された。前年の赤十字規約では、赤十字の標章（腕章）は、民間救護社を表示するマークとして採択されたもので軍の衛生部隊が使用することは未決着であったが、この会議で軍の衛生部隊も赤十字標章を使用することが正式に承認された。

衛生活動の中立を宣言

こうして会議では一〇カ条から成る条約が採択されることになったが、スイスとフランス以外の代表は、アメリカを含め、条約に署名する権限のないオブザーバー参加だった。

一般に国益性が乏しいと見られ、条約締結にまで至るかも分からないような会議に、最初から全権代表を派遣するような国はなかった。そのため予備会議の席上、フランス代表の外務次官は、各国代表が即座に署名のための権限を自国政府から取り付けることとし、政府の許可が得られ次第、条約に署名することを提案した。こうして署名許可を得たスイス、フランス、イタリア、プロイセン、オランダ、デンマーク、スペイン、ポルトガル、ベルギー、バーデン、ヘッセ、ヴュルテンベルグの一二カ国の代表により、同年八月二二日、「戦地にある軍隊の傷者救護のための一八六四年八月二二日のジュネーブ条約」（別名、赤十字条約ともいう）が締結された。これが、戦争犠牲者の保護・救済を規定した今日の国際人道法の法典化の始まりであった。

ジュネーブ条約の締結は、戦時において国家が個人を保護するために、その権能を自ら制限することを約束しあう画期的な条約となった。その後の国際人道法の発展はこの条約の延長上にあることから、一八六四年のジュネーブ条約は「諸条約の母」とも言われている。一〇カ条からなるこの条約の内容は次のとおりである。

第一条　野戦病院と陸軍病院は局外中立と見なすものとする。これらが傷病者を収容している間、戦闘員はこれを保護し、侵害してはならない。ただし、これらの病院は兵力を保持してこれを守る時は、中立の資格を失うものとする。

第二条　野戦病院と同病院で活動する監督員、医員、事務員、担架兵、宗教要員を含む要員は、その本務に従事し、負傷者を収容し、看護に従事する間は、同様に中立の資格を享受するものとする。

第三条　前項に掲げた要員は、敵軍の占領後も従前の病院または野戦病院において職務を継続することができ、あるいは占領以前に所属していた部隊に復帰するために退去することができる。

第四条　陸軍病院の什器物品は退去の際、携行してはならない。

第五条　負傷者を看護する一般住民は尊重し、その行動の自由を妨げてはならない。交戦国の将官は住民に

第六条　負傷者の看護を奨励し、看護にあたる間は中立の資格を享受することを告知する責務を有する。また負傷者を収容し、看護する建物は侵害してはならない。また負傷者を収容する個人の住宅は、軍の宿舎として徴用せず、戦時課税の一部を免除するものとする。

傷病兵は、その国籍に関係なく看護するものとする。指揮官は、状況が許す限り、両軍の協議を経て、戦闘中に負傷兵を速やかに敵軍の前哨に送還するものとする。

治療後、軍務への復帰が困難と思われる傷兵は本国に送還するものとする。その他の者も戦争の間、再び武器を取らないことを宣誓した者は、本国に送還するものとする。

傷病者は後送される際、随伴する要員ともども中立の待遇を享受するものとする。

第七条　明瞭に識別できるよう、陸軍病院、野戦病院および傷病者を後送する移送班には各国共通の旗を表示するものとする。その際、いかなる場合にも国旗を併用するものとする。

中立の資格を有する者は、腕章を着用するものとする。ただし、その交付は軍当局の決定によるものとする。

旗および腕章は白地に赤十字とする。

第八条　本条約の実施に関する詳細は、交戦国軍隊の司令長官が本国政府の訓令を得て、本条約に明示した諸原則に準じて規定するものとする。

第九条　ここに本条約に署名した各国は、このたびジュネーブに全権委員を派遣しなかった諸国政府に対し、加盟を勧奨することに同意した。故にこの議定書には余白を残すものとする。

第一〇条　本条約は批准を要し、批准書は四カ月以内、または可能ならばそれ以前にベルンで交換すべきものとする。

こうして軍の衛生施設とその要員は、中立不可侵として保護されることになり、これらの施設、要員は赤十字標章を表示することが決まった。

しかし、赤十字条約といわれながらも、この条約は条文から明らかなように民間の救護社（赤十字社）の役割とその保護については全く言及していない。つまり軍の衛生活動の保護に主眼が置かれ、その第五条で住民が看護活動を行う権利に簡単に触れているにすぎない。この背景は、既述したように軍関係者の抵抗を予想し、国際委員会がまずは負傷兵保護の基本的ルールを確立することが先決だと考えたためである。それは、モアニエの手堅い手法とも合致するものだった。

その後、赤十字社の役割が条約で初めて明記されるのは、一九〇六年に改訂されたジュネーブ条約からである。

条約の功労者を巡る論争

ジュネーブ条約の成立の陰でその発案者を巡る議論が巻き起こった。議論に火をつけたのは、デュナンと同じく衛生活動の中立化を訴えていたイタリアの医師パラシアーノとフランスの医師アロールだった。

二人は、ジュネーブ条約が締結されたことを知ると、自分たちの考えが条約の中に採用されたと考え、五人委員会のルイ・アッピアに抗議の書簡を送った。

書簡の中でパラシアーノは、自分はすでに一八六一年に傷者の中立に関する自分の講義録をアッピアに送付しているから、それを条約の中に盗用したのではないかと主張し、その功績がデュナン一人の手柄のように報じられていることに不快感を示した。そして「ジュネーブ会議でフランスが署名した野戦病院の中立化についての考え方は、元来フランス人のアイデアであり、それをジュネーブのデュナンなる人物が主唱者と自認しているのは不思議なことである」と新聞紙上に公開文書を掲載した。

これを知ったデュナンは、「私は『ソルフェリーノの思い出』を執筆した当時、アロールの考えを全く知らなかった」と同紙に反論記事を書いた。さらにモアニエも、「エコノミー・フランセーズ」紙上に「私はアロールの書いた中立に関する論文は、一八六四年のジュネーブ会議でイギリス代表が所持していたコピーを見るまで全く知らなかった」と反論した。

しかしアロールは、ジュネーブ会議が自分のアイデアを採用したことは明らかだとして譲らなかった。いわば本家争いのような議論の応酬だったが、結果として国際社会を動かし、ジュネーブ条約成立の真の功労者として国際社会に認められたのはアンリ・デュナンであったことは歴史が示す通りである。

カトリック国も締約国に

ジュネーブ条約には当初、イギリス、スウェーデン、ザクセンおよびアメリカは署名しなかった。しかし、この条約の条項には未署名国であっても、いつでもこの条約に加入できることが確認され、間もなくこれらの国々も加入、批准した。

しかし、当初は未批准国が多かったことから、国際委員会は会議が終わった翌月の九月一五日、ジュネーブ条約の批准を急がせるため九カ国の救護社に対し、自国政府に批准を働きかけるよう要請する書簡を送った。その結果、九月二〇日にフランス、スイス、オランダ、イタリア、スペイン、ノルウェー、デンマーク、バーデン、ギリシャ、イギリス、プロイセン、トルコ、メクレンブルグ・シュヴェリンの一四カ国が新たに条約を批准した。

カトリック教徒が人口の五分の四を占めるオーストリアやババリア（現バイエルン州）は、カルヴァン派宗教改革の発祥地であるジュネーブで開催されたこの会議には懐疑的で、会議への参加を保留していた。ジュネーブ条約が世界性を持つためには、カトリックの総本山バチカンの支持を得たいと考えていた委員会は、再三、参加を要請したにもかかわらず、バチカンは戦争そのものを禁止することを目的としない会議には参加できないとして参加を辞退した。しかし、本当の理由はジュネーブがプロテスタント発祥の地であったためとの見方もある。

一方、オーストリアは一八六六年の普墺戦争で衛生活動を保護する必要性を痛感すると同年条約を批准し、バチカンも一八六八年にはジュネーブ条約に加入し、以後カトリック教国が次々と加入するようになった。

さらに一八六五年にはイスラム教国として初めてトルコが条約に加入し、一八八二年にはアメリカ、一八八六年には日本が加入したことで、ジュネーブ条約は異なる文化、国家を越えて、さらに世界的な広がりをもつようになっていった。

3．デュナンの後半生

事業の破綻と信用の失墜

ジュネーブ条約締結を果たしたデュナンのその後は、会議の成功とは裏腹に試練に満ちた暗澹たるものとなった。大きな事業を成し遂げた今こそ、アルジェリアの自らの製粉事業にいよいよ専念する好機であった。

いまや誰もが知る有名人となったデュナンは、事業再開のため再びアルジェリアを訪問した。また、ようやく念願がかないナポレオン三世に面会を果たすと、パリの行政官にも接触した。また投資資金を捻出するため相場にも手を出したが結局、これが大きな損失を出してしまった。さらに皮肉なことには、自分の事業に専念するにはデュナンの名前は世間に余りにも知られすぎていた。ジュネーブ条約締結の最大の功労者は各国から招かれ、席を温める暇がなかった。普墺戦争に勝利したプロイセンは、凱旋祝賀会にデュナンを招きデュナンもこれに応じた。

事業を立て直すこともできないまま、一八六七年五月、自らが理事を務め、アルジェリアの事業に投資していたジュネーブ信託銀行が倒産し、事業は遂に破綻してしまった。このため銀行の株主から訴訟を起こされ、一〇月一八日、ジュネーブ商事法廷から銀行の不適正運営を指摘されるが、幸いデュナンらの経営陣には重大な責任はないと判断された。しかし、原告側は不服申し立てを行い、一八六八年八月一七日、ジュネーブ民事法廷は一審を破棄して、他の理事も責任は免れないが、主にデュナンに全損害に対する個人的責任があるとする判決を下した。

この過酷な逆転判決により、デュナンは残った財産のすべてを賠償に充てなければならなくなった。自己破産状態となったデュナンの社会的信用は完全に失墜してしまった。回想の中でデュナンは、事業の失敗について次のように記している。

「熱烈な想像力と物事に興奮しやすく、また人を信用しやすい性格故に私は道を間違えてしまった。ひ弱で文学的な私のような人間が、何も分からない仕事に自分を巻き込んでしまい騙されてしまったのだ。私は自分の単純さ、無能さ、経験不足と世間知らずの結果として、ひどい目にあわねばならなかった。さらに自分が進んで助け、自分の血を惜しまずに守ろうとした人々にも損害を与えてしまったのだ。」

デュナンはジュネーブ条約成立の立役者としての栄光から一転して奈落の底に突き落とされたのである。

赤十字との決別

いまや社会的信用を失ったデュナンを抱えることで国際委員会に対する信頼が損なわれ、赤十字運動の発展に支障をきたすことを恐れたモアニエを中心とする委員たちは、一八六七年五月、銀行が破産するとデュナンと決別することを考えるようになった。

一八六七年八月、パリで開かれた「第一回傷者救護社の国際会議」にデュナンが参加すると、会議終了後の八月一五日、国際委員会はデュナンに対して委員を辞職するよう求めた。八月二五日、デュナンはこの要請を受け入れ、ここに彼が創設に携わってきた国際委員会と正式に決別することになった。デュナンと国際委員会の密接な関係はたった四年という短い歳月で終焉を告げたのである。以後、デュナンは二度と再びジュネーブの地を踏むことはなかった。

この時からデュナンの苦難の日々が始まった。その後のデュナンの活動は国際委員会の公的な活動とは一線を画した私的な活動としての意味しか持たなくなる。委員会と決別後も委員会の便箋を使って活動するデュナンに対しモアニエは書簡を送り、以後委員会の名において行動することのないように警告した。

ほとんど無一文となったデュナンではあったが、その後も慈善事業への情熱は衰えることがなかった。一八七〇年の普仏戦争では、パリがプロイセン軍に包囲されると、市民らの救護に活躍した。

その後は、ロンドン、パリ、ストラスブルグ、シュツットガルト、ローマなどを講演活動などを続けながら転々とした。そうした生活の間、彼を物心両面で支えたのがイギリスの資産家の未亡人だったカストナー夫人である。彼女とジュネーブの家族の支援なくして破産後のデュナンの生活は成り立たなかった。そうした生活の中でも捕虜の状態改善や戦争回避のための仲裁裁判所の設立、貧困者教育、奴隷廃止、パレスチナのユダヤ人救済問題などに関心を持ち続け、これらに関する執筆活動を精力的に続けた。

元来、病弱だったデュナンは一八八七年、五九歳の時に知人の勧めによりスイス北東部の山村ハイデンに移り住み、老人病院で療養生活を送ることになった。ジュネーブの親戚からは年額一二〇〇フランが送金され、彼の生活を支えた。

それから八年経った一八九五年、ゲオルグ・バウンベルガーというスイス人ジャーナリストが老人病院に入院中のデュナンを訪れた。その記事を一八九五年八月に新聞で紹介したことから、世界は再びデュナンを思い出すこととなった。シュツットガルトにはデュナン基金が設立され、デュナンと親交のあったドイツの言語学者ルドルフ・ミュラー教授は、一八九七年に『赤十字とジュネーブ条約の誕生の歴史』(日本では、一九二〇年(大正九年)に『赤十字とゲンフ条約の起源』と題して日本赤十字社から翻訳刊行された)と題する著作を出版し、これによりデュナンの功績が人々に詳しく知られるようになった。

一八九七年、スイス連邦議会はデュナンに勲章を授与し、ここに世界は正式にデュナンを「赤十字の創始者」にしてジュネーブ条約の提唱者」と呼ぶようになった。

さらにルドルフ・ミュラー教授とノルウェー陸軍衛生部隊大尉ハンス・ドゥーは、デュナンの平和への功績を立証する詳細な文献を収集し、それをノーベル財団に送付した。そして一九〇一年、デュナンとフランスの博愛家フレデリック・パシーに世界で最初のノーベル平和賞が授与されたのである。

第3章　ジュネーブ条約と赤十字の試練

1．プロイセン・オーストリア戦争の教訓

勝敗を決したプロイセンの火力

一八六四年のジュネーブ条約は、四年後には新たに一一ヵ国が加入し、さらに世界性を高めていった。しかし条約をさらに普及しようとする委員会の前途には様々な難問が山積していた。

「戦争でルールなど守られるはずがない」「赤十字のマークが戦争で隠れ蓑として利用されるのではないか」「赤十字の看護者は、戦争の邪魔になるのではないか」といった不信感は未だに根強かった。こうした中で赤十字とジュネーブ条約は、条約成立後に相次いで勃発した戦争で真価を試されることになった。

一八六六年六月一五日、ビスマルクが率いるプロイセンは、ドイツ統一の主導権を争うオーストリアと戦争に突入した。これにベネツィアをオーストリアの支配から奪還しようとするイタリアも参戦した。普墺戦争の勃発である。戦争は七月下旬には名将ヘルムート・フォン・モルトケ（大モルトケ）が指揮するプロイセン軍の勝利に終わったが、この戦争によりジュネーブ条約は早くも多くの不備を露呈してしまった。

この戦争でプロイセンは、既に画期的な武器として着目していた針発銃(元込め銃)を初めて大量に実戦で使用した。この銃の大量生産を行ったのがプロイセンの軍需企業クルップ社である。同社が開発したクルップ砲は、命中率が高く、着弾距離四〇〇〇メートルを誇る当時としては最新鋭の大砲で、一八六七年のパリ万博にも「国際赤十字パビリオン(軍の傷者救護社の国際展示会)」に隣接して展示されていた。死の商人ともいえるクルップ社の最新鋭の武器が赤十字パビリオンに隣接して展示されていたことで国際委員会のモアニエは神経を尖らせていた。

クルップ社社長のアルフレッド・クルップは、フランスのナポレオン三世にもクルップ砲を売り込んだが、フランス陸軍はこれを購入しなかった。その三年後に起きた普仏戦争でクルップ砲の威力によりフランスの要塞は悉く粉砕されてしまったが、その威力を知った時は時既に遅しである。

クルップ社は日本の陸軍への武器売却にも熱心で、東京駐在員としてプロイセン陸軍砲兵大佐イルクネルを派遣していた。創立間もない博愛社(日本赤十字社)が資金に困っていることを知ったイルクネルは、一八八六年、活人劇(衣装をつけた人物を画中の人物のように配置し、歴史上の一場面を表現した劇)の上演会を企画し、その収益金一〇〇〇円を全額、博愛社に寄付している。この時上演された活人劇は日本で最初のものと言われている。

クルップ社が製造した元込め式針発銃は、戦争に革命的な変化をもたらした。この銃は薬莢に火薬を詰め、撃鉄で火薬を爆発させ、薬莢内に装填された小銃弾を発射する現代の小銃と同じ方式のもので、それ以前の前込め式燧発銃《すいはつじゅう》より圧倒的に雨に強く、弾速も速かった。この新しい武器が普墺戦争でプロイセンを圧倒的な勝利へと導いたのである。この戦争でオーストリア軍は死傷者三万人、捕虜一万三〇〇〇人を出したが、プロイセン軍は死傷者一万人に止まった。

リッサの海戦の教訓

この戦争では、プロイセンもイタリアもジュネーブ条約に加入し、特にプロイセンには装備の整った救護社が組織されていたのに比べ、オーストリアはまだジュネーブ条約に未加入で衛生部隊も未整備だった。プロイセン軍に占拠されるや傷病兵を残して逃げ出してしまう衛生兵も出る始末で、戦死者から金品や衣服を略奪する者もいた。激戦が展開されたサドワ（現フラデツ・クラーロヴェ）の戦いでは、全く看護を受けられなかったために八〇〇人の負傷兵が無残な死をとげた。

さらに七月二〇日には、「海戦のソルフェリーノ」といわれた激戦がダルマティア沿岸沖の海上で展開された。この日、ペルサノ提督率いるイタリア艦隊三四隻とテゲトフ提督率いる二七隻のオーストリア艦隊がリッサ島近海で激突した。

イタリア艦隊は、スクリューで航行し、装甲鉄板で補強された最新鋭艦を一二隻保有し、数においてもイタリア艦隊の戦力が遥かに優勢かに思われた。しかし、四時間余りの戦闘の結果、経験豊富で戦術に長けたテゲトフ提督が指揮するオーストリア艦隊がイタリア艦隊を撃破してしまった。

テゲトフの戦法は、鋼鉄製の戦艦の先端を敵艦に激突させる衝角戦法で、これにより撃沈された「イタリア号」の乗組員六〇〇人の三分の一が死亡した（死者一〇〇〇人説もある）。この惨事は、陸上戦だけを想定していたジュネーブ条約の限界を見せつけた。リッサの海戦は、その後、海戦の犠牲者救済のためのジュネーブ条約改訂のきっかけとなった。

また、普墺戦争で救護体制の不備を痛感したオーストリアは、終戦直後の七月二一日にジュネーブ条約に加入した。その後、ポルトガル、ザクセン、ロシアも新たに条約に加入し、ロシア、オーストリア、オランダには救護社が設立されていった。

戦死者の惨状と遺族の苦悩

普墺戦争で見られた非人道的行為や海戦の犠牲者の状況は、ジュネーブ条約の一層の普及と、その内容を海戦にも適用できるように改訂する必要性を痛感させた。また傷病兵の家族や遺族への支援も必要であることを明らかにした。

一九世紀初期の戦争では、一般に兵士の遺体は言語に絶する扱いを受けていた。遺体は戦場に放置され、骨は業者が回収して骨粉に加工し、飼料や肥料として売買されることもあった。

こうした状況は次第に改善されたが、それでも普墺戦争当時は、戦死者は個人の確認もされずに共同埋葬されるのが一般的で、軍服着用の遺体は即座に共同墓地に埋葬された。このため死亡確認されないまま、生きたまま埋葬された将兵も少なくなかったと推測されている。また点呼に応答のない兵士は行方不明者として扱われた。そのため遺族は遺体や埋葬場所の確認もできず、本人が死亡したのか捕虜になったのかも分からずに苦悩の日々を送らなければならなかった。

兵士の苦しみは一過性だが、家族の苦悩は再会までの長期にわたることに言及してジョン・キーガンは、『戦争と人間の歴史』の中で、「兵士の不安がどんなものであろうと、故郷の人々の苦しみに比べれば無でしかない」とまで言っている。

こうした問題を改善するために、一八六七年八月二六日から三一日まで、パリで第一回傷者救護社の国際会議（第一回赤十字国際会議）の開催が計画された。

計画したのはフランス救護社中央委員会であり、同社は各国救護社宛に同年四月から一〇月までパリで開かれる万国博覧会への参加を呼びかけ、これに合わせて各国救護社代表者会議を開催することを提案した。

一八六六年九月一八日、この計画を知った国際委員会のモワニエは、デュナンの副署名を沿えた書簡をフランス救護社中央委員会に送った。その中で各国救護社代表者会議を国際委員会と共同開催し、会議はフランス救護社が運営することになった。こうして一八六七年八月、最初の「傷者救護社の国際会議」がパリで開かれることになった。

戦死者の識別方法を改善

会議には一七ヵ国（一六社、九政府代表、二つの勲爵団）から五七人の代表が参加した。その中には国際委員会と決別したアンリ・デュナンを始め、個人資格での参加者が数名含まれていた。しかし、デュナンにはその功績から特別の地位が与えられ、投票権が特別に与えられた。

議長を務めたモアニエは、この会議が外交会議でないため条約改正の権限はなく、各国政府に提出する条約草案を準備することが目的であることを説明した。

会議では、議題の一つとして戦死者の識別を確実にする方法が検討された。そして、すべての兵士が軍服を着用し、個人を識別する認識票を付けることが提案された。兵士が死亡した場合には、遺体から認識票を外して出生地の当局又は軍当局に送付し、家族に通知しようと考えたのである。この認識票（ＩＤ＝氏名、所属部隊、認識番号などを記載した標札）は今日では世界中の兵士が身につけるようになっている。

また交戦国は外交窓口や軍の連絡網を駆使して死亡者、傷病者、捕虜の一覧表を相手国に提供することを各国に義務づけることも協議された。

さらに最大の議題となったのは、リッサの海戦の悲劇を教訓にジュネーブ条約を海戦にも適用するための条約改訂問題だった。これらの問題は早々に結論が出ず、翌年のジュネーブ会議で引き続き協議することになった。

ところでフランス救護社は、この会議に合わせてパリ万国博覧会の会場で各国救護社が参加する「軍の傷者救護社の国際展示会」を企画した。これに賛同した国際委員会は万博事務総長ル・プレ氏とスルリエ伯爵を介して交渉を進め、万博会場内に七〇〇平米の敷地を確保し、救護社の展示パビリオンを建設した。会場の入口正面には赤十字運動の提唱者としてアンリ・デュナンの胸像が飾られた。しかし、これを知ったデュナンは、既に国際委員会を離脱した身であることから、この胸像の撤去を事務局に強く迫った。

救護社の展示会場には、各国救護社の救急馬車や担架、救護医療機材などが展示された。この会場を見学し、ヨーロッパに赤十字組織が存在することを初めて知ったのが、パリ万博に佐賀藩から派遣されていた佐野常民である。博愛社、後の日本赤十字社の創始者である。

赤十字社の手引書『戦争と慈悲』

普墺戦争の後、国際委員会は各国救護社の運営に役立てるために、初期の経験を各社と共有する必要性を感じていた。

同じ頃、プロイセン救護社は、各社の救護活動の多様な教訓を研究するために、各社が参加する研究論文コンテストを企画し、各社から論文を募集した。この企画に国際委員会も賛同し、一八六七年、モアニエとアッピアは共同で赤十字運動に関する国際委員会の考え方を四〇〇ページに及ぶ論文『戦争と慈悲（La Guerre et la

Charite)』にまとめて提出した。

デュナンの『ソルフェリーノの思い出』が赤十字運動を触発した歴史的著作であるとするならば、『戦争と慈悲』はその後の赤十字運動の理論的基礎となる手引書とも言える著作だった。同書は大正年間に日本赤十字社が仮訳を行ったが日本語版は未刊行となった。

この論文の前半六章と重要な章はモアニエが執筆し、主に救護社の組織化と運営に関する問題を論じた。後半の三章はアッピアが執筆し、救護要員の活動と必要な救護資材や装備について論じた。この書はもともと、モアニエと面識のある各国救護社の関係者向けに書かれたものだったが、やがて多くの赤十字関係者のバイブルとして読まれ、今日の赤十字社の運営の基礎となる理念が解説されていた。

この中でモアニエは、各社は政府を援助すべきであるが政府から援助されるべきではなく、活動の自由を保つために政府から独立を保ち、財政援助も受けるべきではないとした。モアニエは「委員会の危機は、政府に過度に依存しようとすることであることは明白であり、政府から与えられる援助とそれから生じる義務は、当然、委員会の活動の自由を制約することになる」と論じた。現在の赤十字の基本原則となっている政府からの独立の理念がここには既に明確に表現されていた。

またモアニエは、無償の援助者に必ずしも信頼を寄せず、責任ある仕事をしてもらうためには篤志の救護者にも金銭を支払うべきだと考えていた。彼は「無償の看護者は時として有償の看護者より高くつくことがある」とも言っている。

さらに看護活動における女性の果たす役割、その義務への献身と実行力を高く評価し、当時、一般的に社会の抵抗が強かった軍病院における女性看護者の活用にも躊躇すべきでないと考えていた。日本では軍の傷病者の看護は女性の専門業務のような印象があるが、戦場の看護は元来、男性の業務とされていた。女性の進出は近代以後、赤十字の出現により次第に一般化していった考えであり、それ以前は戦場における看護に女性が参加することは、一部のキリスト教系修道団の活動を除きほとんど見られなかった。特にフランスでは軍隊は篤志の男性看護者の受け入れにも反対しており、女性の看護者が戦場で看護にあたることなど想像できない時代だったのである。

またモアニエは、各社の看護者は独自の制服を着用し、赤十字のバッジを着用すべきだとした。さらに赤十字標章の使用についても、救護社と軍の衛生要員だけでなく、使用したい者は誰もが使えることを軍当局は認めるべきだと考えていた。これは赤十字標章の使用をジュネーブ条約で厳しく規制している現在とは相容れない考え方かもしれない。

一方でモアニエは、赤十字の人道的理念は、西洋諸国のキリスト教倫理の中から生まれたことを明言してはばからなかった。

「人道、博愛の精神は看護活動に如何なく発揮され、その価値を過小評価するつもりは毛頭ないが、博愛事業の最も力強い確かな動機はキリスト教倫理の中に見い出せることを明言しておこう。我々は、この最高の指針が我らの精神に均衡を与え、援助を求められた時には義務への献身を呼び覚ます最善の方法であると考える。人道の精神により国際的連帯が真に具現化されるのであり、この連帯こそが我々の活動の対象となる世界の人々を団結させるのである。」

条約の海戦への適用を検討

一八六七年の第一回傷者救護社の国際会議（第一回赤十字国際会議）の議題を引き継ぎ、翌一八六八年、ジュネーブ条約を海戦に適用する問題を協議するためにジュネーブ会議が開かれた。

これは、政府代表による外交会議であり、一八六八年一〇月五日、四年前の外交会議と同じジュネーブ市役所の同じ部屋（現在のアラバマホール）で開かれた。議長にはデュフール将軍が全会一致で指名され、その隣にモアニエが着席した。

この会議で国際委員会は、一八六四年のジュネーブ条約を破棄して新たな条約を締結するか、現行条約の一部を改訂するかの選択を迫られた。新たな条約を締結する場合、一八六四の条約加入国が再び新条約に署名する保障はなく、その場合、ようやくヨーロッパ諸国に浸透してきた条約が水泡に帰すおそれがあった。プロイセン、オーストリア、イタリアは条約の一部改訂に傾いていたが、外交会議の当初から篤志の看護者の介入に反対していたフランス政府代表は、「フランス軍の組織に反し、現在の規則を修正するようないかなる規定にも反対する」との意思を表明した。

こうした中で国際委員会は、ジュネーブ条約改訂がそれほど簡単ではないことを直感した。そこで現行の条約に幾つかの追加条項を加えるという現実的な方法を提案した。さらに追加された条項は、一八六四年のジュネーブ条約加入国のすべてが批准するまで発効しないという条件を付け、この問題を乗り切ろうとした。

ジュネーブ条約の原則の海戦への適用は国際委員会が特に熱心に準備してきた問題であったが、委員会が提出した草案は、条約中の「野戦病院」とある箇所に「病院船」の一語を追加するだけの簡単なものだった。しかし参加していた海戦の専門家からは、事はそう単純でないことが指摘された。そこで海軍関係者で構成される海事委員会が設置され、この問題をさらに専門的に検討することになった。

海事委員会は、海戦が陸戦とは多くの点で異なることを指摘し、単に追加条項を加えるだけでは不十分だと考え、新たに九ヵ条の条文を起草した。また委員会は傷者や難船者を輸送する中立船や病院船を三種類に分類したが、この分類はのちにハーグ条約で病院船の正式な分類として採用されることになる。

批准されなかった海戦規定

追加条項では民間の救護社の病院船に関する規定が条約に初めて盛り込まれた。それまで陸上戦ですら公認されていなかった救護社の活動が海戦において条約上、初めて公認された。しかし、救護社の病院船はいかなる場合にも戦闘行為の障害となってはならないこと、交戦国は必要により救護社の査察を行う権利を有し、状況次第では救護社の協力を拒否し、その要員を拘束できることも追加された。また最終的には、第一四条で「海戦では、交戦国の一が傷病者の福利以外の目的で、中立の利益を有利に活用している強い疑いがある場合には、一方の交戦国は敵に対するジュネーブ条約の適用を留保できる」とする逸脱条項も加えられた。

また病院船の捕獲、拘束も今日のように禁止されてはいなかった。それは、フランス代表が「病院船の非拘束の原則が残ったままの条約には署名できない」と主張したためだった。

これらの限界はあったが、ここに海戦に適用される新たな条文が成立した。この画期的な進歩に着目し、海事委員会のクーヴァン・デ・ボア提督は、救護社の活動を正当に評価しない陸軍の将官に対し、「救護社が提供するかけがえのない援助は感謝を持って受け入れるべきであり、彼等の存在は国際条約と同等に重要な文書により公認されるべきである」と訴えた。

このほか、負傷兵の本国送還について、一八六四年の条約では、交戦国は「治療の後、軍務への復帰が困難と思われる傷兵は本国に送還するものとする」とあったが、この追加条項では「敵の権力内にある傷者は、敵対行為に影響を及ぼす将校を除き、治療後に軍務への復帰が可能と思われる場合であっても、本国へ送還するものとする」（第五条）と修正された。

こうして一五カ条からなる「一八六八年のジュネーブ条約追加条項」に一四カ国が署名し、戦争法に海戦のルールという新たな規定が誕生するかに見えた。しかし、これらの条約は各国で批准されることなく、その画期的な規定も幻に終わってしまった。

しかし、その後の普仏戦争（一八七〇）と米西戦争（一八九八）では、交戦国はこれらの「追加条項」を互いに遵守することに合意した。結局、実効性のある海戦の条約が法典化されるには、一八九九年のハーグ平和会議で「一八六四年のジュネーブ条約を海戦に応用する条約」が締結されるのを待たなければならなかった。

サンクト・ペテルブルク宣言

ジュネーブ会議が終了して間もない一八六八年一一月、ロシア皇帝ニコライ二世はサンクト・ペテルブルクで炸裂弾の使用を制限するための会議を開催した。この会議は、赤十字国際委員会が主導してきた戦争犠牲者の保護救済を目的としたジュネーブ条約とは異なる流れにあるが、武器使用の制限を主目的とするいわゆるハーグ法の源流となる重要な会議といえる。

炸裂弾は、固い物質に当たると爆発する弾丸で、一八六三年にロシアにより当初は弾薬庫などを破壊するため開発された。その後一八六七年には、柔らかい物質に当たっても炸裂するように改良されたことから、人間に対して使用された場合、その殺傷力と苦痛は甚大になることが予想された。このため、ロシアの陸軍大臣ドミトリー・ミルーチンは皇帝にその非人道性を訴え、敵の弾薬庫等の軍事施設の破壊以外に使用することを禁止した。さらにロシア政府は、国際条約でもその使用を禁止することを提案した。

一八六八年一二月一一日、締約国は、四〇〇グラム以下の爆発性または燃焼性の投射物の使用を相互に放棄することを宣言した。いわゆるサンクト・ペテルブルク宣言である。この宣言は、戦争における国家の唯一正当な目的は敵の兵力の弱体化にあることを明記し、戦争の要求は人道の要請に一歩譲るべきであること、また、過度の傷害を与える武器の使用は人道の法則に反すると明確に訴えた。そして締約国は、戦争の必要性と人道の法則の調和のために武器の使用制限に合意すべきであると説いた。宣言前文には、次のようにある。

「文明の発達は、できる限り戦争の惨禍を軽減する効果をもたらすべきである。戦争の唯一合法的な目的は、敵の軍事力を弱体化することである。この目的を達成するには、最大可能な兵士を無力化すれば充分である。したがって戦闘外に置かれた兵士に不必要な苦痛を与え、確実に死に至らしめるような武器の使用は、限度を越えたものである。よって、これらの武器の使用は人道の法則に反するものである。」

国際人道法は、その基本原則で戦闘員に不必要な苦痛を与える武器の使用を禁止するが、この「不必要な苦痛」について初めて明確に言及したのがこの宣言前文である。

この宣言には、交戦国の中に一カ国でも条約の非締約国がある場合には無効力となる、いわゆる「総加入条項」が盛り込まれていたが、戦闘方法と特定の武器の使用を制限した初めての国際文書としての意義は大きい。

この宣言は現在でもイランおよびヨーロッパの十数カ国を拘束しているが、のちに同様規定が一八九九年と一九〇七年のハーグ陸戦条約第二三条の中にも引き継がれた。

2．主導権を発揮するプロイセン

ビスマルクも注視した赤十字会議

未批准に終わった一八六八年のジュネーブ条約追加条項の内容は、一八六九年四月二二日から二七日までベルリンで開かれた「第二回傷者救護社の国際会議」(第二回赤十字国際会議)でも引き続き議論された。

この会議を提案したのは、篤志の看護者の有用性を最も良く理解していたプロイセン救護社だった。同社はジュネーブの国際委員会に軍医レッフラーを派遣し、会議を国際委員会との共催にすることにした。

開催準備に当たりモアニエは、プロイセン救護社に書簡を送り、一八六八年のジュネーブ会議で協議されなかった赤十字標章の乱用防止策のほか、戦場での偵察活動、傷者、死者、捕虜の識別問題、ジュネーブ条約の原則の軍隊への普及についても協議することを提案した。さらにモアニエが提案した陸戦と海戦での救護のあり方の他、救護社の平時の活動についても初めて議論することとなった。

会議には、一七カ国の代表を含む一六〇人が参加し、プロイセン救護社委員長フォン・ジュドウ男爵が議長となりモアニエが副議長を務めた。宰相ビスマルクは会議に深い関心を示し、陸軍大臣ローン、国務大臣ユーレンブルグらと共に協議に自ら参加した。アウグスタ皇后も会議への参加に熱意を示し、各国代表をポツダムに招待してもてなした。

会議参加者は、会議の合間に王立劇場でのベルリン市消防隊の模擬訓練や野戦病院、救護列車などプロイセンの進んだ救護体制を視察した。

海戦における救護の課題

モアニエが提案した海戦の救護のあり方については海戦の独特の性格が救護の障害と見られていた。海戦においては、看護者は遭難して海上に漂流する傷兵を即座に収容し、救護する必要があった。そのために病院船が有効であることは早くから知られていた。

病院船が海戦の救護に使用されるようになったのは、古代ギリシャにまで遡る。紀元前四〇〇年頃、古代ギリシャでは治療船（テラペイア＝Therapiea）が傷病兵の救護に使用され、古代ローマでは、戦闘への参加を免除された病院船（イムネス＝Immunes）が局外中立の立場で艦隊に随伴した。一三世紀には、十字軍の遠征で教皇ホノリウス三世がエルサレムまで特使を派遣し、傷病兵を輸送するために病院船を使用したといわれる。こうした歴史の中で、病院船は戦闘から除外されるという特別な地位が慣行として認められるようになった。

しかし陸上に比べ、海上での救護は多くの問題を抱えていた。陸戦では慣習的に戦闘の終了後に救護が行われていたが、海戦では沈没しつつある艦船から傷者を収容し、救護するのを戦闘が終わるまで待てないことは明らかだった。また戦闘の最中に救護活動を行うことが可能かどうかも不明だった。さらに高い機動性を持ち、船内で看護するための十分な広さのある船室を持ち、公海上を艦隊に随伴できるだけの速度を持ち、迅速に難船者を救助できなければならなかった。また船舶は維持管理に莫大な費用を要するため、病院船を保有する余裕など民間の救護社にはなかったのである。

早急に解決が得られないこれらの難問を研究するため、プロイセン救護社は、海戦が抱える問題をテーマにした研究論文コンテストを開催した。主催者となったのは救護社の活動に支援を惜しまなかったアウグスタ皇后だった。

一方、一八六七年のパリでの国際会議でモアニエが提案した兵士の認識票の着用は、その後もあまり普及せず、一八六九年になってもプロイセンとオーストリアだけしか実施していなかったため、この会議でもこの問題が議論された。両国以外は、一般に兵士の遺体は未だに共同墓地に埋葬され、遺体の確認ができない遺族の苦悩に思いを馳せる者はほとんどいなかった。

平時の赤十字活動も議論

ジュネーブの国際委員会は、これまで各国救護社の活動は傷病兵の救護に限定すべきだと考えていた。しかし、国内に支部の設立を進める救護社が増えたことから、国際委員会は各社の支部が戦時救護に本当に必要であるか再考すべきだとして、この問題を国際会議で協議することを提案した。

しかし、会議に参加した各国救護社の思惑は国際委員会とは違っていた。各社は、救護社は傷病兵救護に限らず、同様の悲惨な状況にあるその他の人々をも活動の対象にすべきだと考えるようになっていた。こうした意見を代表し、プロイセンの医師ブリンクマンは、「純粋な慈悲と献身の精神を実践できるのは伝染病の恐怖の真っただ中であり、友もなく粗末なベッドの中で貧困と病気に苦しむ人々の中である。これこそが病院活動が必要な理由であり、病院活動は戦時に劣らぬ資源とエネルギーと献身を必要とする。戦時における篤志の活動は平時からの病院での活動を経験し、よく訓練されてこそ可能となり、平時にも戦時と同じ献身を必要とする」と平時活動にも従事すべきだと主張した。

また救護社の中には「もはや、我々は戦争が最も重要な目的だとは思わない。我々の一般的な使命は、病人を助け、公衆衛生を促進することである」と発言する者もいた。

こうした考えに傾く各社の代表を前にして、国際委員会はもはや国内事業の問題に介入するのは委員会の役割ではないと考え、敢えて反論することはなかった。

こうして各国政府委員も交えて活発な議論が行われた末、各国の救護社が早急に着手すべき一五項目が決議された。

この中には、各社が看護師養成教育を行う準備をすること、各社が戦時における職務に相当する福祉事業に協力し、戦争と同様の緊急の救護を必要とする通常災害に対しても援助を行うことなど、平時の事業に着手する方針が盛り込まれた。特に看護師養成教育は、それまで主に陸軍衛生部隊の男性看護員の業務とされてきた傷病兵の看護業務に女性が本格的に参入する契機となった。

これらの決議は、ジュネーブ条約成立後わずか五年にして赤十字が既に平時の活動を開始しようとしていたことを教えている。日本赤十字社が救護看護婦の養成を一八八七年に開始したのもこうした世界の動向が背景になっている。

さらに会議では、国際委員会の委員がスイス人のみで構成されることにも疑問が出され、各社の代表を加えるかについて議論が行われた。結局、結論の出ないまま、この問題は一八七一年のウィーンの国際会議に引き継がれることになった。また、この会議で赤十字国際会議を以後五年に一回開催することも決まった（現在では、原則的に四年に一回の開催になっている）。

3．赤十字と異文化の軋轢

ジュネーブ主導への反発

赤十字は次第にヨーロッパの枠を越え、多くの文化、国家を巻き込む国際運動に発展していった。しかし、ジュネーブの「傷者救護の国際委員会」は創設以来、ジュネーブに拠点を置き、その委員もスイス人のみにより構成されていた。

救護社が次第に各国に組織されるようになると、一部の社から「国際委員会」にも各社の代表を加えるべきだという意見が出されるようになった。こうした意見は一八六七年（パリ）、一八六九年（ジュネーブ）、一八八四年（ジュネーブ）、一八八七年（ドイツ・カールスルーエ）の国際会議でも表明されていた。

ロシア赤十字のマルテンス博士やアメリカ赤十字のクララ・バートン社長らはこの提案に賛意を示したが、結局、各社の代表は「これまで通りの委員構成を維持することが、結果として赤十字全体の利益になる」との考えから国際委員会の意見を支持した。以来、今日まで赤十字国際委員会はスイス人の委員だけで構成されているが、こうした伝統が定着するまでには、まだまだ紆余曲折を経なければならなかった。

中でもジュネーブ条約を最初に批准したフランスは、国際委員会の地位について批判的な発言を繰り返した。フランス救護社中央委員会のブルダ伯爵は、「国際委員会にはジュネーブに本部を置く必然性がない」と明らさまな発言を行った。そしてジュネーブに固執する人々は、ジュネーブが一八一五年のウエストファリア条約により中立国スイスの一部となったことだけを根拠にしていると批判した。フランス救護社中央委員長テオドル・ヴェルヌは、同社中央委員会の中には、「ジュネーブ委員会」とも呼ばれる国際委員会をパリに移転させ、「パリ委員会」に名称変更すべきだと強行な発言をする者もいるとモアニエに手紙を書いた。

さらにジュネーブとの対立に拍車をかける出来事が一八六七年のパリ万国博覧会で起きた。万博審査会が最も優れた展示に与えるグランプリを、ほぼ受賞が固いといわれていた「救護社博覧会」の組織委員長であるフランス救護社中央委員会のスルリエ男爵にではなく、参加団体である国際委員会に授与したのである。これに対し男爵は怒りを露にし、ジュネーブの国際委員会を激しく非難した。委員会とフランスの確執は頂点に達したといえる。

プロテスタントとカトリックの確執

フランス救護社の国際委員会に対する批判は、国際委員会の人事にも及んだ。一八六九年四月二六日にテオドル・モノアールが死去すると、その後任人事を巡り、フランス救護社は、国際委員会委員がプロテスタント教徒に偏重しているとしてカトリック教徒を選ぶべきだと強く主張した。

これには既に伏線があった。一八六七年にパリの第一回赤十字国際会議が終了すると、既に八〇歳代に達していたデュフール将軍は委員会にも滅多に姿を見せず、委員会は軍隊の事情に明るい優れた後任者を探す必要に迫られていた。この時にもフランス救護社はカトリック教徒を後任に選ぶべきだと国際委員会に迫った。しかし、委員会はジュネーブ貴族院のプロテスタント教徒で連邦陸軍大佐のエドモンド・ファブルを後任に選んだ。

これに対するフランスからの再度の抗議に、モアニエは断固として国際委員会の中立性と非宗教性を訴えた。そして、フランス救護社中央委員会のヴェルヌ委員長に書簡を送り、「委員会の委員がプロテスタントばかりなのは、ジュネーブという土地柄（＊カルヴァン派宗教改革の地）のためで、このことが委員会の運営に影響したことは一度たりともない」と強く反論した。また各国の救護社がそれぞれの国の社会各層の代表を含むことは利点があるが、機能も異なる国際委員会はその構成も異なってよいはずだと主張した。そしてカトリック教徒の代表を意図的に加えるとすれば、それは委員会自らがその宗教性を認めたことになり、イスラム教徒やユダヤ教徒、ギリシャ正教などの代表も加えなければならなくなると反論した。原則に拘るモアニエの断固とした姿勢が目を引く。

結局、死去したモノアール委員の後任には、プロテスタントでジュネーブ市議会議員のルイ・ミケリ・ド・ラ・リーヴが就任した。現在でも赤十字国際委員会の委員は全員スイス人により構成されている。

イスラム圏トルコの参加

赤十字が世界運動として発展してゆくためには、ヨーロッパのキリスト教世界を飛び出し、異文化世界にその理念が受け入れられることが是非とも必要であった。

一八六七年のパリ会議の折、モアニエはトルコの医師アブドラ・ベイに働きかけ、一八六五年に既にジュネーブ条約に加入していたトルコ(オスマン帝国)に救護社の設立ができないか打診した。これは、個人的な思い入れの深かったコンゴを除くと、非ヨーロッパ圏への赤十字運動の拡大には慎重であったモアニエにしては思い切った決断だった。

さらに国際委員会は、コンスタンティノープルのフランス大使館に働きかけ、一八六四年のジュネーブ会議にフランス代表として参加していた外務次官イェーガーシュミットに仲介を依頼したが、同氏はトルコへの救護社設立には悲観的で仲介を辞退してしまった。

トルコでは民間人が軍隊と協力して活動できる状況にはなく、アブドラ・ベイの試みは何度も挫折を繰り返した。しかし、モアニエの度重なる激励を受けたベイは、ついに一八六八年六月二〇日、オスマン帝国傷者救護暫定委員会の設立にこぎつけた。これがトルコ赤新月社の前身であり、非キリスト教国で初めての赤十字組織の誕生となった。トルコ救護社が後に赤新月標章を採用するに至る経緯は後述する。

なお一八七〇年末には、ヨーロッパの三〇カ国に救護社が結成され、一八八〇年代には非ヨーロッパ世界にも救護社の設立が進んだ。一八七九年にはラテン・アメリカ諸国で最初の赤十字社がペルーに組織され、一八八七年にはアジアで最初の日本赤十字社が正式承認された。さらに一八八九年には、モアニエ自身がその設立に情熱を傾けたアフリカ大陸で初のコンゴ赤十字社が承認され、赤十字はようやく世界的組織としての性格を整えるようになった。

標章を巡る異文化間論争

赤十字標章が宗教的な意味を持たないことは、赤十字の創設当初から西欧諸国では当然のこととされ、それが問題になることはなかった。しかし、赤十字の理念が非ヨーロッパ圏にも拡大すると、赤十字マークの意味を巡って議論が噴出するようになった。

日本では、一八七二年（明治五年）に陸軍衛生部が軍医の徽章を作成する時、赤十字標章を使用することを太政官に申し出たが、太政官は「赤十字は宗教に係わりあるものであり、もっての外」として却下している。

さらに赤十字がイスラム圏にも広がる過程で、赤十字だけを唯一の保護標章とする考え方に対し異論が噴出するようになった。赤十字標章の使用に最初に異議を唱えたのはトルコだが、その主張は一八七六年末にようやく認められた。その後もしばしば赤十字標章の宗教性が議論されたことから、現在のジュネーブ諸条約ではその第三八条で「スイスに敬意を表するため、連邦の色を逆転して白地に赤の十字を採用する」と規定し、赤十字標章の由来を説明した。この文言が条文に加えられたのは一九〇六年に改訂されたジュネーブ条約からであるが、それはこの一文を挿入することで、赤十字標章に宗教性がないことを明確にし、この議論に終止符を打とうとしたためである。

第二次大戦後、赤十字の標章問題が再び国際会議の場に持ち出されたのは、一九四九年四月二一日から八月一二日までジュネーブで開かれたジュネーブ条約改訂のための政府外交会議の場であった。発言者は、「赤い門（アーチ）」を自社の標章に使うことを要求していたアフガニスタン代表だった。

アフガニスタン代表は、スイスの国名および国旗の起源になったシュヴィーツ州の紋章は、キリスト教に起源があることを中世の資料まで持ち出して主張した。シュヴィーツ州の赤い十字の紋章は、一三世紀に神聖ローマ帝国教皇から授けられた紋章を踏襲しているが、今さら中世の伝承を引用して宗教性を強調したところで何の意味があるだろうか。

しかし、その後も赤十字標章を巡る議論はしばしば再燃した。特にイスラエルの国際赤十字への参加を巡り、同国の「赤いダビデの盾社」の承認問題がイスラエルの建国以来の問題となっていたが、この問題は二〇〇五年にジュネーブ諸条約第三追加議定書が締結されたことで一応の解決を見た。これにより新たな標章、赤のクリスタル(Red Cristal)標章の使用が認められ、赤十字標章も赤新月標章も使用することを望まない国は、この標章を使用することができるようになった。

第Ⅱ部　近代戦争と国際人道法の発展

第4章　近代ヨーロッパの戦争とジュネーブ条約

1. 普仏戦争の教訓

両軍で一八万人が戦死

イタリアの統一が達成されたのち、統一国家の形成が遅れていたのはドイツだった。鉄血宰相ビスマルクが率いるプロイセンによるドイツ統一は、バイエルンなど南部の四地域の併合でほぼ完了するはずだった。しかし、その前に立ちはだかったのがフランスのナポレオン三世だった。こうして一八七〇年七月一五日、フランスとプロイセンの間に戦争の火蓋が切って落とされた。

普墺戦争当時とは異なり、両国は一八六四年のジュネーブ条約に加入し、国内に救護社を設置していた。両国がこの戦争で条約を遵守できるかどうかは、赤十字国際委員会にとっても大きな関心事だった。

プロイセンには既に普墺戦争の豊富な経験をもつ参謀総長モルトケが、一方、フランス軍を率いたのはマクマホン将軍であった。しかし、戦力においても作戦においてもプロイセンが圧倒的に有利だった。フランス軍は捕虜や死傷者を多数出しながら、退却に次ぐ退却を強いられた。結局、わずか二ヵ月の戦闘でフランスは降伏し、ここにドイツ帝国が誕生した。この戦争ではフランスは一四万人、プロイセンは四万四〇〇〇人の戦死者を出した。

このように犠牲者が増大した背景には、プロイセン軍による鋼鉄製のクルップ砲やフランス軍による機関砲などの近代兵器が使用されたことがあるが、それに加え、両軍の衛生部隊の整備状況の違いなどが影響した。

進んだプロイセンの衛生部隊

プロイセンでは、一八六六年の普墺戦争以後、軍の衛生隊の急速な改善が進み、当時はまだ先駆的だった担架隊や救急隊を組織し、救急馬車や検疫所まで整備していた。中でも組織的な担架連隊の登場は画期的な進歩だった。

普仏戦争では大砲の威力が増し、砲弾の着弾距離が飛躍的に伸びたことから、救護所を前線近くに設置することは困難となった。このため負傷兵を前線から後方の救護所まで長距離搬送する必要が生じ、それを担架隊が担うことになった。患者の輸送を担架隊が専門的に担うことで、医師や看護者は敵の砲弾が届かない安全な救護所で治療に専念することができるようになった。同時に兵士も同僚の負傷兵を搬送するために前線を離脱する必要がなくなり、戦力を効果的に維持することができるようになった。また兵士には衛生、食糧、被服に関する手引書を配布し、戦場に携行できる応急キットも支給された。

このほか、検疫所は衛生環境の悪い戦場で様々な伝染病に感染しやすかった兵士を徹底的に洗浄、殺菌し、彼らが復員後に一般住民へ病気を感染させることを防止するのに役立った。検疫所(Quarantine)は、今日、世界中の空港や港湾に設置されているが、その名は中世イタリアで伝染病患者を四〇日間(Quaranta)、隔離する規則があったことに由来している。

この他、一八六六年に皇帝ウィルヘルム一世が制定した「篤志の病者介護監察官」に一八七〇年七月、プレス皇太子が就任したことから、ボランティアの救護社の活動はその基盤を一層強化することができた。

皇帝や軍の理解に支えられ、プロイセン救護社は普仏戦争時には、すでに国内一九五六カ所に地方支部を組織し、二五万人の要員を有する、当時、世界最大の救護組織になっていた。また篤志の看護者は軍の規律を厳格に守り、前線でも軍の衛生部隊とともに困難な活動に従事したため、軍当局から厚い信頼を得ていた。

次第に評価を高めていったプロイセン救護社への各界からの資金や物資の寄贈も多額に上り、こうした資金を活用して病院は勿論、検疫所、救急馬車のほか、当時普及し始めた鉄道を利用した救護列車も保有するようになっていた。特に鉄道網は、傷病兵の輸送に大きな威力を発揮した。

プロイセンでは、一八三五年に初の鉄道がニュルンベルクからフルトまでの六キロ間に開通し、一八四〇年代にはヨーロッパの主要国には延べ五〇〇キロの鉄道網が敷かれていた。鉄道の圧倒的な輸送力に軍事的視点から着目したのが参謀総長モルトケだった。鉄道の兵員輸送力が最大限発揮されたのが普墺戦争だったが、プロイセン救護社も鉄道を傷病兵輸送に素早く導入し、効果をあげたのである。

皇帝主導でジュネーブ条約を普及

当初からジュネーブ条約の普及に力を入れていたプロイセンは、普仏戦争が始まるとフランスの衛生隊がプロイセン軍に拘束された場合に備え、兵士に対するジュネーブ条約の教育に力を入れた。その教育に最も熱心だったのが皇帝ウィルヘルム一世だった。またプレス皇太子は衛生要員、一般公務員、ボランティア救護員に一八六四年のジュネーブ条約と一八六八年の追加条項のフランス語訳とドイツ語訳を配り、陸軍の兵士にはこれらの簡単な解説書八万部を配布した。

このようにジュネーブ条約普及の先頭に立ったのは、各国の絶対君主とその皇后だった。プロイセンでは、ウィルヘルム一世とアウグスタ皇后、フランスではナポレオン三世とウジェニ皇后、ロシアではニコライ二世、そしてオーストリアでは普墺戦争で傷病兵の悲惨な状況に心を痛め、ジュネーブ条約への加入を決断した皇帝フランツ・ヨーゼフ一世だった。

日本においても、ジュネーブ条約加入後、明治天皇および明治政府が条約の兵士への普及に熱心であったことが知られている。中でも昭憲皇太后とアウグスタ皇后は、赤十字活動に深い理解を示し、現在でも両皇后の寄託金を原資にして発展途上国赤十字社の活動を支援する「昭憲皇太后基金」と「アウグスタ基金」がジュネーブに設立されている。洋の東西を問わず、絶対君主の理解と協力が初期のジュネーブ条約の普及には決定的な力となったのである。

未熟だったフランス救護社

一方、フランス救護社は、一八六四年に設立されていたが、形式的な組織に止まり、人材も器材も未整備のまま戦争に突入してしまった。急遽、募集して編成された救護班は全く訓練されていなかった。さらに募集された者の多くは失業者や定職のない者たちで、中には素行の怪しい輩も含まれていたため、救護班の質の低下が大きな問題となった。

また看護要員は軍隊に随伴することを頑なに拒否したため、作戦の展開状況を全く理解できず、救護現場に到達することさえ困難だった。一八六三年のジュネーブ会議で民間救護社の設立に反対し、「危険を侵してまで篤志の救護隊に参加するような者は、失業者かならず者くらいだろう」と揶揄したフランス代表の言葉は、少なくともフランスに関する限り現実のものとなってしまった。

またフランス軍の衛生部隊は、一般に赤十字腕章を着用せず、衛生車両にも赤十字標章の表示はなく灰色に塗装されていた。フランス救護社の救護員は、赤十字のバッジを付けてはいたが、それは軍当局から正式に支給されたものではなく、パリの救護社中央委員会や地方支部が独自に与えていたもので、軍隊はまったく赤十字標章を無視していた。ジュネーブ条約を知っているはずの将校ですら条約を人道的な戯言としか考えず、衛生部隊の軍医や衛生兵も曖昧な知識しかなかった。ましてや一般兵士が条約を理解しているはずがなかった。そのためフランス軍によるジュネーブ条約違反が多発し、兵士が赤十字腕章を隠れ蓑にして戦地から脱出したり、赤十字腕章を付けた救護員や牧師を装って諜報活動を行ったり、死体から指輪や時計を奪い、時には負傷兵を殺害して金品を奪うといった事態も起きてしまった。

フランスの衛生部隊は装備も貧弱で、ほとんどソルフェリーノの戦いの当時と変わっていなかった。フランスの医師ケスノワの証言によれば、フランス軍には作戦当初から規定で定められた基本的な物資が不足し、救護所もその要員も不足していた。

さらに一八六四年のジュネーブ条約は、民間の救護社の活動について何も規定していなかったため、軍の補給将校はフランス救護社に対する物資の提供を拒み、救護社の活動は機能することができなかった。プロイセンのように前線と救護所を迅速に結ぶ担架隊もなく、多くの兵士が治療されることなく一週間以上も戦野に放置された。こうして戦闘死だけでなく、飢えや疾病により一四万人もの兵士が命を落としたといわれる。

戦死より多かった病死者

近代以前の戦争では、一般に戦争による死者の多くは戦場の劣悪な衛生環境に起因する傷病死で占められていた。

主な疾病としてコレラ、腸チフス、赤痢、破傷風、脚気、肺炎、結核、発疹チフスなどが見られた。また傷口の感染による丹毒、ガス壊疽、敗血症や脱疽、褥瘡《じょくそう》も一般的だった。例えば、一九世紀のナポレオン戦争（一八〇三〜一八一五年）で死亡したイギリス兵三一万人のうち、二六万人は病死者で占められた。

クリミア戦争（一八五三〜一八五六年）の死亡者を調査したロシアの免疫学者エリ・メチニコフによれば、一般的統計では三〇万人の軍隊の戦死者はその三・三％にあたる約一万人であるが、病気や戦傷による死者はその八倍の二七・六％に達したと記している。またフランス軍では戦死者二万人に対し、病死者七万五〇〇〇人、イギリス軍では戦死者四六〇〇人に対し、病死者一万七五〇〇人と、いずれも病死者が圧倒的に多かった。

アメリカの南北戦争（一八六一〜一八六五年）でも、両軍合わせて六一万八〇〇〇人の死者を出したが、うち四一万人が傷病死だった。一八九八年の米西戦争でも、二四〇〇人のアメリカ軍犠牲者のうち、八五％は腸チフスで死亡している。

一八九四年の日清戦争と一九〇四年の日露戦争でも、病死者が戦死者より圧倒的に多かった。日清戦争では死者約一万三五〇〇人のうち戦死者は一二％で、その他は脚気やコレラ、マラリア、赤痢、流感などが原因の病死者だった。特にビタミンB１の不足による脚気は日本の軍隊に特徴的な病気で、入院患者の疾病原因の過半数を占めていた。

こうした病死者と戦死者の比率が逆転したのは、一般には一八七〇年の普仏戦争の頃からといわれている。特に衛生活動が充実していたプロイセン軍では、死亡者四万四〇〇〇人の約六〇％は戦闘死によるもので、病死者は初めて半数以下となった。またクリミア戦争で多くの病死者を出したロシア軍は、日露戦争では戦死者三万一〇〇〇人に対し、病死者はわずか一二〇〇人にまで減少した。

このように普仏戦争の頃を境に、一般的に戦争犠牲者の構成はそれまでとは異なる兆候を示したことから、普仏戦争は現代戦の特色を持つ最初の戦争といえる。

死亡率を低下させた近代医学

普仏戦争における傷病者の状態改善は、衛生活動や衛生環境の改善を促した近代医学の進歩によるところが大きかった。また、それまで軽視されていた衛生医学や予防医学にも次第に関心が寄せられるようになった。

フランスのルイ・パスツールは、創傷の悪化は細菌感染によることを突き止めた。これを応用したイギリス人外科医ジョセフ・リスターは、一八六七年に石炭酸による滅菌法を開発し、創傷の治療に効果をあげた。リスターの滅菌法が活用される前の一八六四年から一八六六年までは、四肢切断手術の死亡率は四六％だったが、一八六八年から一八六九年の同手術の死亡率は一八％にまで低下した。

普仏戦争に従軍したプロシアの外科医ギュンテルと病理学者クレブスは、数々の創傷を観察することで、滅菌理論の正しさを確信し、治療に応用して成果を挙げた。特に外科学に防腐療法が採用されたことで、それまでは高い死亡率を示していた外科手術は劇的に改善されるようになった。

こうした最新の医療技術をプロイセン救護社は積極的に導入していた。日本でも、一八六八年（明治元年）の官軍との箱館戦争において、フランス留学から帰国した高松凌雲がリスターの石炭酸による滅菌法を傷病兵治療にいち早く用いて効果をあげている。

また苦痛を伴わない外科手術を可能にしたエーテルやクロロホルムによる麻酔法の確立も忘れてはならない。こうした近代的な麻酔法は一九世紀中頃には既に開発されていた。もっとも、十字軍の遠征が行われた一一世紀末のイタリア・サレルノの医学校では、すでに傷病兵への手術を行うために、アラビア医学から導入された麻酔海綿を患者に吸入させる方法が用いられていたようである。いずれにしても、麻酔のない時代の手術が地獄のような苦痛を伴ったことを思うと、傷病兵にとって麻酔法の確立は最大の福音だったといえるだろう。

さらに一八八〇年代には、ドイツのロベルト・コッホが結核療法を発見し、これが疾病治療に応用された。また発疹チフスの発生も患者の血液を媒介する蚤による感染が解明されたことから、兵士の衣服の消毒により防ぐことができるようになった。コレラについても、水の煮沸や食物を生で食べない習慣、食前の手洗いの励行などで予防に効果をあげ、死亡率が低下していった。

2. 赤十字社の発展とデュナンのその後

パリ市民を救済するデュナン

普仏戦争の救護活動で多くの問題に気付きながらもフランス救護社は事態を改善することができなかった。この状況に一人パリで心を痛めていたのがアンリ・デュナンだった。

デュナンはジュネーブ条約のフランス国内での普及を訴える一方で、フランス救護社名誉副委員長ブルニエ男爵にフランスの衛生活動が直面している深刻な問題を国会で取り上げるよう陳情した。陳情が失敗に終わるとデュナンは、プロイセンの攻撃を受けずに負傷者の治療ができるようにウジェニ皇后（ナポレオン三世妃）に中立地帯の設置を宣言するよう提案した。この提案はこの時は実を結ばなかったが、デュナンの中立地帯構想は、それから半世紀以上たってから実現した。

一九三六年、スペイン内乱でマドリッドに、また翌年の日華事変に際し、上海に初めて中立地帯（設置者の名前から通称「ジャキノ地帯」と呼ばれた）が設置され、一九四九年のジュネーブ諸条約の改訂に際し、条約上にようやく中立地帯が規定されるようになった。ニーズの本質を見抜く直観力など、デュナンの先見性は確かに鋭敏なものがあったといえよう。

さて、一八七〇年九月、プロイセン軍によりパリが包囲されるとフランス救護社は衛生隊を編成し、市内のホテルを救護所として負傷者の収容、看護にあたった。包囲状態となったパリ市内は深刻な食糧不足を来し、餓死者がでるほどであり、市民は馬や鼠、犬、猫までも食糧にした。飢えから逃れるため、市民の中には熱気球を使って市街に脱出する者もいた。こうしてパリ包囲での民間人死者は四万七〇〇〇人に上り、この戦争によるフランス民間人の死者は五九万人に達した。

こうした中でデュナンは自らの不遇を顧みず、パリ市民を救済するために精力的に行動した。パリ包囲の五日後には、包囲下にある一般住民を救済するために「フランス救済協会」を設立し、さらに一二月には、パリの守備隊に防寒具を援助するために「暖衣委員会」を組織した。その一方で、ヴェルサイユ宮殿のプロイセン軍司令部を訪ね、処刑寸前のフランス軍狙撃兵の助命を嘆願したりした。またフランス軍に拘束されたドイツ人捕虜を訪問するなどデュナンの行動力には驚くばかりである。

戦争は、翌一八七一年一月二六日の休戦で終戦を迎えた。プロイセン皇帝ウィルヘルム一世は、休戦前の一月一八日にヴェルサイユ宮殿でドイツ諸公国の統一を宣言し、ドイツの統一を果たした。しかし、この戦争では、プロイセン側も大きな犠牲を強いられ、二〇万人の一般住民が死亡した。死者の半数はフランス兵捕虜から蔓延した天然痘による犠牲者だったといわれる。その後、兵士の天然痘や腸チフスは、イギリスの外科医エドワード・ジェンナーが一八世紀末に開発した予防接種が普及したことにより、次第に防げるようになっていった。

国際救援の始まりとバートン女史

普仏戦争の悲惨な状況を知った近隣諸国は、大規模な援助を差し伸べた。その中心となったのはアメリカ、イギリス、オランダなどの中立国の救済団体で、参加国は二三カ国に及んだ。中でもアメリカの救済団体の高い医療水準は各国の注目を集めた。

アメリカ式救護班の顕著な特徴は、徹底した衛生管理にあった。彼等は患部のみならず医療器材やベッド、包帯に至るまで徹底的に洗浄と消毒を行い、病室や手術室の空気の清浄管理まで行った。そのため感染症は極めて少なかった。

この救護活動に参加した外国人の中にアメリカのクララ・バートン女史がいた。彼女は南北戦争の救護を終え、たまたま休養のため滞在していたヨーロッパで普仏戦争に遭遇し、ストラスブルグやフランスで赤十字のボランティアとして活動した。この時の経験が彼女にアメリカ赤十字創設の情熱を掻き立てた。女史はこの時の体験を次のように回想している。

「私はここで赤十字を活用すること、人を愛し、尊重することを学んだ。南北戦争の時に赤十字があったならば、どれほどの苦痛が癒され、命が救われたことだろう。もしアメリカに赤十字が誕生するとしたら、その活動に献身することを私は自らに誓った。そして各国の元首と赤十字社に自分がアメリカ政府とアメリカ国民に赤十字を知ってもらうために全力を尽くすことを約束した。」

帰国したバートン女史の努力により、一八八一年三月二一日、アメリカ赤十字協会が設立され、同社は翌年三月に政府から正式に承認された。

普仏戦争は、戦争が紛争当事国以外の国々において大規模な救援活動を巻き起こした最初の戦争だった。

救護社は赤十字社へ名称変更

普仏戦争までは、ジュネーブ条約加入国の救護社は一般的に「赤十字社」の名称を使っていなかった。この戦争で救護活動に参加した救護社は一二社にのぼったが、その名称は様々で、例えばフランスの救護社は「国際社(Societe Internationale)」、あるいはそれを略した「インターナショナル」と呼ばれていた。そのためジュネーブ条約と同じ一八六四年に結成された社会主義労働者運動の「インターナショナル」としばしば混同されることがあった。ジュネーブ条約締結のための会議が開かれた一八六四年には、同じジュネーブで労働者インターナショナルの各国代表者会議も開かれていた。これが両者の混同に拍車をかけ、この頃、パリで活動していたデュナンも何度か労働運動の扇動者と間違われ、投獄されそうになった。

国際委員会のモアニエは、こうした混乱を避けるとともに各社の連帯意識を高め、赤十字運動の統一したイメージを強固にするために各国で異なっていた救護社の名称を統一することが重要だと考えた。

その頃、オランダの救護社は一八六七年以来、オランダ赤十字社という名称を非公式に使用していたことから、モアニエはこれを参考に各国の救護社が「赤十字社」という名称を正式に使用することを提案した。これに応えて、スペイン救護社が一八七二年八月に定款を改正し、正式にスペイン赤十字社に名称変更し、オランダ救護社も同年九月に正式にオランダ赤十字社を名乗るようになった。こうして一八七〇年代には多くの救護社が「赤十字社」の名称を使用するようになった。

一方、五人委員会から「軍隊の傷者救護の国際委員会」と名称変更してきた国際委員会も、各社が赤十字社の名称を使用するようになったことから、一八七五年一二月二〇日の会合において、名称を「赤十字国際委員会（ＩＣＲＣ）」に変更することにした。

また一八六七年の第一回のパリ会議と一八六九年の第二回のベルリン会議までは、「傷者救護社の国際会議」の名称で開催されてきた国際会議は、「赤十字社」の名称が一般化したことから、一八八四年、第三回のジュネーブでの会議から「赤十字国際会議」の名称を使うようになった。こうして、「赤十字」という言葉は、単に標章を示す言葉ではなく、傷病兵救済のための赤十字社組織を表す名称として世界中で認知されるようになっていった。

パリ内戦が与えた影響

普仏戦争の頃のヨーロッパは社会主義労働運動の黎明期でもあった。一八六七年にはカール・マルクスが『資本論』を出版し、普仏戦争に破れて崩壊した帝政フランスの中から、社会主義者の指導を受けたパリ市民により一八七一年三月に労働者自治政府「パリ・コミューン」が結成された。三月には民兵組織に煽動されたパリ市民が蜂起し、政府軍はヴェルサイユ宮殿に逃れ、三月下旬、自治政府によりコミューン宣言が行われた。デュナンは、この混乱の中でコミューンの本部を訪れ、政府軍との戦闘ではジュネーブ条約を遵守するよう訴えた。コミューン側はこの要請に応え、条約を遵守することをデュナンに伝えた。四月に入ると、コミューン軍の隙をついてヴェルサイユ軍が反撃に及び、両軍は激しい戦闘状態に突入した。内戦は双方ともジュネーブ条約を無視する血で血を洗う殺戮の連鎖となった。ヴェルサイユ政府軍は助命の保証により投降したコミューン側捕虜を銃殺し、白旗を掲げた兵士も射殺した。これにコミューン側も報復し、四月五日には人質令を出し、コミューン側兵士一人の処刑に対し、政府側捕虜を三人処刑するという復仇手段に訴えた。

この間もデュナンは双方の指導者に傷病兵や捕虜の尊重を訴え続けた。またパリの一般住民を保護するための避難所の設置も働きかけた。この試みは失敗に終ったが、これは一九四九年のジュネーブ第四条約に規定された安全地帯の理念を先取りするものだった。

五月下旬、圧倒的な火力を持つ政府軍がパリを制圧したが、その後も双方の復讐劇は終わらなかった。その結果、コミューンのメンバー四万人以上が投獄され、二万五〇〇〇人が処刑される事態となった。コミューン側は、ジュネーブ条約の適用を要求し、自らも条約への加入を宣言したが、ヴェルサイユ政府は反乱軍であるコミューンの戦士にはジュネーブ条約を適用せず、反徒として軍法により処罰する方針を変えなかった。

ＩＣＲＣは、内戦を活動の対象にしないことを一八六四年三月の五人委員会会合で申し合わせていたが、パリ・コミューンと政府軍の内乱に直面し、最終的には、こうした内戦でも状況次第では活動することになった。これはその後の赤十字運動と国際人道法の歴史にとり大きな転換点となった。そしてパリ・コミューンの反乱の翌年に勃発したスペインの第二次カルロス党員の内戦において、ＩＣＲＣは初めて内戦の犠牲者の救済に乗り出したのである。

３．捕虜救済と人道法の発展

初の捕虜情報局を設置

ＩＣＲＣは、戦争救護の体験を重ねる中で、捕虜や傷病兵は単に物質的、医療的な支援だけではなく、精神的な支援を求めていることに気付いていった。当初のジュネーブ条約は、戦争犠牲者の精神的支援まで考慮したものではなかった。

敵地で捕虜となった兵士にとっても、また出征したまま生死の定かでない夫や息子の安否を案じる留守家族にとっても精神的な苦痛は同じだった。両者間の通信の確保は関係者の切実な願いだったが、ＩＣＲＣは当初から捕虜の保護・救済活動は赤十字活動の範囲を越えるものと考え、通信の仲介は赤十字の主要な任務とは見なさなかった。

これに対し、この問題に早くから関心を抱いていたアンリ・デュナンは、クリミア戦争で捕虜への精神的支援に積極的だったロシア皇太子デミドフとともに、一八六七年、パリの国際会議において精神的支援の必要性を訴えた。これに賛同したオーストリアが、「戦争犠牲者の精神的苦痛を救済するための決議」を提案したことから、ＩＣＲＣも次第にこの問題への理解を深めるようになっていった。

こうして普仏戦争の開戦三日後の一八七〇年七月一八日、ＩＣＲＣは一八六九年のベルリンでの決議案などを根拠に敵対双方の捕虜となった傷病兵の情報を各社に仲介する「捕虜情報局」をスイスのバーゼルに開設した。翌一八七一年には、ここを拠点に両国の捕虜と家族の安否情報の仲介業務を開始した。

バーゼル捕虜情報局は、ＩＣＲＣの安否調査活動の原点であり、一八七七年七月にはロシア・トルコ戦争の捕虜を救済するためにイタリアのトリエステに、一九一二年一一月には、第一次バルカン戦争(ブルガリア対セルビア、ギリシャ、ルーマニア、トルコ連合軍の戦い)の捕虜救済のためベオグラードに、それぞれ捕虜事務局を開設した。しかし、一九一二年にワシントンで開かれた第九回赤十字国際会議の決議により、捕虜の救済事業がＩＣＲＣの業務として統一されたことから、一九一四年には国際捕虜中央局が開設された。その後も一九三六年のスペイン内戦でスペイン事務所を、また一九三九年にはジュネーブに中央捕虜情報局(現中央安否調査局)を開設し、捕虜と家族の心の絆の回復に寄与した。

さて、普仏戦争での捕虜と家族との手紙の交換は、フランスとプロイセン間の郵便制度が機能していたため、捕虜情報局の介入は当初不必要と思われたが、戦闘が激化し、郵便事情が悪化すると、まずプロイセン救護社が捕虜情報局にフランス兵捕虜の手紙を託すようになった。さらに情報局の活動を人々に認知してもらうため、仲介する手紙に「傷病兵支援のバーゼル国際捕虜局は、あなたの手紙を指定の住所に配達いたします」といったステッカーを貼って宣伝した。同時にプロイセン救護社の協力を得て、プロイセンの病院に収容されているフランス軍負傷兵約七〇〇〇名の名簿を印刷し、それをフランス国内で販売した。この名簿は捕虜とその家族との通信を可能とし、フランスの留守家族からも大いに感謝された。

捕虜救済の緑十字社を設立

こうしてバーゼル捕虜情報局とＩＣＲＣの活動は、捕虜と家族を結ぶ絆として次第に認知されるようになった。しかし、情報局が両国に提供する双方の捕虜名簿は、負傷して敵国の病院で治療を受けている傷兵に限られ、それ以外の捕虜や戦死者の情報はほとんど提供できなかった。

一八六七年と一八六九年の赤十字国際会議は、捕虜の身元を確認できるように兵士が認識票を付けることを提案していたが、普仏戦争当時、この認識票を使用していたのはプロイセンとオーストリアだけで、認識票のないフランス兵戦死者の身元確認は困難を極めた。さらにプロイセン兵で捕虜となったのは約四〇〇〇人であったのに比べ、プロイセンが拘束したフランス兵捕虜はその百倍に達していた。こうした膨大な数の捕虜名簿を作成し、情報局に提供することはプロイセン救護社といえども能力を遥かに越えていた。

これを改善するため、バーゼル捕虜情報局の医師クリス・ソーシンは、捕虜に関する情報提供を更に充実させるために「捕虜救済国際委員会」の設立を構想し、モアニエと協議した。当初、負傷した捕虜以外の兵士への支援は赤十字の扱う範囲を越えていると考えていたモアニエも、この問題の重要性を認識するようになり、赤十字とは別の組織がこの問題を扱うこととし、一八七〇年一一月二二日、各社宛の回状の中で「捕虜救済委員会」の設立を通知した。そして救済委員会の標章として「緑十字」を使用することが決まった。こうしてプロイセンとフランスに赤十字の姉妹機関ともいえる「捕虜救済委員会」が設立された。

一方、デュナンは捕虜の待遇改善問題に相変わらず熱心だった。一八七〇年九月には、パリで「戦闘下の市民福祉のための国際協会」を設立し、戦後もこの団体を母体に「秩序と文明のための国際同盟」を結成して、労働者への福祉活動と捕虜の待遇改善に関心を寄せた。やがて、国際同盟は「捕虜の状態改善協会」と名称変更し、デュナンは事務総長に就任した。同協会は、捕虜の待遇改善を図る条約草案の作成など、捕虜問題に各国の関心を喚起する運動に取り組んだ。

ジュネーブ条約を巡る法律論争

普墺戦争同様、様々なジュネーブ条約違反が指摘された普仏戦争は、赤十字関係者にも深刻な問題を提起した。プロイセン救護社ベルリン中央委員会のフォン・ホールベン委員長は、「戦場に特殊標章をつけた正体不明の輩を持ち込んだジュネーブ条約は、軍隊に無秩序をもたらした。標章を悪用してスパイや脱走、死体からの略奪を企てる者により、条約は軍の安全にとり有害極まりないことが明らかになった」とジュネーブ条約の危険性を指摘した。こうした発言の背景には、当時の赤十字社委員に軍関係者が多かったことがある。しかし、条約の中傷者といえども、衛生要員の中立が必要であることに異論を唱える者はいなかった。

条約の問題点を打開するために、まずオーストリア政府が主導権を握ろうとした。オーストリアは国際条約の限界を訴え、各国が国内法、特に軍法の中にジュネーブ条約の内容と同等の規定を盛り込むことで国際条約は不要になると考えた。

またドイツの法学者ヨハン・K・ブルンチュリ教授は、自らの普仏戦争の体験から、「ジュネーブ条約の条文の表現には国際法の知識の欠如が見られ、法的原則や慣用表現には医療的、軍事的知識が不足している」と指摘した。そして、戦争法全体を包含するより普遍的な性格をもった国際法に変更すべきだと主張した。こうした考えに賛同する者も少なくなかった。

こうした動きに危機感を強くしたＩＣＲＣは、ジュネーブ条約が抱える問題の本質は条約の未熟さではなく、条約の適正な適用がなされなかったことだと主張した。そして、いかなる条約もそれが不適切に運用されるならば、却って有害であることを指摘し、条約の違反を防止するためには、強固な国際的権威を条約に付与することが必要だと訴えた。

これとは異なる意見を出したのがアメリカの法学者フランシス・リーバー教授だった。リーバーは、国家間の関係を改善する最善の方法は、国際法の専門家による問題解決が有効であり、そのために国際法専門家による国際会議を開催することを提案した。この提案は、モアニエにも共感できるものがあった。戦争法はほとんどが慣習法であったことから、その法典化を進めるためには国際法学者の協力は欠かせないと考えていたからである。こうして一八七三年九月八日、著名な法律家により構成される万国国際法学会が設立された。

万国国際法学会はその後、国際人道法の法典化に大きな役割を果たし、現在も文明社会の法的良心を反映した国際法の一般原則を法典化することを目的に活動している。

ブリュッセル宣言の採択

一方、戦争法の一層の発展を願っていたロシア皇帝アレキサンダー二世は、一八七四年七月二四日、各国に呼びかけてブリュッセルで会議を開催した。

ロシア政府がこの会議で提案した戦争の法規慣例に関する五六カ条の条約草案は、サンクト・ペテルブルク宣言の原則を再確認したものだが、八月二七日、これに一五カ国が署名した。これが「戦争の法規慣例に関するブリュッセル宣言」と言われるものである。

宣言は、ブリュッセル会議が「人道の理想に応える」ことに寄与したことを明記し、この宣言により「人道の真の発展が期されることを信ずる」と結んでいる。この宣言の中で言及された「人道の要請」という概念は、その後の人道法諸規則にしばしば引用されるようになった。

しかし、この宣言草案を見たＩＣＲＣは、ジュネーブ条約で与えられた傷者の保護を低下させるものだとして、その内容に懸念を抱いた。事実、宣言草案は戦争の手段と方法の制限に関する規定に比べると戦争犠牲者保護の視点が希薄な内容だった。ジュネーブ条約の傷者に関する保護規定を存続させたいＩＣＲＣは会議の成り行きに危機感を強めた。そして、モアニエらの必死の働きかけにより、会議は最終的にロシアの提案した草案から、傷病者に関する条項を削除することとし、「傷病者の待遇に関する交戦者の義務は、一八六四年のジュネーブ条約による」との一文を挿入することで決着を見た。

この結果に胸を撫で下ろしたＩＣＲＣであったが、数々の不備が指摘されたジュネーブ条約を取り巻く状況は平穏ではなかった。会議は、引き続きジュネーブ条約を早急に改訂することを強く要望し、この会議で改正草案作成のための小委員会を指名した。ＩＣＲＣは、もはや条約改訂の圧力から逃れることはできなくなった。

さて、「ブリュッセル宣言」で大きな議論となったのが、その第九条と第一〇条で規定された「戦争法が適用される戦闘員の定義」の問題だった。戦闘員と民間人の区別は、人道法の重要な基本原則であるが、それまで戦闘員の明確な定義はなされていなかった。それがこの宣言で初めて戦闘員は、次の四つ要件を満たす者とされた。

1．人目に分かるように公然と武器を携行していること。
2．遠方から戦闘員と識別できるように固着の軍の標章を身につけていること。
3．部下に対して責任を有する上官により指揮されていること。

4．戦争の法規慣例にしたがって行動していること。

この定義はそのまま一八九九年のハーグ陸戦規則の中で交戦者資格の要件として踏襲され、現在のジュネーブ諸条約にも受け継がれている。

このように、この宣言の果たした意義は大きかったが、結局、各国に批准されることなく未発効に終わってしまった。このため、一八九九年にハーグ平和会議で戦争法に関する諸条約が採択されるまで、実質的な戦争法は一八六四年のジュネーブ条約と一八六八年のサンクト・ペテルブルク宣言だけだった。

オックスフォード提要の採択

批准されなかった「ブリュッセル宣言」だが、万国国際法学会は一八七四年にジュネーブで開催された第一回学会年次総会で同宣言をさらに研究するため、モアニエを中心にブルンチュリ教授やマルテンス教授などの国際法学者からなる委員会を設置した。そしてモアニエは事実上、一人で「陸戦法のマニュアル (Manual des lois de la guerre sur terre)」をまとめ、これを一八七九年九月にハイデルベルグで開かれた同委員会に提出した。

委員会の同意を得た「陸戦法のマニュアル」は、一八八〇年九月にオックスフォードで開かれた国際法学会に提出され、「オックスフォードにおける戦争の法規慣例に関するマニュアル」(通称「オックスフォード提要」)として全会一致で採択された。

このマニュアルは、戦争法の原理を初めて明瞭かつ精緻に解説したものといわれ、多くの言語に訳され、これを自国の軍規制定上の参考とした国も少なくない。この中でも人道的視点が強調され、例えば、傷病兵の看護については交戦国の将官が「住民の人道心」に訴えかけて看護への協力を勧奨する思想が盛り込まれ、抑留者への「人道が要請する食料、被服、救援の提供」などにも言及している。

またその最終章では戦争法の違反に言及し、「違反者は刑法に基づき処罰すべきである」という原則を示したが、敵対国による違反を抑止するための有効な手段がない場合には、復仇行為も止むを得ない対抗措置として認めていた。とはいえ、「復仇はいかなる場合にも人道および道徳の法則を尊重することを要す」と規定し、戦時復仇には人道的考慮が伴うことも明確にしている。

「オックスフォード提要」の前文には、モアニエの戦争観が如実に表現されており、それは当時の赤十字の戦争観にも通じている。

「歴史の大部分は戦争で占められ、人々の抗議や戦争の恐怖にもかかわらず人類が間もなく戦争を放棄すると考えることは想像できない。なぜなら、戦争は諸国家の存在、自由および利益を脅かす紛争に対する唯一可能な手段だからである。しかし、国際慣習を徐々に発展させ、戦争の遂行手段に国際慣習の制約を課すべきである。そして文明国は、戦争の冷酷な事実を認識し、戦争の破壊力を制限する努力をするべきである。」

「ブリュッセル宣言」と「オックスフォード提要」は、ともに一八九九年と一九〇七年に採択された「陸戦の法規慣例に関するハーグ条約」とその付属書の基礎となり、国際人道法の法典化の発展に大きく貢献した。

なお、このマニュアルの作成作業の中心になってきた万国国際法学会は、一九〇四年に戦争法の法典化による平和への貢献が認められ、法人として初めてノーベル平和賞を受賞した。

4．東欧世界へ広がる国際人道法

バルカン紛争とトルコ赤新月社

一八七五年八月、当時はまだトルコ（オスマン帝国）の属州だったボスニア、ヘルツェゴビナ、ブルガリアの三州がトルコに対する反乱に及んだ。トルコ軍は即座に鎮圧に乗り出したが、そのため三州のキリスト教徒は同じスラブ系民族の隣国セルビアとモンテネグロに脱出した。やがてセルビアとモンテネグロも三州を支援して参戦し、戦争は泥沼化した。

ボスニア、ヘルツェゴビナから隣国モンテネグロに流入した難民は五万人に達し、これらの難民を保護するためにモンテネグロに暫定的に救護組織が結成された。この組織が母体となり、一八七六年一月にモンテネグロ赤十字社が設立され、その後、セルビアにも赤十字社が設立された。両国ともジュネーブ条約の遵守に熱心で兵士にも条約の教育を行った。また一八七七年四月には、汎スラブ主義を掲げるロシアもトルコに宣戦布告し、戦争は拡大の一途を辿った。

しかし、この戦争はキリスト教圏諸国にとり、これまでの戦争とは違ったものとなった。西欧社会にようやく広がりつつあったジュネーブ条約にトルコも加入はしていたが、トルコ軍兵士はジュネーブ条約を全く無視し、敵の捕虜の手足を切断して殺害し、赤十字旗を掲げる敵の衛生部隊にも容赦のない攻撃を加えた。

一方、トルコ救護社の創設者はすでに死亡し組織は弱体化し、一八七四年には事実上の解散状態にあった。しかし、医師ペチェディマルヂを始めとするキリスト教徒が結集して同社の再建に立ち上った。彼らは、ヨーロッパの救護社とともにトルコ政府に対し、ジュネーブ条約を遵守し、敵の負傷兵を人道的に待遇し、衛生要員と赤十字旗を尊重するよう訴えた。これに応え、トルコ政府は八月二四日、軍隊に条約遵守の命令を下したが、その後も状況が改善される兆しがなかった。

赤十字旗を切り裂くトルコ兵

こうした実態が明らかになるにつれ、問題の原因が赤十字の標章そのものにあることが分かってきた。トルコ兵にとり、赤十字標章は中世の十字軍を連想させる異教徒の十字架そのものであった。トルコ軍との戦闘の模様をセルビアの外務大臣は次のように報告している。

「赤十字旗は、敵の狂暴な破壊行為から保護するのに役立つどころか、敵の怒りを増幅させている。(トルコ軍は)ジュネーブ条約の遵守を約束しているにもかかわらず、衛生部隊やその要員にも攻撃を加えている。」

セルビア衛生部隊長ゲオルゲビッチの証言はさらに生々しい。

「トルコ軍の騎兵隊は、最初に赤十字腕章を付けている敵の腕を切断して切り刻み、その後、銃で胸を撃って殺害する。その後、再び赤十字旗を剣で切り裂いた。」

同様の報告を多数耳にするようになったICRCのモアニエは、トルコにとっては聖戦でしかないこのような戦争では、赤十字標章がイスラム教徒たちの敵愾心を煽り、必要以上の残虐行為に駆り立てていると思わずにはいられなかった。

一八六五年に既にジュネーブ条約に加入していたトルコ政府もこの現実を深刻に受け止め、対応に苦慮していた。ルーマニア赤十字がトルコに衛生部隊の派遣を申し出た時も、このような状況では外国の衛生要員の安全は保障できないとして申し出を断ってしまった。この難問を打開するための何らかの解決策が早急に求められた。ジュネーブ条約に加入はしたものの、条約が規定する赤十字の標章をトルコが使用することは不可能に近いことは誰の目にも明らかだった。

ある意味では、この現実はモアニエが抱いていた赤十字の理念＝西欧文明国の価値といった固定観念を裏付けるものになってしまった。一八七三年一〇月のＩＣＲＣ機関紙でモアニエは次のように書いている。

「文明を持つといっても、われわれのような文明とは異なる文明しか持たない人種は、赤十字と両立するような道徳的水準にはない。彼らに敵の傷者への慈悲や戦場での慈悲の象徴である赤十字の尊重を説いても言っていることが理解できないだろう。彼らにとり戦争法はそうした配慮を認めないし、犠牲者救済の組織など馬鹿げたことにしか思えないだろう。」

トルコの問題は、キリスト教的西欧社会から生まれた赤十字が異文化を取り込む過程で避けて通れない問題を提起したといえる。そもそも、自身がその設立を働きかけたトルコ救護社であっただけに、モアニエの思いは複雑だったに違いない。

赤の三日月の承認

トルコ政府は、この問題を解決するために、赤十字ではなくイスラム教のシンボルである赤い三日月（赤新月）を標章として使用するしかないと考えるようになっていた。このためトルコ救護社のペチェディマルヂ社長はモアニエに「標章の改正について各国の同意を得るために、ジュネーブ条約加入国との交渉に入るように外務大臣に陳情した」との書簡を送った。

ロシア・トルコ戦争の最中の一八七六年一一月、トルコのサフヴェト外務大臣は、スイス連邦大統領に書簡を送り、「トルコ政府のこれまでの努力は、イスラム教徒兵の感情を傷つけるジュネーブ条約の標章により麻痺状態にある。このため、トルコ政府はジュネーブ条約の規定と保護のもとにトルコ衛生部隊の創設を承認し、その標章として当面、白旗と白腕章を使用したい」との意向を伝えた。さらに「大統領閣下には、ジュネーブ条約締約国が赤十字の標章と同じように、将来は白地に赤新月の標章を認め、尊重するよう必要な措置を講じられることを願う」と赤新月標章を公認するように訴えた。

トルコからの要請は、衛生部隊の標章の統一を脅かす重大な問題を提起した。スイス政府が各国の見解を打診する一方で、ＩＣＲＣはこの問題を一八七六年一二月六日の会合で協議することにした。白熱した議論の後、ＩＣＲＣはトルコの要請を受け入れ、赤新月標章を承認することとした。そして一八七七年一月、ＩＣＲＣは各社宛情報誌『国際赤十字通信』の中で赤新月標章の承認を告示した。その中でその理由を次のように説明し、各社の理解を求めた。

「一八六四年のジュネーブ条約加入国が宣言した人道的な原則は、異なる宗教を越えて次第に全ての国々に浸透しつつある。しかし、標章の外見上の問題が、人道的原則を非キリスト教民族に広めるための大きな障害となってはならない。国際的な標章を採用することは不可欠であるが、この点での意見の一致は細部の変更を認める寛容さと矛盾するものではない。」

異文化への柔軟な対応を示唆するＩＣＲＣの見解は、先のモワニエの文明国家主義とは異質な感がある。この見解は、ＩＣＲＣのその後の路線を暗示する重要な発言と見ることができる。しかし、この時の判断が、その後一〇〇年以上にわたり赤十字標章の統一性を巡る熱い議論の火種となった。当時の委員会の誰がそのことを予想しただろうか。

一方、ＩＣＲＣはロシア赤十字に対し、ロシア・トルコ戦争の間はトルコが赤新月標章を使用することを認めるよう要請した。そして一八七七年五月二四日、ロシア皇帝が赤新月標章を尊重し、保護することを宣言すると、翌月にはトルコもロシアの赤十字標章を尊重することを約束した。こうして赤新月標章は初めて敵対双方により承認されることになった。これによりトルコ救護社はトルコ赤新月社の名称で再出発することになった。

セルビア・ブルガリア戦争で実績

セルビア・トルコ戦争（一八七六〜一八七八）とロシア・トルコ戦争（一八七七年〜一八七八）を経てようやく平和が訪れたバルカン半島は、一八八五年一一月一四日、セルビアが領土問題を巡りブルガリアに宣戦布告したことから再び戦火に包まれた。しかし、それまでの戦争と異なり、この戦争は歴史上、ジュネーブ条約が負傷兵の保護・救済に本格的に威力を発揮した最初の戦争となった。

その理由として、双方がジュネーブ条約の遵守に比較的忠実であったこと、セルビア・トルコ戦争の当時に、既に双方に救護社が設立されていたこと、またＩＣＲＣの要請により中立国の赤十字社がこれまで以上の救護活動を展開したこと、さらに負傷者を治療する医療技術が進歩したことや小口径弾の登場により負傷の程度が比較的軽度になったことなどがあげられる。

普仏戦争の頃から、外科医学と消毒法の進歩により創傷治療は大きく改善されてきたが、この戦争では赤十字の救急馬車にも外科器具の消毒用器材が装備されるようになった。中立国の赤十字社として救護に参加したオーストリア赤十字代表は、一八八七年のカールスルーエの赤十字国際会議で負傷者の状態の目覚ましい改善について報告した。それによれば、普仏戦争当時は、腕の負傷による死亡率は二一％、下肢の負傷による死亡率は二七％だったが、この戦争では前者がゼロ、後者は六％にまで低下し、セルビア側の死者は負傷者六〇〇〇人の内、わずか二％に止まった。

また外科医は熟達した手術助手を要求するようになったため、赤十字社は物資の備蓄だけでなく、平時から看護員を募集して訓練する必要が出てきた。のちに赤十字国際会議で各社の平時事業として看護要員の募集と訓練が規定されたのもこうした背景からである。

一方、新しい武器の登場も負傷者の状態に変化をもたらした。特に弾丸部分を鉄で覆った小口径弾と連発弾倉の出現、さらに無煙火薬の登場が戦闘の様相と創傷の状態に大きな変化をもたらした。

それまでは一般に小銃の連発速度は一分間に四発程度であったといわれる。しかし、連発弾倉と無煙火薬の登場により、兵士は弾丸発射後の煙により視界を遮られることなく射撃を続けられるようになり、一分間に二〇発程度にまで改良された。また弾丸が小さくなった分、弾速は以前より増し、射程距離も飛躍的に向上した。これは負傷者の増加を連想させるが、実際には予想外の結果を招いた。

高速な小口径弾により負傷兵の傷口は小さくなり、感染症や出血も少なくなる傾向がみられた。そのため頭部や心臓、肺を直撃されない限り、死亡率は以前より格段に低くなった。また弾丸や破片が体内に止まることも少なくなり、骨を粉砕せずに貫通してしまう高速弾丸により損傷は以前より軽度で済むケースが増えた。したがって負傷兵の回復は早くなり、回復した兵士が再び戦闘に参加できるようになるという皮肉な結果を招くことになった。新しい武器の出現は、人命救助のための衛生部隊や野戦病院を皮肉にも兵士の再生産工場にしてしまった感がある。

第5章　近代日本とジュネーブ条約

1．日本の赤十字とジュネーブ条約

日本人と赤十字の出会い

日本人が赤十字に初めて出会ったのは、一八六七年に開かれたパリの万国博覧会において、同博覧会に出展していた「傷者救護社の国際展示会」でのことだった。

この展示会場を訪れ、赤十字の存在を日本の政府要人らに伝え、日本の赤十字社創設を働きかけたのが佐賀藩からパリ万博に派遣された佐野常民である。しかし、佐野が日本の赤十字組織の前身となる博愛社を設立するまでには、約一〇年を待たなければならなかった。

一八五七年（安政四年）一〇月、幕府の招聘によりオランダ海軍から派遣された二等軍医ポンペ・ファン・メールデルフォールト（一八二八～一九〇八）は、長崎の出島で西洋医学を教えたが、この中に後の初代陸軍軍医総監となる松本良順や後の日本赤十字社病院長となる橋本綱常らがいた。

一八七〇年（明治三年）、大阪軍事病院内に初めて軍医学校が設立されると、ポンペに代わってオランダ海軍一等軍医アントニウス・F・ボードウィンが軍医の教育を担当するようになった。ボードウィンは教授科目の中で軍陣包帯学、軍陣外科学、兵論とともに赤十字社規則（赤十字条約）の講義を行ったが、明治四年四月にその後任となったブッケマンもこれらの講義を引き継いだ。これは日本人がジュネーブ条約についての講義を受けた最初の例と思われる。

明治五年には、東京に軍医寮が置かれることになり、大阪の軍医学校は閉鎖された。この時、軍医の徽章に赤十字標章の使用を考えたのがポンペの教育を受けた松本軍医総監と第二代軍医総監となる林紀、および第五代軍医総監となり、のちに日本赤十字社社長となる石黒忠悳《ただのり》の三人だった。これらの陸軍軍医界の重鎮はポンペを始めとするオランダ軍医を通じ、西洋の赤十字についての認識を深めていったと思われる。しかし太政官は、赤十字は耶蘇教の印であるとして、その使用を許可しなかった。

西南の役と博愛社の設立

一八七〇年の普仏戦争は、日本のジュネーブ条約加入にも大きな影響を与えた。この戦争を視察するため観戦武官としてプロイセンに派遣された陸軍中佐大山巌は、戦争の中でも敵対双方が守るべきルールがあり、それを各国が条約化しているヨーロッパの現実を目のあたりにした。一日も早く近代的な軍隊を整え、西欧の列強と肩を並べることを目指していた明治政府にとり、国際的な傷病兵救護のシステムに参加することは、国際的地位を確固たるものにするためにも不可欠なものと思われたに違いない。

帰国後、陸軍少将となった大山巌は、一八七一年（明治四年）から一八七四年まで再びフランスへ留学し、帰国後、明治政府のジュネーブ条約への加入を積極的に働きかけた。

一方、一八六七年のパリ万博で赤十字思想に目覚めた佐野常民は、明治維新後の一八七三年、ウィーン万国博覧会に明治政府公使として派遣され、再び赤十字の発展ぶりを見聞した。帰国後、自ら明治天皇に欧州の赤十字の活況を説明した。これに対し天皇は、徴兵制が敷かれ、列強と伍して外交関係を進めなければならないことから、ジュネーブ条約への加入手続きを進めるように命じた。

一八七七年（明治一〇年）二月、西南戦争が勃発すると、軍医学校で養成された軍医たちを中心に帝国陸軍の衛生部隊が初めて実戦で活動することになった。まず軍団病院が福岡に設置され、軍団医長兼病院長に林紀が就任した。続いて長崎にも軍団病院ができ、政府軍の進軍とともに熊本、鹿児島にも鎮台病院や仮病院が設置されていった。また大阪にも後方支援のための病院が設置され、後に日本赤十字社の四代社長に就任する石黒忠悳軍医正が病院長となった。

この時の衛生部隊は、まだ日本がジュネーブ条約に加入していなかったことから赤十字標章を使わず、朱色の「横一文字」が使われた。この標章は、近い将来、日本がジュネーブ条約に加入することを予想した石黒忠悳、林紀および松本良順らが、条約加入後に縦一文字を加えることで赤十字標章にすることを考えて決めたものである。

また、西南戦争は日本の赤十字社誕生のきっかけになった戦争でもあった。この戦乱の報に接した元老院議官佐野常民と同僚の大給恒の努力により、この年の五月一日、日本赤十字社の前進となる博愛社が設立された。同社は直ちに長崎の軍団病院等に救護員を派遣したが、わが国初の組織的な民間救護社は、赤十字にならって政府軍、賊軍の双方の負傷者に対し、敵味方の差別なく救護を行うことを目的にした。博愛社は軍の衛生隊とは異なり、朱色の「日の丸、下横一文字」を描いた標章を社の標章とした。

日本のジュネーブ条約加入

西南戦争後、明治政府は一刻も早くジュネーブ条約に加入するため、条約に関する文献をヨーロッパから収集し、研究を進めた。一八八四年（明治一七年）、大山巌は再びフランスにわたり各国の兵制を研究するとともに、大山に同行した橋本綱常陸軍軍医監（明治一九年から第四代軍医総監、のちの日本赤十字社病院長）とともにジュネーブ条約の加入の手続きを調査した。この橋本綱常は幕末の蘭学医で安政の大獄で処刑された橋本左内の実弟である。

この調査は、既にその前年五月にベルリンで開かれた「衛生と救護法に関する博覧会」に政府から派遣された博愛社社員で内務省御用掛だった柴田承桂および滞欧中の博愛社本社委員アレキサンダー・フォン・シーボルトにより事前準備が進められていた。

橋本は、訪欧中にＩＣＲＣ（赤十字国際委員会）のモアニエの厚意により、ジュネーブで開催された第三回赤十字国際会議（一八八四年）にシーボルトとともにオブザーバーとして列席した。シーボルトは一八九二年、ローマで開かれた第五回赤十字国際会議にも後藤新平（日赤正社員内務技師）とともに日赤代表として出席している。

帰国後、陸軍大臣となり軍制の改革に着手した大山は、「文明国家の法」といわれたジュネーブ条約への加入に向けて奔走した。やがて大山、橋本らの努力が実り、明治政府は一八八六年（明治一九年）六月五日にジュネーブ条約を批准し、一一月一五日、加入を公布した。ここに、日本は東洋で最初のジュネーブ条約加入国となった。清国と韓国がジュネーブ条約に加入したのは、それから二〇年後の一九〇六年のことである。日本政府がジュネーブ条約に加入したことから、博愛社は正式に国際赤十字の一員として承認され、翌一八八七年五月二〇日、社名を日本赤十字社に改めた。

陸軍大臣大山巌は、早速、ジュネーブ条約を軍人に普及するため、一八八七年（明治二〇年）三月、日本で最初のジュネーブ条約解釈書（ときあかし）を作成し、四月二三日、陸軍訓令を発して、「赤十字条約の儀は軍人軍属にありて最緊要なものにつき、解釈を容易ならしむるため、註釈を加え別冊頒布候に付、遍く熟読遵守すべし」と告示し、この解釈書を全兵員に頒布し、普及を図った。

賞賛された日本の条約普及

一八八七年九月二二日から二七日までバーデン公国（現ドイツ、バイエルン州）のカールスルーエで第四回赤十字国際会議が開かれた。

日本政府からは、石黒忠悳陸軍軍医総監と軍医の谷口謙（内科）が、また日本赤十字社からは常議員の松平乗承子爵と兵食研究のためにドイツに留学中の陸軍一等軍医森林太郎（のちの森鷗外）が日赤嘱託通詞（通訳）として参加した。森林太郎は、ドイツ留学中に学んだクラウゼヴィッツの『戦争論』を日本に初めて紹介した人物でもある。

この会議には三三カ国から一二八人の代表が参加したが、この中にはアメリカ赤十字のクララ・バートン女史ら女性代表三名が初めて参加した。女性代表の参加は、一八八四年にジュネーブで開かれた第三回赤十字国際会議において、赤十字の推進と発展には「婦人会の賛助は不可欠である」との決議がされたことを反映したものだった。

この会議で森林太郎は石黒らの意向を受けて、日本政府は天皇の勅令をもってジュネーブ条約を国民に普及していること、また士官には条約を熟読し、一般兵卒に伝えることを義務としたことなど、条約普及の努力を切々と訴えた。会場では全陸軍に配布したジュネーブ条約解説書を回覧し、各国代表の参考に供した。こうした解説書はプロイセンを除くと欧米各国でも作成している国がほとんどなかったことから、森の報告は各国代表の賞賛の的となった。この会議を傍聴していたバーデン大公妃殿下は、会議の休憩所で石黒に話しかけ、ジュネーブ条約普及に対する日本の熱意を賛えたという。

一八八九年（明治二二年）の海軍主計学校編集による『戦時国際法講義』の前文は、軍人に対するジュネーブ条約普及の必要性を次のように記している。

「戦時国際法などと言えば、まるで戦争に法律があるかのように聞こえ、全く奇怪な感じがするかもしれない。しかしこの法律の目的は、人類の交際上、不正行為を行わないことにある。（中略）一八六四年、赤十字社の条約なるものが出現し、「アンビランス」という病院を設け、局外中立とし、負傷者を治療するために条約を結んだ。その条約によれば、この病院に対して、何れも砲撃を行ってはならない。それがこの条約を尊重することである。その目的は赤色の十字架を使用する。この印は専ら耶蘇教に使われるものであるが、土国（トルコ）は耶蘇教国ではないので、赤色の月形の標を使用している。（中略）右の赤十字社は負傷者救助会社である。平時は別に活用する方法がないので、医師を募集する方法、負傷者の附送者あるいは保養者等を養成している。」

極めて簡潔明瞭な解説であり、ここにある「赤色の月形の標」とは今日、トルコを始めイスラム教国の多くで使用されている赤新月標章のことである。

さらに、カールスルーエの会議においてＩＣＲＣに対し、赤十字の運営、活動の指針となる「赤十字の基本原則」の作成が勧告された。赤十字運動が生まれてから既に四半世紀が経っていたが、運動の理念、行動規範を明確にした原則のようなものは存在しなかった。しかし、運動をさらに発展させるためには、客観的で分かりやすい行動規範としての基本原則を早急に整えることは是非とも必要だったのである。

その後も原則を巡る議論は度々、国際会議で協議されたが、人道、公平、中立、独立、奉仕、単一、世界性の七つの原則に集約された「赤十字の基本原則」が採択されたのは、一九六五年のウィーンの赤十字国際会議においてである。この原則の中でも、特に人道の原則は、のちに国連をはじめ多くの国際的人道機関が人道支援の概念を明確にするにあたり非常に重要な指針を提供した。

森鷗外の演説に〝ブラボー〟

カールスルーエの会議では、当時のヨーロッパ諸国の文明観を露わにするような一幕があった。それはオランダ赤十字中央委員会が、ジュネーブ条約中にある「列国は相互に助け合い、傷病者を敵味方の別なく救済する」という文言は、欧州以外の国にも適用すべきかどうかを議論することを議題として提案したことが発端だった。

本来、赤十字運動は世界に普遍的な人道主義を基調とするからには、あらゆる国家、文化、宗教に属する者が等しくこの運動に参加でき、救済活動の対象にならなければならないはずである。しかし、赤十字運動の中枢にいた者でさえ、当時はまだ非ヨーロッパ社会への偏見を免れなかった。モアニエ自身、赤十字の高度な理念は、野蛮な非西欧民族には理解できず、キリスト教社会の文明国にしか受け入れられないだろうと考えていた。

一般に当時のヨーロッパでは、文明国だけが国際法の主体になれるという考え方はごく普通のことだった。赤十字国際会議の場でも、ジュネーブ条約は文明国間の戦争にのみ適用するもので、非文明国（植民地など）との戦争には適用しないとする見解があった。

この動議に日本の代表、石黒忠悳は猛烈に抗議した。日本代表の通訳に当たった森林太郎は次のように日本の主張を代弁した。

「われわれ日本帝国の代表は、本来赤十字事業なるものは地理的もしくは人種的差別を設けるものではないと確信してこれに加盟し、ここに出席しているのである。然るに、この如き議が神聖なる議場に提出せられるとは真に意外である。若し、この提案が議題となるならば、我々は議席を退く外ない。」

この毅然とした発言に議場は騒然となった。日本の発言に呼応して「日本のような立派な文明国家があるのに、このような発議はなるほど不適切である」と援護射撃をしてくれた外国代表がいた。この会議にオランダ代表として出席していた日本の西洋医学の恩師ポンペ・ファン・メールデルフォールトだった。彼の発言にロシア代表も賛同したことから、ようやくこの動議は撤回されることになった。

この経緯は、石黒の回想録『懐旧九十年』にあるが、当時の会議議事録では森林太郎の発言の趣旨は微妙に異なっている。日本が動議への投票を棄権する旨の記述はあるが、議場を去るとの表現はなく、また森林太郎が「日本赤十字社は欧州であれ、アジア以外であれ、傷病者を救済するためにはどこへでも行き援助する覚悟である」旨の発言をすると、会場から「ブラボー」の賛辞があったと記されている。回想録にある石黒の発言は、自らの武勇伝を多少誇張したものかもしれない。

ことの経緯がどうあれ、ヨーロッパのキリスト教国で発展した赤十字運動が真の世界性を持つためには、当時、ヨーロッパ社会に根強かった偏狭な文明国至上主義を克服しなければならなかったことだけは確かである。

2. 日清戦争の試練

進む衛生活動の改善

一八九四年（明治二七年）七月末に始まった日清戦争は、近代日本が体験した外国との初めての戦争だった。国際人道法の視点からは、東洋で初めてジュネーブ条約に加入した日本が、実際の戦争でその適用を試される戦争であり、ジュネーブのICRCもその成り行きを注目していた。

しかし、ICRCは地理的な理由から日本に代表部を置くことができず、開戦二日後の八月三日、各赤十字社に対し、日本赤十字社の戦時活動を支援するよう奨励し、委員会として日本赤十字社に支援金を送った。

モアニエは、日赤社長宛の書簡の中で「この金額は貴社が必要とする額に比べれば小額ではあるが、各国赤十字社と異なり安定財源のないICRCの内情をご理解いただきたい。また仲介役としての役割を除けば、交戦国に援助を行うことは通常のICRCの役割を越えたものであることも理解されたい」と書いている。

また、この戦争では清国に赤十字社がなかったため、ソウル駐留のヨーロッパ人が朝鮮赤十字社の設立を計画したが、これはICRCの反対により実現しなかった。

モアニエは、ジュネーブ条約未加入国への赤十字社の設立は行うべきでないこと、また赤十字社の設立はその国の自国民によって成されるべきだと考えていた。さらに、清国は未だに非文明国であるので条約に加入する資格はなく、たとえ加入しても条約を遵守することはできないだろうと考えていた。

日清戦争当時の軍の衛生活動は、兵制が整いはじめて日が浅いことから、未熟さと要員不足は否めなかった。一八九三年（明治二六年）六月の資料によれば、当時の軍医は予備役を含め軍全体で三六八人、薬剤官はたったの四九人だった。しかし、開戦翌年の一八九五年五月の衛生部人員は七五三五人に達し、軍部が短期間に衛生部隊の整備を急いだことがわかる。

一方、負傷者の状況を見ると、日本軍の死傷病者は、外地に出征した将兵および軍属併せて約一七万八〇〇〇人で、その七・五％にあたる一万三〇〇〇人が死亡した。しかし、その九二％は病死者が占めていた。また陸軍病院等で治療を受けた傷病者数は内地も含めると二八万五〇〇〇人余りに達した。さらに、負傷し、捕虜となった多くの清国兵を日本に移送して治療したことから、軍の衛生活動は多額の負担を強いられた。

世界が絶賛した日赤の活動

これらの傷病兵を看護するため、日本赤十字社は軍の衛生活動を補助する有力な機関として注目された。開戦後の明治二七年一一月には、陸軍野戦衛生長官・石黒忠悳と日本赤十字社の間で救護員を衛生活動に動員するための協定が結ばれ、以後、主に内地の軍予備病院や兵站病院において日本赤十字社が養成した看護婦が看護活動に参加することになった。陸軍病院の看護業務に女子の看護者が活用されたのは日清戦争が最初であり、衛生長官ら軍の首脳部は規律維持に細心の注意を払った。しかし、看護婦らの勤務状況は至って良好であったことから女子の看護者の意義が次第に見直されていった。

当時、欧米の民間救護活動は主としてキリスト教系修道団や尼僧団を中心に行われていたが、赤十字が誕生するようになると活動は次第に赤十字に統合されていった。しかし、この分野では元々、後発組織であった赤十字は、救護看護婦の養成では経験不足を否めなかった。そうした国々の中で看護婦養成に特筆した成果をあげていたのは日本赤十字社だった。当時の日本の看護婦養成の成果について、コロンビア大学看護学校教授ドック女史は『世界看護史』（昭和七年）の中で次のように記している。

「赤十字は看護婦の教育を主なる目的の一つにしているが、財政が豊かでないのと先輩たる者が素人であったために看護婦教育上、不十分なことが少なくなかった。米国の看護事業が赤十字に属せらるるに先だち、既に最も完全な標準に従って赤十字の看護婦を十分に教育した唯一の国があった。それが日本である。」

ところで余り知られていないエピソードであるが、日清戦争の救護に参加した日本赤十字社を財政的に支援するため、明治二七年一一月二四日に東京音楽学校（現東京芸大）奏楽堂において音楽会が開かれている。これを企画したのは、西郷従道夫人や大山巌夫人、鍋島侯爵夫人など当時の赤十字の支援者たちだった。この時、上演されたゲーテの『ファウスト』の第一幕は日本で初めて上演されたファウスト歌劇となり、日本の音楽史の一ページに記録されている。

旅順口虐殺事件

日清戦争は、日本が文明国家の法を遵守できるかどうか国際的に問われる最初の試金石であった。このことを最も良く理解していた明治政府は、国際法の遵守を確実にするために格別の配慮を行った。

ジュネーブ条約に加入した翌年四月、陸軍大臣大山巌は、兵士が常備携行できる手帳型のジュネーブ条約解説書を各部隊に配布するとともに、満州軍総司令部付国際法事務嘱託として国際法学者有賀長雄を任命し、中国に従軍させた。軍隊に国際法の法律顧問を配置することは、一九七七年のジュネーブ諸条約第一追加議定書第八二条に初めて規定されたが、これより八〇年も前に有賀のような国際法学者が軍の法律専門家として従軍したことは特筆すべきことである。

有賀は、日清戦争後の一八九七年にオーストリアのウィーンで開催された第六回赤十字国際会議に日赤代表として参加し、日清戦争での救護活動の状況を報告した。その後、前線に派遣された体験に基づき、フランス語による『日清戦役国際法論』を刊行した。この本に接したヨーロッパの人々は「日本ほど熱心に国際法を守ろうとした国は他にないだろう」と絶大なる賛辞を送った。

しかし、条約遵守の精神は必ずしもすべての兵士に徹底したわけではなかった。そうした中で予期せぬ不幸な事件が起きた。思惑通りに運ばないのは戦争の常であり、「摩擦は机上の計画を御破算にする」といったクラウゼヴィッツの言葉の通りである。

この不幸な事件とは、一般に「旅順口虐殺事件」といわれている。事件は、一八九四年一〇月二一日未明に始まった旅順口攻撃で婦女子を含む多くの一般市民が無差別に虐殺されたというもので、その死者数は日中両国で異なるものの数千名と推測されている。

事件の翌日、旅順市街に入った有賀長雄の報告によれば、約二〇〇〇の遺体が散在し、その中には約五〇〇の民間人と思われる遺体が認められたという。

この事件は各国の特派員や駐在武官の目撃するところとなり、各国に日本軍の野蛮な虐殺行為として報じられてしまった。事件の報告を受けた大本営の大山巌大将は、「市街の兵士人民を混一して殺戮したるは実に免れ難き実況なるを知るべし」と慨嘆した。これにより日本の外交的立場は著しく傷つき、日本は文明国家とは認め難いとして、その後の外交交渉に大きな支障をきたすこととなった。この事件の記憶から、日露戦争の旅順口攻撃では、軍部は民間人保護のために細心の注意を払うことになる。

病院船の必要性を痛感

日清戦争では、大陸および海上で負傷した日本並びに捕虜となった清国の傷病兵を国内の予備病院等に収容するため、また黄海海戦などで犠牲となった清国の水兵らを収容、看護するためにも患者輸送に適した病院船が必要であった。そこで病院船を持たない軍部は開戦とともに貨物船をこれに充てることにし、一八九四年七月、田子浦丸を始めとする貨物船が患者輸送船として徴用された。しかし、衛生設備などに問題が多かったことから一八九五年一月になると、ようやく高砂丸など七隻の改造船が初めて病院船として活用されるようになった。日本赤十字社も軍の方針に従い、大陸からこれらの負傷兵を国内に移送して治療するつもりだったが、輸送に使える船舶が確保できなかった。当時はヨーロッパの赤十字社でも救護列車を保有する社はあっても病院船を保有する社など存在しなかった。

日清戦争で多数の傷病兵を輸送し、治療もできる病院船の必要性を痛感した日本赤十字社は、一八九七年、自社の病院船を保有することを決めた。しかし、病院船の保有には多額の建造費と維持費が必要な上、平時の活用方法や戦時での迅速な改造など多くの難問が山積していた。特に、「病院船は平時に於いて之を使用せずして存置すべきものに非ず」は病院船管理の原則であった。しかし、平時における民間航路での使用を前提に設計すると、戦時の病院船としての機能が損なわれる恐れがあった。この二つの矛盾する要求をいかに満たすかが課題の一つだった。

博愛丸・弘済丸の建造

結局、この問題に一つの解決策が図られた。それは日本赤十字社の資金で病院船を建造し、それを日本郵船に売却し、平時には旅客航路に就航させ、戦時に病院船として活用するという案だった。売却代金は二〇年割賦払いとし、二〇年後にその元利金を基に新たな病院船を建造しようというものだった。そして一八九七年八月一七日、日本赤十字社と日本郵船の間で契約が結ばれ、必要な場合には、日本赤十字社が使用できるよう、約款には、「平時には三〇日以内、戦時には七日以内に本社（日赤）の使用に供すべき義務を負う」の一文が盛り込まれた。こうして、イギリス・レンフリューの造船会社ロブニッツ社に一隻五四万円で発注された二隻の病院船（ともに二五〇〇トン級）は、一八九八年一〇月に完成し、翌年、横浜港に回航された。

しかし、病院船を保有しても、病院船を保護する一八六八年のジュネーブ条約の追加条項は未発効だったので、その活動が国際的に保護される保障はどこにもなかった。これは日本赤十字社にとり、先の見えない大きな賭けでもあった。

さて、二隻の姉妹病院船はそれぞれ「博愛丸」、「弘済丸」と命名され、平時には上海航路に就航し、戦時には病院船として日露戦争まで活躍したが、その後、大正一五年に水産会社に譲渡され蟹工船となり、「弘済丸」は「美福丸」と改名された。また、小林多喜二の小説『蟹工船』（昭和四年）に登場する「博光丸」は「博愛丸」をモデルにし、同船で働く労働者の過酷な状況を描いた。

しかし、両船とも第二次大戦で徴用され、「美福丸」は昭和一七年八月、青森県白浜沖で、また「博愛丸」は昭和二〇年六月、オホーツク海でいずれも魚雷攻撃により撃沈され、半世紀に及ぶ数奇な運命を閉じた。

義和団の乱と病院船の活躍

一九〇〇年、清朝で外国人排斥運動「義和団の乱」が勃発すると、中国での覇権を争う列強各国は協力して動乱の鎮圧に乗り出した。

この時は、「一八九九年のジュネーブ条約海戦応用条約」(一八六四年のジュネーブ条約の原則を海戦に応用する条約)が既に発効しており、欧州をはじめ、日本赤十字社はそれぞれ自社の病院船を中国に派遣した。ロシア赤十字は「ツァリタ号」、ドイツ赤十字は「サボイア号」、フランス赤十字は「ノートルダム・ド・サルート号」を、また日本赤十字社も「博愛丸」「弘済丸」の二隻の病院船を派遣し、傷病者の輸送と看護にあたった。

しかし、病院船は交戦国や中立国の港湾に停泊する時、他の艦船と同様に港湾使用税を支払わなければならず、そのことが病院船活動に財政的な負担を強いることになった。

こうしたことから、日露戦争勃発後の一九〇四年(明治三七年)一二月、フランス政府の提唱によりオランダ政府がハーグで開催した外交会議は、病院船の保護問題、特に戦時における病院船の港湾税問題を取り上げ、最終的に、一八九九年の海戦条約に規定する病院船への課税免除を規定する「病院船に関する条約」が締結された。

この条約は、一九〇四年一二月二一日に日本を含む二七カ国が署名し、日本は一九〇六年三月二八日に批准、翌一九〇七年三月二六日に条約が発効した。同様の条約がその後ないことから、この条約は現在でも効力を持っている

なお、この条約の前文にある「ハーグ条約(一八九九年のジュネーブ条約海戦応用条約)が、海戦における赤十字の介入の原則を確認したことを考慮し、〈略〉」の文言の中の「赤十字」の語は、それまで赤十字旗や赤十字標章を意味するためだけに使用されてきた赤十字という名称が、赤十字社(組織)を表わす名称として条約で初めて使用され

たものである。

その後、病院船の有効性が次第に理解されるようになると、一九一三年二月、オランダ赤十字の医師ボランドは、海戦や自然災害の被災者救護のために「国際病院船団」を設立することを提案し、一九二五年、第一二回赤十字国際会議において病院船の幅広い活用を研究する委員会の設立を呼びかけた。

この構想は実現しなかったが、病院船の活用は一九九五年の阪神大震災の折にも自衛隊により議論されたことがあり、現在でもその潜在的な有用性は議論されている。しかし、効率性の面からも専用船が必要かどうかは議論のあるところで、軍の専用病院船を保有する軍隊は米軍や中国軍など一部の国に限られる。

3．日露戦争の人道的実践

ロシア兵への手厚い看護

一九〇四年（明治三七年）二月に勃発した日露戦争は、赤十字とジュネーブ条約の視点からは注目すべき戦争となった。それは日清戦争の教訓から、日本がジュネーブ条約を真剣に遵守しようとした戦争として一般に知られている。

この戦争では両国ともすべての兵士に対し、ジュネーブ条約と特に敵の傷病兵や捕虜の尊重について教育を行った。そのため違反事例は過去の戦争に比べて極端に減少した。

当時、中国・鴨緑江近くの戦闘を取材していたタイムズ紙の特派員は、次のような記事をロンドンに送っている。

「日本の野戦病院に収容されたロシアの負傷兵は、最大級の看護を受けている。ロシア人の宿舎は日本人負傷兵の宿舎より整備され、日本人は自国の負傷兵よりもロシア兵に手厚い看護を行っている。日本人の衛兵は彼等に親切で同情的であり、自分の少ない小遣いでたばこを買って与えたりする。食糧配給も日本人よりも優遇され、捕虜への手紙や小包も無税扱いで自由に受け取ることができる。」

さらにロシア人捕虜の家族や友人は自由に日本を訪問し、家族や知人の収容されている野戦病院や収容所を訪ねることができた。また当時の日本の文部省は学校教師に対し、次のような通達を出している。

「帝国政府は目下、ロシアと戦争状態にあるが、由あって日本に抑留されているロシア人に対し、生徒児童が憎悪を抱くことのないようにすべきである。」

ロシアに対し、捕虜となった日本軍将校らの待遇改善を求める陸軍大臣寺内正毅から外務大臣小村寿太郎あての明治三八年二月二五日の書簡には次のようなものがある。

「交戦国における捕虜の給食養に関して陸戦の法規慣例に関するハーグ陸戦規則第七条において自国軍隊と対等の食糧、寝具および被服を支給すべき規定があり、帝国政府は、露国捕虜に対し、その身分階級に相当の待遇を与え、帝国軍人に準じて給養を行い、特に食糧については、内国人(日本人)と慣習の異なるところ有るを考慮し、却って多額の費用を支給している。帝国軍隊の下士卒の糧食費は一日一七銭だが、露国下士卒に対しては捕虜取扱細則により一日三〇銭までの糧食を支給するほか、一カ月につき、下士には一円、兵卒には五〇銭の消耗品を支給している。」

寺内は、ロシア人捕虜に対する日本政府の優遇措置をこう説明した上で、ロシアに対し、日本軍将校の劣悪な待遇を改善するよう要求すべきだと小村に訴えた。

民間人の避難を勧告

日露戦争最大の攻防戦となった一九〇四年(明治三七年)八月の旅順口の攻撃では、ロシア側の非戦闘員を避難させるよう陸軍参謀総長から満州軍司令官に次のような指示を出している。

「貴殿官は、旅順口要塞内にいる婦人、小児、僧侶、中立国の外交官、観戦将校にして避難を希望する者を青泥窪に護送し、当該地の停泊場司令官に引き渡すべし。作戦に影響するところ無しと認むる時は、旅順口要塞内にある前項以外の非戦闘員をも同じく避難せしむ。」

参謀総長のこの指示は明らかに日清戦争時の旅順口虐殺事件を意識したものと思われる。国際的な非難をあびるような轍を二度と踏むまいとした軍部の徹底した配慮が読み取れる。大本営からの命令を受けた満州軍は、軍使として山岡参謀を旅順要塞に派遣したが、ロシア軍からの返事は「非戦闘員の避難は拒絶する」というものだった。

また、一九〇五年（明治三八年）、対馬沖海戦でロシア戦艦「リューリック」を撃沈した帝国艦隊司令長官は、次のような人道的対応を指示している。

「敵は既に戦闘能力を失った上は、彼等を苦しめるのは日本男児のなすことではない。従って生物（生存者）は、すべてこれを収容せよ。また捕虜については、異常ある者はもとより、努めて親切丁寧に取り扱うべし。負傷者には相当の手当を行うべし。これは仁愛に富む陛下の大御心である。」

この結果、多数の漂流者を救助するため帝国海軍の艦船からランチボートが降ろされ、救助されたロシア兵は六一三人に達した。裸同然で救助されたロシア兵は、佐世保海軍病院に収容され、日本赤十字社の看護婦による手厚い看護を受けた。また捕虜にはパンと牛乳、お粥のほか、日本の水兵の衣服と靴が与えられた。この厚遇に感激して支給された靴を大事に秘蔵するロシア兵もいたといわれる。

ジュネーブ条約の遵守と救護体制の改善の一方で、バルチック艦隊に随伴してきたロシア赤十字の病院船「オレル」と「コストロマ」が対馬海峡付近で日本艦隊に拘束され、佐世保港へ連行される事件が起きた。ロシアはこの行為は、「一八九九年のジュネーブ条約海戦応用条約」への違反であり、これにより負傷者の救護活動に著しい支障をきたしたと日本を非難した。ＩＣＲＣは日本赤十字社に事実調査を依頼したが、日赤は、これは帝国海軍の問題であり、赤十字社とは無関係であり、介入する立場にないとの返事を送った。

この事件の背景には、当時、日本海軍が軍事機密の漏洩や禁制品の輸送を厳しく取り締まり、頻繁に外国船舶の臨検・拿捕を行っていたという事情がある。これによりロシア軍艦はもとより、イギリス、ドイツ、フランス、オランダ、オーストリア、清国などの船舶が多数、佐世保や横須賀に連行されて尋問を受けた。中にはロシアの駆逐艦「レシテルヌイ」を清国の中立港まで追跡・進入して深刻な国際問題に発展したケースもあった。病院船拿捕事件もこのような状況の中で起きた事件であった。

日露赤十字社の活動

一方、ロシア赤十字は、首都サンクト・ペテルブルクから満州のハルピンに至るまで九五カ所の野戦病院と二八カ所の傷病兵移送基地を設置した。また多数の救護列車と病院船を動員し、消毒班や細菌予防施設、伝染病予防隊なども整備していた。

ロシアでは、赤十字に委託された四つの軍病院で看護婦の養成事業が行われ、一八九七年には二八一二人の看護婦が登録され、第一次大戦では、軍病院六四、養成看護師は一万七〇〇〇人までに増加した。

日露戦争では、傷病兵の傷病治療は以前に比べ格段に改善された。その理由は、既述した防腐処置法などの臨床外科の進歩があった。

ロシアの免疫学者メチニコフによれば、クリミア戦争では、ロシア兵の戦死者二万五〇〇〇人に対し、戦傷が原因による傷病死者は一万六〇〇〇人だった。しかし、日露戦争では同数の戦死者に対し、戦傷病死者は六〇〇〇人と約三分の一にまで減少したという。またそれまでの戦争では一般に疾病死が戦死者の二倍以上であり、クリミア戦争では四万一〇〇〇人の戦死・戦傷病死に対し、疾病死は八万九〇〇〇人に及んだが、日露戦争では戦死・戦傷病死三万一〇〇〇人に対し、疾病死は一二〇〇人と劇的に減少した。

メチニコフは結論として、「疾病並びに戦傷による死亡率の最高率は、クリミア戦争におけるロシア軍に見られ、最低死亡率は日露戦争におけるロシア軍に認められた」と述べ、「この最高の死亡率はパスツールやリスター以前の時代に、最低の死亡率は、パスツール、リスターおよびコッホによって礎石を置かれた医学が完全に花開いたときに見られている」と結んでいる。

このほか、捕虜の状態については、日露両国の赤十字社間で捕虜情報が活発に交換された。死亡したロシア兵の遺品と捕虜や傷病者の名簿はロシアに送られ、ロシアからも同様の名簿が日本に送られた。捕虜情報の交換は一八九九年のハーグ陸戦規則にもまだ規定されていなかった。

日露双方の赤十字社の協力で負傷兵の救済は成果をあげ、戦後、ロシア赤十字はロシア人同胞への援助に対する感謝状を日本赤十字社に贈っている。

武器の進化と傷病兵への影響

日露戦争は、医療の改善だけでなく武器の進歩が負傷兵の状態に大きな変化をもたらした戦争でもあった。それは一八八五年のセルビア・ブルガリア戦争の状況とよく似ている。

明治三〇年に制式され、主に日露戦争で使用された「三〇年式歩兵銃」は、ロシアの口径七・六二ミリ小銃に対し、六・五ミリと当時の世界最小の口径であった。それは日清戦争で使用された「一八年式村田歩兵銃」の一一ミリ、「村田連発銃」の八ミリと比べてもかなりの小口径だった。

これは戦闘の目的は、敵を殺傷することではなく敵の戦闘能力を奪うだけで十分だという「戦争の人道化」が進んだことにもよるが、弾速と射程距離の向上を求めた結果でもあった。それが傷病兵の受傷状態に意外な結果を生むことになった。

小口径化により銃傷は以前より軽度になり、負傷兵の回復は至って早く、数時間で再び戦闘に参加できる者もいた。軍医ウレーデンは、ロシア赤十字社宛の手紙の中で、「戦争にこのような表現を使うのは適当でないが、日本の小銃は『人道的兵器』の名に値する」と報告している。これを裏付けるように、九練城の戦闘で負傷したロシア兵の三二％が一カ月後に再び戦線に復帰したといわれる。ちなみに現代の戦闘では、治療技術の向上により傷病兵の五〇％が五〇日以内に再び戦線に復帰できるといわれる。

日本では日露戦争後、ロシア兵の負傷が軽度で、何度も戦線に復帰してしまった教訓から、小銃の口径を欧米並みにする議論が起きたが、結局、携行できる弾数を多くするためにも小口径が有利だとして、明治三八年に登場した「三八式小銃」も六・五ミリ口径のままとなり、この小銃は第二次世界大戦中に「九九式小銃」が制式されるまで日本の主力歩兵銃として四〇年以上も使用された。

日露戦争は日清戦争より大規模に激戦が展開されたことから、戦死傷者は二一万八〇〇〇人に達し、このうち戦闘による死者は四万六〇〇〇人に上った。このほか病気で戦闘不能になった者は二二万人余りと多数を占めた。中でもビタミンＢ１不足による脚気や腸チフス、マラリア、赤痢などが主要な原因となっている。このように戦死傷者と病者がほぼ同数となったことについて、当時の東京朝日新聞（明治三八年一一月二五日）は、「古来の戦史上、その例を見ざる処の良成績なり。これ全く医学的進歩の結果なること勿論なれども、なおその近因に就いてもっぱら研究中なりと云えり」と書いている。

余談だが、日露戦争で兵士の下痢性疾患の携行薬として軍医・河西健次が開発したのがクレオソート含有剤「征露丸」（現在の正露丸）である。西南戦争でも兵士の間にコレラが流行するなど、当時の戦争では水因性の伝染病が脅威であったことを考えると、正露丸は兵士に精神的な安心感を与える効果が大きかったのではないだろうか。

高く評価された法律顧問

戦時国際法を軍隊が遵守することが結果的に国益にかなうと判断した明治政府は、戦線に国際法学者を配属し、その遵守を徹底させようとした。日清戦争に従軍した国際法学者・有賀長雄はその後、北清事変（一九〇〇年）、日露戦争にも参謀本部嘱託として配属された。

有賀は一九〇二年、モスクワで開かれた第七回赤十字国際会議に日赤代表として陸軍省法学博士・秋山雅之介参事官（後の法政大学学長）らとともに出席し、北清事変における日赤の救護活動を報告した。また、一九〇九年には日露戦争の体験に基づいて、『日露陸戦国際法論』を著わしている。その冒頭には当時の日本のジュネーブ条約普及への意気込みがにじみ出ている。

「大元帥たる天皇陛下がわが陸海軍の行動をして、国際法の原則に準拠せしむる事をもって念慮とし賜えるは一朝一夕にあらず。故に戦争の法規慣例に関するすべての国際条約に加盟せしめたまい、また陸海軍の参謀勤務に服する将校をして、この法律の原則を暁通せしむるため、陸軍大学校および海軍大学校において国際法の講座を設けたり。」

この本はフランスでも高い評価を得、フランス陸軍の教育教材として採用された。日本では日清戦争後に陸海軍大学校に設けられた国際法講座により、将校に対する国際法教育が次第に充実し、日清戦争時には五〇人だった各部隊配属の国際法専門家は、日露戦争時には三〇〇人を越え、陸海軍省にも国際法専門家が参事官として配属された。陸軍省の秋山参事官は、捕虜に関する一八九九年のハーグ陸戦規則を初めてロシア人捕虜に適用した人物とされている。

なお現代では主要各国の軍隊には法務官が配属されるようになり、自衛隊にも師団毎に二名程度が配置され、国際人道法（武力紛争法）の適正な履行を目指している。

4．ジュネーブ条約の海戦への応用

米西戦争で浮上した海戦の課題

日清戦争の経験から日本の軍部が病院船の必要性を痛感したことは既に書いたが、日清戦争開始の翌年、さらに海戦の犠牲者の保護に関心を集める出来事が北アメリカで起きた。

一八九五年、三五〇年に及ぶスペインの統治下にあったキューバの革命党がスペインに対し反乱に及んだ。これを鎮圧しようとするスペインに対し、アメリカ大統領マッキンレーはキューバ人救済を宣言し、アメリカ赤十字を通じてキューバ国民への支援を開始した。

こうした中で一八九八年二月一五日夕刻、ハバナ港に停泊中のアメリカ巡洋艦「メイン号」が突然爆発、沈没し、多数の水兵が死亡した。これを機にアメリカとスペインの緊張は一気に高まり、四月に至り遂に陸海において戦争状態に突入した。

戦争が海戦の様相を呈することを予想したＩＣＲＣは、スイス連邦大統領を介して両国に対し、一八六八年のジュネーブ条約追加条項を互いに遵守するよう要請した。両国はこれを受け入れ、互いの病院船の中立を尊重するよう軍に指示した。そして船体を白色に塗装して赤十字旗を靡かせたアメリカ赤十字の病院船が歴史上初めて海戦で活動することになった。同船はＩＣＲＣのモアニエ委員長に敬意を表して「モアニエ号」と命名され、その後「赤十字号」「テキサス号」の二隻が就航した。

もっとも、南北戦争から二〇年後の一八八一年に設立されたアメリカ赤十字（当時はアメリカ赤十字協会）は戦争救護の経験が皆無であり、もっぱら平時の災害救護活動が主活動だった。一般に赤十字社の平時活動は、一八八六年に日本赤十字社が磐梯山噴火災害で医療班を派遣したのが世界初といわれるが、アメリカ赤十字協会は一八八一年にミシガン州の山火事被災者救援にあたり、赤十字旗を公式に使用して衣料や寄金の募集活動を行っている。一八八四年のミシシッピ川の洪水災害では、汽船をチャーターしてオハイオ州とミシシッピ州に救援物資を援助している。

米西戦争まで、平時救護の経験しかなかったアメリカ赤十字にとって、この海戦での救護が初の戦時救護となった。

外国との戦争で始めて救護を行うスペイン赤十字社も事情は同じで、一八六八年の追加条項に従い、病院船の確保など海上での救護体制の強化を図ろうとしたが、資金難や陸軍と海軍の対立などから試みは頓挫した。一方、中立国の赤十字社は両国赤十字社に義捐金を送るなど積極的な支援を行った。

戦争はアメリカが勝利し、一八九八年一二月一〇日、パリ協定の締結で終戦を迎えた。これによりアメリカはフィリピン、プエルトリコ、グアム島とキューバを領有することになった。しかし、フィリピンにはスペイン人捕虜数千人が抑留されたままとなり、スペイン赤十字社はＩＣＲＣに対し、捕虜を釈放するための支援を要請した。しかしモアニエはこれを断り、同社に次のように回答した。

「この種の捕虜の釈放支援は赤十字の活動範囲から逸脱すると考える。ＩＣＲＣの活動は傷病者の状態の改善に関することに限定すべきである。もし、赤十字が戦争が引き起こすあらゆる人道問題を解決する機関になろうとするならば、それは赤十字を傷つけることになるだろう。私たちは当初の任務を拡大することには慎重であるべきである。」

ＩＣＲＣは、すでに普仏戦争時に捕虜情報局をバーゼルに開設していたが、モアニエ自身は捕虜の釈放の仲介業務はＩＣＲＣの本来業務ではないと考えていたことをこのエピソードは物語る。日清戦争や米西戦争が浮き彫りにした海戦へのジュネーブ条約の適用と捕虜問題は、その直後に開催されたハーグの世界平和会議の主要なテーマとなる。

一八九九年の海戦の条約の締結

陸上戦を念頭に生まれた一八六四年のジュネーブ条約を海戦にも応用するため、新たな条約草案を準備していたＩＣＲＣは、草案を審議するためにジュネーブで会議の開催を計画していた。

一方、ロシア皇帝ニコライ二世は、計画されていたジュネーブ会議より一足早く一八九九年五月一八日から七月二九日まで、ハーグに日本を含む二六カ国から九四人の代表を集めて第一回ハーグ世界平和会議を開催した。その議題の一つにジュネーブ条約の海戦への応用問題が取り上げられた。

平和会議は軍縮を進め、戦争回避の有効手段を探るため、列強諸国の軍事費抑制と軍備削減を目的にしていた。結果として軍備削減の合意はならなかったが、「陸戦の法規慣例に関するハーグ条約」（および同付属書「ハーグ陸戦規則」）、「一八六四年八月二二日のジュネーブ条約の原則を海戦に応用する条約」（一八九九年のジュネーブ条約海戦応用条約）、「国際的紛争の平和的処理に関する条約」の三つの条約と三つの宣言および最終議定書に記述された諸規定が採択され、国際人道法の発展の歴史に大きな成果を残した。

病院船の保護規定を改善

特に「ジュネーブ条約の原則を海戦に応用する条約」は、実効性のある条約としては初めて病院船の保護規定を盛り込んだ。未批准に終わった一八六八年の追加条項では、病院船とその要員の捕獲はまだ認められていたが、この条約で初めて禁止されるなど、その内容にも大きな進歩が見られた。また追加条項で提案された局外中立とされる病院船の三つの分類も次のように正式に決められた。

1. 軍の病院船＝拘束は可能だが、その任務を中止させてはならない。同船は国旗と赤十字旗を掲揚し、船体には白地に緑の線を施す。（第九、一二条）
2. 傷病者を収容する商船＝中立船と見なされ、国旗と赤十字旗を掲揚する。（第一〇条）
3. 政府から承認された救護社（赤十字）の病院船＝国旗と赤十字旗を掲揚し、船体には白地に赤線を施す。（第一三条）

ここに赤十字社の病院船が軍の病院船同様、正式に国際条約で公認されることになった。日本赤十字社もハーグ会議開催前から病院船建造に着手し、一八九九年、「博愛丸」「弘済丸」を完成させた。

しかし第二次大戦では、極東地域で多くの病院船が攻撃される事態となった。その理由の一つに赤十字標章が病院船の甲板に標示されていなかったことがあげられる。一九〇七年の第二回ハーグ平和会議で改訂された海戦の条約でも、この点は改善されなかったため、上空から攻撃する戦闘機からは病院船の識別が困難だった。この欠陥が戦後、一九四九年の改訂ジュネーブ条約で改善され、甲板への表示がようやく義務づけられた。

ところで、地上（海上）の赤十字標章の大きさと上空からの識別高度についてＩＣＲＣが行った実験によれば、五メートル四方の地上の赤十字標章は、高度二五〇〇メートル以上からは識別できなかった。さらに夜間となると照明があっても標章の識別はさらに困難であり、灯火管制など複雑な条件が重なると、上空からの識別はほとんど不可能となる。この欠点を補うため、現代では電子信号等の採用が一九七七年の追加議定書の成立で実現している。

標章を巡る白熱した議論

海戦での赤十字社の活動が、陸上戦と同じように条約で公認された背景には、ハーグ会議の各国代表の中に各国赤十字社の中枢人物が多数参加していたことがある。中でも著名な国際法学者であるロシア代表のフリードリヒ・フォン・マルテンス、フランスのルイ・ルノーやスイスのエドワール・オディエなどの影響力は特に大きかった。特にルイ・ルノー博士は、ジュネーブ条約の原則を海戦に応用するために最も貢献した人物であり、ハーグ会議で決議された常設仲裁裁判所の設立を推進したことで知られ、この功績により一九〇七年にノーベル平和賞を受賞している。

またハーグ会議では病院船が国旗と共に掲げる赤十字旗に関して、イスラム諸国やアジア諸国から異論が噴出した。

トルコは相変わらず赤新月の標章を、イランは王室の紋章である赤獅子太陽（赤のライオンと太陽）標章を、またタイは仏教に因んだ赤い炎を標章とすることをそれぞれ主張したため、アメリカ代表のマハン将軍は、どの国にも受け入れ可能な新たな統一標章を採用することを提案した。しかし、スイス代表のオディエはこれに反対し、結局、従来通り赤十字旗を掲げることに収まった。

このほか、ハーグ陸戦規則第一編第二章で「捕虜の待遇に関する一七カ条の規定」が決議された。この中では捕虜情報局の設置、捕虜救済協会による支援活動、捕虜の待遇・労働に関する規定などが明記された。これらの捕虜規定は一九〇七年の「ハーグ陸戦規則」にも踏襲され、第一次世界大戦では約七〇〇万人の捕虜がこの規定の恩恵を受けた。

ジュネーブ法とハーグ法の分岐点

また一八六四年のジュネーブ条約も三五年を経過し、不備が指摘されてきたことから、その改訂についてもハーグ会議で議論された。

ロシア政府代表のグリンスキー大佐を始め出席者の多くは、一八六四年のジュネーブ条約を破棄し、ハーグ条約に新たに傷病者の救護に関する条文を加えることを提案した。また軍の衛生部隊の中に「赤十字局」を設置し、その管理のもとで各国赤十字社の要員に軍の衛生部隊と同等の保護を与えるという意見も出された。

これに対し、スイス政府代表でＩＣＲＣの書記を務めていたオディエは、一八六四年のジュネーブ条約を破棄することは、既存の条約に含まれている重要な条文を反故にするおそれがあるとして懸念を表明した。そして戦闘方法を規制するハーグ条約に傷病者保護に関する条文を盛り込むのは不適切であると主張し、傷病者保護の規定は別の機会に協議することを提案した。

この提案が受け入れられ、ハーグ条約付属書第三章に「傷病者に関する交戦者の義務については、ジュネーブ条約に依る」の一文が加えられ、最終議定書は、「スイス政府のジュネーブ条約改訂のための努力に配慮し、条約の改訂を目的として別の会議を召集すること」を勧告した。こうして一八六四年のジュネーブ条約は、別の会議でその改訂を協議することになり、破棄される危機を免れたのである。

また、このハーグ会議で採択されたハーグ陸戦条約附属書としての陸戦規則（陸戦の法規慣例に関するハーグ規則）は、一九〇七年に改訂されるが、この規則はジュネーブ諸条約第一追加議定書の規定（第三五条一項）などとともに現在の武力紛争にも適用され、害敵手段（戦闘手段や兵器使用）を規制する最も重要な国際規則となっている。

現在、国際人道法の二つの体系として、戦争犠牲者保護を主たる目的とする「ジュネーブ法」と戦闘手段や武器使用の制限を主たる目的とする「ハーグ法」という呼称があるが、こうした区別がなされる切っ掛けとなったのは、まさにハーグ会議におけるこうした議論が出発点だったといえる。

このほかこの会議では、人間に使用された場合、不必要かつ過度の苦痛を与えることから、「ダムダム弾（体内拡張弾）の禁止に関するハーグ宣言」と「毒ガスの禁止に関するハーグ宣言」が採択され、気球からの投射物の発射も禁止されることになった。

一九〇六年のジュネーブ条約改訂

一八九九年のハーグ平和会議が一八六四年のジュネーブ条約改訂のための会議の開催を勧告したことから、スイス政府は、一九〇三年九月から一九〇四年五月にかけて各国に会議への参加を求める招待状を送付した。しかし、日露戦争の開戦により会議の開催は困難となり、終戦後の一九〇六年六月一一日、三度目の調整を経てようやく三五カ国の代表が参加するジュネーブ会議が開催された。

会議ではＩＣＲＣの草案について協議が行われ、一九〇六年七月六日、一八六四年のジュネーブ条約の不備を修正した新たな「一九〇六年七月六日のジュネーブ条約」が採択された。

全三三条から成る新しい条約には、死亡者の埋葬に関する条文や安否情報の伝達に関する条文も盛り込まれた。また赤十字社の活動に関する条文が条約の中に初めて明記され、その活動が国際的に公認されることになった。一方で傷者を救護する住民の権利は多少縮小された。また負傷兵を本国に送還させる義務は単なる勧告となった。

この会議でも再び赤十字標章の問題が議論された。日本や中国の代表は、赤十字標章に宗教的な意味がないことを理解していたが、イスラム教国はその宗教性を強く主張した。このため会議は赤十字標章には宗教的な意味がないことを何らかの形で条文に明記する必要が生じた。著名な国際法学者ルイ・ルノーは、条約第一八条の赤十字標章に関する条文の中に、「スイス連邦に敬意を表して、スイスの国旗の色を逆転して」の一文を挿入することを提案したが、これが各国の賛同を得た。ここにスイス国旗と赤十字旗の関連が初めて条約の中に明記されることとなった。これ以後、「赤十字マークはスイスの国旗を逆転したもの」という説明が一般的に行われるようになった。

一九〇七年のハーグ条約の意義

第一回ハーグ平和会議の決議に基づき、一九〇七年六月一五日から一〇月一八日まで第二回ハーグ平和会議が開催された。

日露戦争中で準備ができなかったロシア皇帝ニコライ二世に代わり、今回はアメリカのルーズベルト大統領が各国に参加を呼びかけ、四四カ国が参加した。しかし、日露戦争が終結すると再びニコライ二世が主導権をとり、会議の草案もロシアが提案した。列強国が軍備増強を加速し、戦争の危機が差し迫った中で、いかに平和を維持するかが会議の最大のテーマだった。しかし、この分野での成果はみられなかった。

会議では第一回ハーグ平和会議で成立した「ジュネーブ条約の原則を海戦に応用する条約」「陸戦の法規慣例に関する条約」と同付属書「陸戦の法規慣例に関する規則」(ハーグ陸戦規則)など三つの条約が改訂された他、新たに一〇の条約が採択された。これらの条約のほとんどは海戦に関するもので、このほかに宣戦布告を義務づけた「開戦に関する条約」などが成立した。

特にこの時改訂されたハーグ陸戦規則は、「交戦者は、害敵手段の選択に付、無制限の権利を有するものに非ず」(第二二条)と規定するとともに不必要な苦痛を与える兵器の使用禁止の原則(第二三条e項)を明確にするなど、今日の国際人道法の基本原則を確立し、その後の二度の世界大戦をはじめ、二〇世紀の多くの戦争に適用された。その多くの規定は、第二次世界大戦後に改訂され、一九四九年のジュネーブ諸条約や一九七七年のジュネーブ諸条約追加議定書に受け継がれた。

第三回ハーグ平和会議は第三回世界平和会議を一九一五年に開催することを勧告したが、第一次世界大戦の勃発により開催は頓挫した。

なお、第三回世界平和会議は、第一回平和会議の開催から一〇〇周年を記念し、平和団体やＮＧＯなどの主催により、一九九九年五月にオランダのハーグで開催されたが、時代の状況は一変し、政府代表等の参加のない非政治的な集会となった。

5．国際社会と人道的規範の普遍化

人道の原則の法典化

一八六四年のジュネーブ条約の成立から第一次大戦の勃発まで五〇年。この半世紀にジュネーブ条約は度重なる戦争の教訓を経て次第に発展を遂げていった。あわせて諸国間の戦時の人道的慣行や戦争の人道化への願いは、リーバー法やサンクト・ペテルブルク宣言、ブリュッセル宣言、オックスフォード提要といった形で戦争手段を規制する国際文書に具現化されていった。これらの国際文書のいずれにおいても人道の実現がその目的であることが明確に表現され、人道の法則や人道の要請、人道の理想、人道の発展といった言葉が頻繁に見られる。

人道の要請という概念は、その後日本の軍隊の軍律にも反映されるようになり、大正三年（一九一四年）の海戦法規第三条は、戦争法を遵守させるために指揮官が戦時復仇に訴える権利を認めながらも、「但し、人道に背かず敵の加害行為の程度に相応するものたることを要す」と規定している。（『武力紛争の国際法』）

こうした流れは、人道という倫理的・道徳的規範が国際社会の道義的、普遍的価値として意識され、実定国際法の原則、淵源として確立されていった過程でもある。

その最も象徴的な文言は、一八九九年のハーグ条約前文に挿入された「人道の法則」と「公共の良心」という概念である。これらの概念は、その後の国際法、特に国際人道法の発展にとり極めて重要であり、今日においてもその意義は一層重視されこそすれ軽んじられることはない。
この文言の提唱者となったのは、この会議にロシア代表として参加し、陸戦の法規慣例に関するハーグ条約の策定委員会委員長となったサンクト・ペテルブルク大学教授のフリードリヒ・フォン・マルテンスである。
マルテンスは、ハーグ会議で一八六三年のリーバー法を賞賛し、この法が合衆国の南北両軍の兵士に多大の恩恵をもたらし、その後のブリュッセル宣言へと発展し、人道法の法典化の原動力となったことに言及した。

文明国の人道と良心

一八九九年のハーグ会議は、占領軍に対する人民の抵抗権を巡り意見対立を見たため、抵抗人民の交戦者資格について明文規定を設けることができなかった。この事態を打開するため、マルテンスは一八九九年の陸戦の法規慣例に関するハーグ第二条約の前文第九節に次のような独創的な文言を挿入することを提案した。

「一層完備したる戦争法規に関する法典の制定せらるるに至る迄は、〈中略〉締約国は、〈中略〉人民及び交戦者が依然文明国の間に存立する慣習、人道の法則及び公共良心の要求より生ずる国際法の原則の保護及び支配の下に立つことを確認する……」

マルテンス条項と呼ばれるこの文言は、実定国際法に明文規定がない場合には、文明諸国の普遍的規範とされる人道の法則と公共の良心を基礎にする国際法の原則に従うことを確認したものである。これにより法の空白や欠陥を補おうとするものであり、マルテンス条項は、一種の安全弁としての役割を果たしている。

一般に、条約前文は締約国を直接的に拘束するものではなく条約本文の解釈の基準を示すものとされるが、マルテンス条項にみられる「人道の法則と公共の良心」の要求という原則は、その概念が必ずしも明確ではないが、条約解釈にあたり、その基本的精神を体現するものとして広く承認されてきた。

マルテンスが人道の法則に着目したのには、当時のヨーロッパ社会に対する彼の分析が背景にある。マルテンスは、『文明国家間の国際法』の中で、一九世紀の国際社会に広く見られる思想と国際関係を規律する法則を検討し、その結果、「文明国家主義」と「人道主義」の理念こそが時代を支配する法則であると確信した。それを国際法の原則として採用しようとした彼の発想の具体的成果がマルテンス条項である。

この原則の確立により、国際法はその欠陥や不足部分を最終的に補完する多重安全装置を具備したことになり、新兵器の開発や使用等を巡る議論においても考慮すべき重要な原則と見られている。

現代に生きるマルテンス条項

マルテンス条項は、現代においても国際法文書の中にしばしば引用されている。一九九六年七月の国際司法裁判所（ＩＣＪ）による核兵器の威嚇または使用の合法性に関する勧告的意見は、「マルテンス条項は慣習国際法を構成する」と指摘し、シャハブディーン判事は、国際法の原則が「文明国家の慣習」、「人道の法則」、「公共の良心の命令」を法源としていることに言及し、これらは国連国際法委員会により支持されている重要な原則であると指摘している。

マルテンス条項は、新兵器の使用や地球環境問題など、既存の国際法の明文規定が適用できない場合においても、その合法性、違法性の判断基準として現代でも援用できるといえる。こうした理由により、一九七七年のジュネーブ諸条約追加議定書前文のほかジュネーブ毒ガス議定書前文（一九二五年）、生物・毒素兵器禁止条約前文（一九七二年）、特定通常兵器使用禁止制限条約前文（一九八〇年）などの条約文書にも引用された。さらにイギリスやドイツ等の軍事マニュアルにもその理念が踏襲されている。

さらに現代では、二〇〇〇年の世界自然保護会議の環境保護に関する勧告は、マルテンス条項を引用して「環境保護のより完備した国際法典が採択されるまでは、生物圏及びその構成要素及びプロセスが享受する保護のレベルは、現在及び将来の世代に亘り、確立された慣習及び公共良心並びに人道の基本的価値と原則に由来する国際法の原則の支配の下に置かれる」と宣言している。

こうしたマルテンス条項の意義に着目し、スイスの法学者ハンス・Ｐ・ガッセー博士（ＩＣＲＣ元法律顧問）は、「マルテンス条項は、国際人道法に関心のあるあらゆる法学者が持つべき知識の絶対的な中核の一部を構成する」と述べている。

第Ⅲ部　世界大戦と国際人道法

第6章　大戦下の国際人道法と赤十字

1. 第一次世界大戦と未曾有の惨禍

戦史に残る空前の世界大戦

最初のジュネーブ条約の締結から半世紀を迎えたヨーロッパ社会は、度重なる戦争の中で条約の更なる発展を遂げ、その成果は随所に見られるようになった。

そうしたヨーロッパ世界を襲った世界大戦は、当時のほとんどすべての国々を巻き込む未曾有の戦争となり、それはまた近代と現代を分かつ、歴史の分水嶺としての戦争でもあった。それは国際社会が初めて体験する全国民を動員しての総力戦の始まりであり、国際人道法と赤十字が直面する新たな戦争でもあった。

第一次世界大戦前夜のバルカン半島は、ヨーロッパの火薬庫と化していた。ロシア・トルコ戦争後の平和もほんの束の間だった。

一九一二年一〇月、ブルガリア、セルビア、ギリシャ、モンテネグロの同盟軍がトルコに宣戦布告し、第一次バルカン戦争に突入した。同年一二月、敗戦濃くなったトルコは休戦を求めたが、翌年トルコはマケドニアで敗戦して終戦となった。

しかし今度は戦勝国が互いに分裂し、ブルガリアがセルビア、ギリシャ、ルーマニア、トルコに対し宣戦布告し、第二次バルカン戦争が始まった。この一連の戦争による犠牲者は戦闘員だけでも五〇万人に達している。

さらに一九一四年六月二八日、サラエボでオーストリア皇太子フランツ・フェルディナンド夫妻が反オーストリア運動の一青年に暗殺されると、ヨーロッパ中の国々を巻き込んで第一次世界大戦の火蓋が切られた。

第一次大戦は、戦争犠牲者の保護・救済の歴史にそれまでの戦争とは比較にならないほど大きな変化をもたらした。この大戦では、毒ガス兵器や戦車、潜水艦などの新たな兵器が登場し、航空機による爆撃も初めて実戦で使用された。

激戦で知られるヴェルダンの戦いでは七〇万人、ソンムの戦いでは一〇〇万人の将兵が戦死した。クインシー・ライトによれば、この戦争には連合国、同盟国合わせて六三二一万人が動員され、戦病死者は八五四万人に達したという。まさに主要国の成人男子の多くが動員される総力戦は歴史上、かつてない戦争となった。

これほど多くの犠牲を出した第一次世界大戦であるが、その後の第二次世界大戦で捕虜虐待や集団殺害など重大な戦争犯罪が多発したのに比べると国際人道法の重大な違反行為はほとんど見られなかった。第一次世界大戦時は、すでに一八六四年のジュネーブ条約成立から五〇年を経ており、各国軍隊へのジュネーブ条約の教育も浸透し、兵士の教育訓練と規律維持が比較的良好に保たれていたといえる。

欧州に日赤救護班を派遣

第一次大戦は、各国で多くの犠牲者や難民などを出したことから、傷病兵の救護活動から難民支援活動まで民間機関が本格的な人道支援を開始した最初の戦争でもあった。

日本も日英同盟に基づいて参戦したことから、政府は日本赤十字社に救護員を海外に派遣するよう要請した。これに応え、日赤の救護班がドイツとの戦闘が行われていた中国の青島に派遣されたほか、イギリス、フランス、ロシアにも初めて要員が派遣された。

一行は医師、看護師、事務要員から構成され、一九一四年一〇月から一二月にかけて、イギリスに二六人、フランスに二九人、そしてロシアに二二人が派遣された。彼らの医療活動は現地の傷病兵や救護関係者から高い評価をえた。

一九一四年二月に横浜を出航し、フランスに派遣された救護班は、約一年の長旅をへてパリに到着した。パリのホテル・アストリアを改装して治療を開始した日本赤十字病院の評判は次第に高まり、ポアンカレ大統領も視察に訪れた。特に救護員の規律正しさと手厚い看護、医療技術はフランス国民に賞賛された。現地フランスの新聞は、日赤救護班の看護技術の高さを「戦時病院の模範」として讃えた。

当時の世界にあって日本赤十字社の救護班は、日清戦争、日露戦争、北清事変の救護体験で培った経験をもとに高い医術と看護技術を誇っていた。特に戦傷外科の水準は他国を凌駕しており、日赤救護班は文字通り世界でトップクラスの高い評価を得ていた。

現在、ベルギーのイープルにあるイン・フランダーズ・フィールズ博物館には、「戦線の日本人看護婦」と題するヨーロッパに派遣された日赤看護婦と思われる制服姿の女性の写真が収蔵されている。資料を調査した荒木映子氏（龍谷大学）によれば、写真はオランダ語で「大戦の記憶」と書かれた報道写真の中の一枚であり、アルバムを収蔵していたオランダ人女性から同博物館ノリッジ・センターに寄贈されたものである。当時のヨーロッパが日本人看護婦の姿を目にするのは初めてであり、彼女らが異国の戦場で活躍する姿は特に強烈な印象を与えたに違いない。

日赤熊本県支部からフランスに派遣された看護婦竹田ハツメは、手記の中で「日露戦争の時と今度の戦争の負傷者を比べますと、皆一様に残虐のあとが推察されます。日夜重症患者を取り扱っている私たちですら戦慄を禁じえません」と大戦の悲惨さを綴っている。

空襲による住民の被害

また第一次大戦は空襲などにより、直接、戦闘とは無関係な民間人にも多大な犠牲をもたらした。それまでのジュネーブ条約は主に傷病兵の人道的待遇を規定したものであり、一般住民の保護について明示的に規定する条文は皆無であった。戦争方法を規制するハーグ法においても、一九〇七年のハーグ陸戦条約前文にある、いわゆるマルテンス条項により文明国間の慣習、人道の法則、公共の良心に依拠する国際法の原則を適用することで一般住民を保護するか、陸戦規則第二五条による無防守の都市の住宅、建物への攻撃、砲撃を禁じる規定の適用により保護する程度であった。

二〇世紀初頭に航空機が登場すると、一九一一年から翌年にかけてのイタリア・トルコ戦争で初めて航空機による空からの爆撃が行われた。第一次大戦ではさらに空襲が広範に行われ、空襲からの一般住民の保護が大きな課題となった。

一九〇七年のハーグ陸戦規則も航空戦を想定したものではなく、気球からの投射物を禁ずる宣言があるに止まり、空戦の脅威から一般住民を保護するための実質的な国際法は存在しなかった。こうした中、一九二二年一二月から一九二三年二月まで開催されたワシントン軍縮会議は、一二月一一日、「空戦に関する規則案」を採択した。これは未発効に終わったが、それでも空戦に適用される初の規定が採択された意義は大きい。

空戦規則案の第二二条、二四条は、一般住民に恐怖心を与え、民間物を破壊し、非戦闘員を殺傷することを目的とした爆撃および地上部隊の作戦行動地域から離れた都市への爆撃が禁止された。また、空爆にあたっては軍事目標主義が明確に打ち出され、軍事目標の爆撃が一般住民への無差別爆撃を回避できない場合には、爆撃を中止しなければならないことも規定された。また第一七条は、一九〇六年のジュネーブ条約の原則を衛生航空機にも応用することを規定した。つまり傷病者輸送にあたる航空機にも病院船と同様の地位を保障しようとしたのである。

一九二三年のジュネーブでの第一一回赤十字国際会議でも衛生航空機の保護問題が取り上げられ、一九二五年の第一二回会議は、ジュネーブ条約を空戦に適用するための条約草案を採択した。この草案は一九二九年に改訂されたジュネーブ条約（捕虜条約）の第一八条に生かされ、ここに衛生航空機の保護が初めて条約に明記された。この規定は捕虜条約の成果の陰に隠れてしまったが、一九二九年のジュネーブ条約の最も劇的な改革の一つだったといえる。

航空機は、その後の戦争で患者輸送に画期的な変化をもたらすであろうことは誰もが認めるところだった。第二次大戦では、まさにこれが現実のものとなった。衛生航空機の開拓者の一人であるフランス陸軍予備軍軍医監シッケル将軍は、その機動性について第二次大戦後、次のように述べている。

「アメリカのＣ９７輸送機は、僅か二〇分の準備で担架に乗せた六七人の負傷者と衛生要員を乗せ、日本から合衆国まで三〇ないし四〇時間で九七〇〇キロを無着陸飛行して負傷者を搬送できることを証明した。こうしたことが可能であるという重要性を見逃し、航空機が将来の武力紛争で衛生上の輸送手段になることを否定することは愚かなことであろう。」

実際、その後のベトナム戦争では、負傷兵の迅速な輸送に衛生ヘリコプターが大活躍し、救命率を格段に向上させた。ベトナムのジャングルで負傷した兵士が二日後には故郷の陸軍病院のベッドで看護婦の手厚い介護を受けられるなどと一体誰が想像したであろうか。これはまさに傷病兵の救済史における革命的出来事だったと言っても過言ではないだろう。

日本でも航空機を衛生活動に利用する研究が大正末期に始まり、一九二五年（大正一四年）、第一次大戦の敗戦国ドイツから押収したユンカース機を軍医・寺師義信が陸軍航空本部技術部において改良し、わが国初の衛生航空機が誕生している。

毒ガス兵器の惨劇

また、第一次大戦では毒ガス兵器による惨劇を人類は初めて体験することとなった。

一九一五年四月から五月にかけて、ドイツ軍が毒ガス兵器（塩素ガス）を実戦で使用し、一九一七年七月にはベルギー北西部のイープル近郊で初めてマスタード・ガスを使用した。毒ガスはフランスも使用したが、第一次大戦では約一〇〇万人がその犠牲になったとされる。

毒ガスは生存者にも失明など重い後遺症を残すことから、その非人道性を問題にしたＩＣＲＣは、各地の戦場で毒ガス兵器が広く使用されることに脅威を抱き、その使用を早急に規制することを真剣に考えた。一八九九年と一九〇七年のハーグ条約の「陸戦の法規慣例」も、毒物や毒性ガスの使用を禁止する条項がなかったため、第一次大戦では毒ガスを規制することができなかった。

こうした事態にＩＣＲＣは一九一八年二月八日、交戦各国に対し、毒ガス、窒息性ガス兵器の使用を直ちに止めるよう呼びかけた。

バチカンを含む各国の支持を得たのに意を強くしたＩＣＲＣは、毒ガス使用禁止のアピールに意思を表明していない国々に代表を送る一方、三月には、ＩＣＲＣ副委員長エドゥアルド・ナビルと医師フェリエルをフランスへ派遣し、大統領レイモン・ポアンカレと交渉した。大統領はドイツが使用を停止することを条件にフランスも使用の停止を宣言することを伝えた。さらに五月にはフランスとイギリスはＩＣＲＣの毒ガス禁止の提言を支持する回答を送り、ガス兵器の使用を禁止する条約案を受諾する意向を伝えた。

九月になるとドイツもＩＣＲＣに回答を送り、フランスの毒ガス兵器開発を非難しながらも条約案への基本的な同意を表明した。

毒ガスとともに各国が脅威に感じていたのは当時開発が進んでいた細菌兵器だった。細菌兵器は開発費が比較的安価で済むが、その威力は核兵器にも匹敵するともいわれる。例えば、感染力を高めたボツリヌス菌は、理論的にはたった五〇〇グラムで地球上の全人類を消滅させるだけの殺傷力を持つといわれる。一九八三年のイラン・イラク戦争では、アメリカはボツリヌス菌をイラクに極秘輸出していたことも明らかになっている。こうした細菌兵器を禁止することも急がれていたのである。

毒ガス議定書の締結

一九一八年一一月一一日、ドイツが休戦条約に調印して終戦を迎えると、これまでのＩＣＲＣの毒ガス禁止のための努力は大戦後に設立された国際連盟の外交交渉に引き継がれた。長い交渉の末、一九二五年六月一七日、国際連盟の主導により主要各国間で「窒息性ガス、毒性ガスまたはこれらに類するガスおよび細菌学的手段の戦争における使用の禁止に関する一九二五年のジュネーブ議定書」(通称「毒ガス議定書」)が締結された。

これはハーグ陸戦規則の規定を再確認した上で更に細菌兵器の使用禁止を加えたものとなった。こうしてＩＣＲＣが取り組んだ初めての特定兵器禁止のための行動は実を結んだ。それは戦争犠牲者の保護・救済を目的にしてきたＩＣＲＣの歴史に「武器の使用制限」への取り組みという新たな一ページを加えることになった。これ以後、ＩＣＲＣは核兵器を始め、細菌兵器、対人地雷等の無差別兵器の規制に関する研究を本格的に開始した。

しかし、毒ガス議定書には幾つかの限界もあった。若干の国々は催涙弾を議定書の適用外とすること、また捕虜の暴動鎮圧にガス弾を使用する権利と議定書の未批准国や毒ガスを依然として使用し続ける国には使用する権利を留保した。さらにアメリカは議定書をベトナム戦争が終結する一九七五年まで批准せず、第二次大戦末期の一九四四年以降、日本の都市への毒ガス攻撃を計画していたことも明らかになっている。

また批准しても、その後、条約を遵守しない国も少なくなかった。イタリアは一九二八年に批准したが、一九三五年から翌年にかけてのエチオピア紛争で毒ガスを使用し、批准国エジプトも一九六七年にイエメンとの紛争で使用した。また一九三一年に批准したイラクは一九八八年三月にイラク東部のクルド人自治区ハラブジャでマスタード・ガスなど複数の毒ガスを使用し、女性や子供など五千人が死亡し、国際的な非難を浴びた。今日に至っても同地域では化学兵器の影響が疑われる障害児の出生やガンの発生がみられる。

またイラクは一九八四年のイラン・イラク戦争でも複数の毒ガスを使用し、この時は負傷したイラン兵の一部が来日し、成田赤十字病院などで治療を受けた。日本が毒ガス戦の犠牲者を治療したのはこれが最初といわれている。当時のイラクは神経ガス・タブンやVX、サリンも保持していたことが明らかになっている。また、アメリカ軍は一九九一年の湾岸戦争で兵士の捜索救助活動でイラク兵に対する催涙弾の使用を認めていたことも知られている。

このように、毒ガス議定書の違反とそれに類する行為は後を絶たず、毒ガス禁止の努力は最も公然かつ大胆に蹂躙された顕著な例といえるかもしれない。

進歩した医療技術の恩恵

第一次大戦では負傷兵の数も膨大にのぼったが、同時に負傷兵の治療においても新たな技術が投入されるなど大きな進歩もみられた。

フランスでは、他のヨーロッパ諸国同様、赤十字の救護班が多くの傷病兵の収容看護に尽力したが、二度のノーベル賞を受賞したマリー・キュリーがレントゲン車をはじめて負傷兵の治療に活用して体内の弾丸や砲弾破片の場所の特定を容易にし、弾丸摘出手術に大きく貢献した。これにより四肢切断を免れた兵士も多かった。

また、負傷兵の治療に使用する脱脂綿が不足したことから、アメリカのキンバリー・クラーク社は、一九一五年、アメリカ陸軍とアメリカ赤十字との共同で脱脂綿の代用品として綿花より安くて綿花の数倍の吸収力を持つセルコットンを開発した。セルコットンは、一九一八年から米軍と赤十字社に供給され、包帯などに使用されたが、戦後はクリネックス・ティッシュとして一般に販売されるようになった。

また、一九一六年、イギリスの彫刻家フランシス・ダーウェント・ウッドは、弾丸や砲弾炸裂により顔面を損傷して完治が見込めなくなった兵士のために、欠損部分を補う顔面補綴《ほてつ》マスクを考案した。ウッドの活動に触発されたフランスの彫刻家アンナ・コールマン・ラッドやジャンヌ・プープレも赤十字を通じて顔面補綴マスクを製作し、負傷兵の社会復帰や自尊心の回復に大きく貢献した。顔面補綴マスクの製作工房には負傷兵らの注文が殺到したという。

2．捕虜の待遇改善への取組み

国際捕虜中央局を開設

また、この戦争では主要国のほとんどが戦争に参加したことから、多数の交戦国が複雑な捕虜問題を抱えることになった。そのためＩＣＲＣは捕虜支援活動を強化する必要性に迫られたが、当時のジュネーブ条約には捕虜の待遇を詳細に規定する条文はなく、一九〇七年のハーグ陸戦規則第一款第二章で捕虜の人道的待遇や捕虜の給養に関する抑留国の義務などについて一七カ条の規定があるだけだった。

ＩＣＲＣは開戦翌月の一九一四年八月二一日、交戦国の捕虜情報局の活動を仲介する国際捕虜中央局（後の安否調査局）を開設し、家族との安否情報の交換業務を開始した。ジュネーブ市のアテネ通りに面した捕虜中央局事務所（すぐに手狭になり翌月に移転）でこの業務に当たっていた多くのボランティアの中には著名なフランスの文学者ロマン・ロランもいた。彼は「何か人道的な使命に触発されて」この仕事に志願したが、その業務を「お役所的で退屈な仕事」と日記の中で記している。

当初、捕虜中央局は、捕虜に対する家族からの小包、送金手続きなども仲介していたが、のちにスイス、デンマーク、オランダ、スウェーデンなどの中立国の郵便制度がこれを引き継いだ。

また当時の捕虜の待遇には国際的な統一基準がなかったため、捕虜に許可される手紙や受領できる小包の回数、食糧、被服の支給状況、給養費の額などは抑留国により異なっていた。これを改善するため、ICRCは各国に捕虜の待遇に関する相互協定の締結を奨励する一方、一九一五年一月一五日、各国赤十字社を通じて各国政府に捕虜の待遇に関する基準を提案した。これに応えてドイツは捕虜規定を整備した。当時の日本はすでにこの基準を満たしていたため、日本赤十字社はICRCに日本の状況を報告している。

抑留施設の訪問を開始

ICRCは各国の捕虜抑留施設への訪問も積極的に展開するようになった。しかし、抑留国の許可が容易に得られないことや世界各国の抑留施設に要員を派遣する経費が重荷であったことなどから、実施できる訪問は大幅に制限された。そこでICRCは、各国に駐在するスイスの実業家などをICRC代表に任命し、抑留国との連絡を維持することとし、これにより迅速で効率的な活動ができるようになった。

こうして一九一七年頃から捕虜の抑留国に居住するスイス人が委員会代表に任命されるようになった。日本では、横浜在住のスイス人医師フリッツ・パラビッチニがICRC首席代表に任命された。パラビッチニは親日家で知られ、第二次世界大戦中も駐日代表として活動したが大戦末期に鎌倉で病没している。

結局、第一次大戦が終結し、各国の捕虜の本国帰還が終了した一九二三年までに四一人のICRC代表が五二四カ所の捕虜抑留施設を訪問し、捕虜の待遇改善に務めた。代表が派遣された国々はフランス、イギリス、ドイツ、イタリア、オーストリア・ハンガリー、ブルガリア、ルーマニア、ロシア、エジプト、インド、ビルマ、ポーランド、マケドニア、ボヘミア、日本など多くの国々に及んだ。

また第一次大戦の終結までにジュネーブの国際捕虜局は四八〇万件の安否調査票を作成し、一八五万個の慰問品を捕虜に届け、スイス政府の仲介により一〇万人の捕虜の本国帰還を実現した。こうした大戦中の人道的活動が評価され、一九一七年、ICRCにノーベル平和賞が授与された。同捕虜局は、終戦後も捕虜の帰還業務を実施したのち、一九一九年一二月三一日にその役割を終えて閉鎖された。以後はICRCがその業務を引き継ぎ、退役軍人の恩給受給のための証明書の発行や行方不明者の照会などを行った。

一九二九年の捕虜条約の締結

第一次大戦は、一九〇七年のハーグ陸戦規則中の捕虜の待遇に関する規定の不備を明らかにした。

終戦後の一九二一年、ジュネーブで開催された赤十字国際会議は、捕虜の更なる待遇改善を本格的に協議するため、別の会議の開催を決定した。この決議を受けてスイス連邦政府は、一九二九年七月一日から二七日までジュネーブで捕虜の待遇改善問題と一九〇六年のジュネーブ条約を改訂するための外交会議を召集した。

外交会議はICRCが提出した条約草案をもとに議論され、七月二七日、「一九二九年の捕虜の待遇に関するジュネーブ条約」（捕虜条約）が採択された。また、一九〇六年のジュネーブ条約も併せて改訂された。

捕虜条約は、第一次大戦中に捕虜に適用された一九〇七年のハーグ陸戦規則の一七カ条の規定を九七カ条に増補し、捕虜への復仇を禁止する規定、捕虜の労働条件と刑罰に関する規定、集団罰の禁止に関する規定、捕虜代表の任命制度の新設、捕虜の待遇の管理機構としての利益保護国の制度などの規定を追加した。

またこの条約で、ＩＣＲＣが初めて常設機関として中央捕虜情報局を設立することも規定された。さらに、ＩＣＲＣが人道問題について自主的に介入できる人道的イニシアチブをとる権利も条文上に明記された。人道的イニシアチブとは、あらゆる政治的意見や圧力に左右されずに、ＩＣＲＣが独自の判断で人道活動を率先して実施できる権利である。この行使の一環として行うＩＣＲＣの活動に各国政府は便宜供与を行うべきことが今日のジュネーブ条約には明記されている。

一九二九年の捕虜条約には六一カ国が署名し、ナチス政権下のドイツも一九三四年二月二一日にこれを批准したが、日本を始めアルゼンチン、イラン、フィンランド、キューバ等は批准せず、ソ連は署名も批准もしなかった。各国で異なるこうした対応は、第二次世界大戦時の捕虜の待遇に深刻な影響を与えることとなった。

平時活動での標章使用を承認

他方、改訂された一九〇六年のジュネーブ条約は、その第一八条で衛生航空機の保護を規定したほか、第一九条でイランの赤十字組織が使用していた赤獅子太陽標章を正式に承認した。また第二四条で赤十字標章を各国赤十字社が平時の活動において自社を表示するロゴ標章として使用することを認めるなど、赤十字活動を促進するための様々な改善策を盛り込んだものとなった。

さらに、それまでの条約では交戦国の一つがジュネーブ条約の締約国でない場合には、いずれの国にも条約が適用されないという総加入条項が規定されていたが、改訂条約ではこれが削除されたことにより、いかなる加入国も条約に拘束されるようになった。これは国際人道法の履行確保の上では画期的な改革といえるものだった。

第一次大戦後の一九一九年に米国のウィルソン大統領の提案がきっかけで設立された赤十字社連盟の理事で

あった日本赤十字社の蜷川新は、昭和一一年（一九三六年）に次のように書いている。

「一九二九年にジュネーブ条約の改正があったが、日本はまだ批准をしていない。この改正会議に日本からは一人の学者も赤十字社の人間も行っていない。軍人だけが行ったのである。批准していないからこの条約の内容は世間に出ていない。一部の人だけが知っているくらいのものである。明年の赤十字国際会議ではこの批准の問題が出るに違いない。未批准は日本がジュネーブ条約に重きを置いていないことの証拠だと言われても仕方がない。」（『人道の世界と赤十字の精神』）

軍国主義への道

蜷川が指摘した通り、この頃の日本政府の対応はジュネーブ条約の普及に努力を惜しまなかった明治政府の姿勢とは対象的だった。こうした怠慢の当然の帰結として日本は第二次大戦後、捕虜に対する虐待行為を糾弾され、これらの戦争犯罪は戦後の極東軍事裁判で裁かれることになる。

このような日本政府の変化はなぜ起きたのだろうか。こうした変化が日本が軍事力を背景にして国力を強めていった時期から起きていることは興味深い。

日本は明治期以来、国際法を遵守することにより文明国としての地位を確立することを目指してきた。それは一定の成果を挙げ、東洋で唯一の文明国としての地位をほぼ確立したのが明治末期である。しかし、国益のためにその遵守が必要だと考えてきた国際法は、日本が国際社会で一層の権益拡大を図るようになると次第に足枷になるという意識が見られるようになってゆく。

それは、一九二八年の不戦条約加入への態度や一九三三年の国際連盟脱退時の意識にも見ることができる。不戦条約を批准した当時の田中義一外務大臣は、「戦争は放棄するといっても、国家の存亡を犠牲にすることはできぬ」として、自衛の権利まで放棄したわけではないと公言した。この認識は当時の列強諸国の常識ではあったが、こうした世相は国際法遵守による不平等条約の破棄に躍起となっていた頃の日本の姿勢とはかなり異なるように思われる。

やがて、その後の日支事変（一九三一年）と日華事変（一九三七年）も自衛を名目に始められた。不戦条約で戦争が禁止されていたため、両戦争を「事変」と呼んで辻褄あわせも図った。国連からの脱退も、権益拡大競争参入国の後発組である日本にとり重荷となった国際秩序からの離脱による独自路線への舵きりと見ることもできる。当時の世界情勢と日本が置かれた苦しい状況を考慮すれば、その他の選択肢があったかどうかはともかく、こうした独自路線が日本を次第に袋小路に追いやることになる。

このように、明治期以降、日本の発展を促してきた国際法の遵守による文明国家への道は、その地位をほぼ手中にした頃から国力増強の足枷と考えられるようになってしまった。それは第二次世界大戦に至る国家主義の台頭と表裏関係にあるようだ。

3．第二次世界大戦と総力戦の犠牲

国際連盟体制の挫折

人類史上空前の惨禍をもたらした第一次大戦の経験から、世界は国際問題を解決する手段として戦争を永久に放棄する道を選択した。それまで紛争解決の手段としての戦争を容認していた無差別戦争観に立つ国際社会が、はじめて戦争を違法とする戦争違法化へ歩みだしたのである。

一九二〇年一月の国際連盟の設立はそうした願いの結晶であるが、ウィルソン大統領の理想により設立された国際連盟には、アメリカ自身が上院の反対により参加できなかった。またその後、参加が実現したソ連とドイツも、一九三三年に日本とともに連盟を脱退してしまった。また連盟総会決議は全会一致で行われたため、各国の利害が対立する問題には有効な決議ができなかったことや、また連盟理事会の勧告も理事会員全部の同意を得られない場合には、「連盟国は正義公道を維持するため、必要と認める処置を執る権利を留保する」ことが認められ、戦争に訴えることは必ずしも禁止されていなかった。このように連盟は当初から脆弱な体質を秘めていた。しかし、赤十字の視点から見ると国際連盟規約は画期的な条文を盛り込んでいた。

連盟規約第二五条は、「連盟国は全世界に亘り健康の増進、疾病の予防、又苦痛の軽減を目的とする公認の国民赤十字篤志機関の設立、及び協力を奨励促進することを約束する」と規定し、ジュネーブ条約を除けば、国際条約としては初めて赤十字組織に言及し、各国に対して赤十字社の設立を促進するよう奨励した。この規定が弾みとなり、各国における平時活動が急速に発展することになる。世界大戦の教訓から平時事業の強化へと大きく舵を切り始めた赤十字運動は、一九一九年五月、戦勝国のアメリカ、イギリス、フランス、イタリア、日本の五カ国の赤十字社が中心となり赤十字社連盟を設立し、これにより赤十字の平時活動はさらに活発になっていった。

一方、平和への取組みとしては、国際連盟の不備を補い国際平和の基盤を強固にするため、一九二八年、フランス外相ブリアンとアメリカ国務長官ケロッグにより不戦条約（「戦争放棄に関する一九二八年のパリ条約」。ケロッグ・ブリアン条約ともいわれる）が締結され、国際間の紛議を解決する手段として戦争に訴えることを禁止した。これにはアメリカ、日本、ソ連など六〇カ国以上が加入・批准したものの、わずか三カ条の簡単な条約には違反に対する実効ある規定がなかった。また「政策の手段としての戦争」、つまり侵略戦争が禁止されたのであり、各国は一般に自衛権は認められていると考えていた。

とはいえ、この条約は戦争放棄と紛争の平和的解決を初めて明確に規定した画期的な国際条約であった。この功績によりケロッグは一九二九年にノーベル平和賞を受賞している。ブリアンは、ロカルノ条約締結の功労者として既に前年に平和賞を受賞していたため、ダブル受賞はならなかった。

第一次大戦後、ICRCも平和のための行動を積極的に展開するようになった。一九二一年の赤十字国際会議では、赤十字社連盟と共同で世界が国際の平和への関心を一層深めることを期待し、「世界に未だに蔓延している戦争の精神とすべての人々が戦うこと」を訴える異例のアピールを出した。これ以降、赤十字の諸会議において、平和への努力を促す決議が度々行われるようになった。一九三〇年にブリュッセルで開かれた第一四回赤十字国際会議は、戦争の気配が一段と高まった国際社会を憂慮し、それまで赤十字の会議では前例のない「平和の維持と諸国間の和解のための赤十字の役割」に関する決議を採択した。

平和のためのこうした努力にも拘らず、国際社会は第二次世界大戦の勃発を防ぐことができなかった。

史上最大の戦時救護

ヨーロッパが第二次世界大戦に突入すると、ICRCは未体験の世界大戦に備えるため「戦時活動委員会」を設置し、第一次世界大戦を上回る規模で中央捕虜局を組織し、活動の準備に入った。

第二次大戦では各国の赤十字社が主として自国の傷病兵への医療救護を行ったのに対し、ICRCは、主として各国に抑留されている捕虜と民間人への援助を行った。また一九四一年には平時活動を担当する赤十字社連盟との間に「国際赤十字合同救済委員会」を設置し、相互に協力して犠牲者の保護救済に当たることを申し合わせた。

一方、この戦争では主要都市への無差別爆撃が広く行われ、一般住民の犠牲者は第一次大戦を遥かに凌ぐものとなった。また、ヨーロッパの交戦国の多くが封鎖政策などによる食糧不足から飢餓に見舞われた。特に敵対国間の食糧や生活物資の輸送は困難を極めたため、ＩＣＲＣは、赤十字社連盟と共同で独自の物資購入機構を作り、赤十字の専用トラックや特別車輌を駆使してヨーロッパ全域で生活物資の配給を行った。

またＩＣＲＣは封鎖政策の影響で機能しなくなった海上輸送を確保するため、「赤十字輸送基金」を設立してスイス国旗と赤十字旗を掲げた赤十字船による物資の輸送を実施した。

日本でも大戦末期に連合軍により主要港湾が空中投下機雷により封鎖されたため、満州からの輸入は封鎖以前の一〇分の一にまで激減し、これが食糧事情を極端に悪化させた。このように生存に不可欠な物資を封鎖して、一般住民を飢餓に陥れるような戦闘方法は、戦後、ジュネーブ諸条約で禁止されるようになった。

この大戦でＩＣＲＣは世界八一カ所に代表部を置き、開戦時の一九三九年九月には、ドイツ、フランス、イギリス、ポーランドにＩＣＲＣ代表を派遣し、一九四〇年に戦火が拡大すると、更にドイツへの派遣代表数を約三〇人にまで増強した。しかし、ソビエトにはソビエト政府が拒絶したため、代表を派遣することができなかった。日本およびその占領地域では、当局の許可を得て東京、上海、香港に代表を送ることができたが、フィリピン、ボルネオ、シンガポールには代表を置くことが出来なかった。

条約未批准国の捕虜の惨状

この戦争で適用された一九二九年のジュネーブ条約は、「戦地軍隊の傷病者の保護条約」と「海戦の犠牲者の保護条約」および「捕虜の待遇に関する条約」から構成されていた。しかし、ソビエトや日本のように「捕虜の待遇に関する条約」に未加入または未批准の国があった。

ＩＣＲＣは、既に一九二九年七月二七日に未批准国一一カ国に批准を勧奨していたが、さらに日本が太平洋戦争に突入する前年の一九四〇年八月六日、外務大臣宛に捕虜条約への批准を促す書簡を送り、日本赤十字社に対しても同年八月一一日、政府への働きかけを行うよう要請した。また、アメリカ、イギリス、カナダ、オーストラリアなどの連合国も日本に対し、捕虜条約を遵守するよう申し入れた。

これに対し政府は、「捕虜条約の趣旨は分かるが、日本は他国と国情が異なるので捕虜条約に参加する必要はない」と回答した。しかし、真珠湾攻撃の後の一九四二年二月三日には、東郷茂徳外務大臣は在ジュネーブの三谷隆信公使を通じて、「日本は捕虜条約の未批准国であり、同条約に拘束される立場にないが、捕虜に対してはできる限り同条約を準用し、食糧、被服については各国、各人民の習慣を尊重する」ことをＩＣＲＣに通知した。にもかかわらず、大戦後、日本は捕虜に対する多くの非人道的な待遇を指摘される結果となった。

日本の捕虜情報局作成の捕虜取扱記録によれば、日本の捕虜となった連合軍将兵は三五万人に及ぶ。このうち死者は三万三〇〇〇人で、死亡率は捕虜の約一〇％となっている。また別の研究者データでは、死亡率一七％という数字もある。これらはドイツに抑留された連合軍捕虜の死亡率一％と比べても格段に高い数値を示している。

またフランスには、ドイツ兵が大半を占める一〇六万人の枢軸国捕虜がいた。このうち少なくとも二万四〇〇〇人（約二％）が収容所で死亡したと見られている。それでも、日本での捕虜死亡率に比べれば遥かに低い数値である。

だが、日本軍による捕虜に対する虐待とされてきたものの多くは、実際には言われているほど意図的なものではなかったという見方もある。

元防衛大学校教授で大戦中、自らも捕虜収容所の管理業務を経験した故足立純夫氏によれば、日本は捕虜条約の内容を一般的には誠実に履行しようとしていたという。足立氏自身の体験として、東京・大井町の捕虜収容所に抑留されていたオーストラリア兵捕虜のために当時、一般の日本人には入手が困難だった牛乳を横浜郊外まで調達に出かけた苦労話を筆者に話している。同氏は、大戦中、日本が捕虜待遇に関する基本法令を一五件、主要通牒類七六件を整備していたことにも日本の努力が表われているとしている。日本赤十字社の文献からも一九四二年から一九四五年までにＩＣＲＣを含む利益保護国から要求された捕虜収容所への訪問要請に日本はほぼ誠実に応じていることが分かる。

さらに、昭和一八年七月にＩＣＲＣ駐日代表となったマックス・ペスタロッチは、大村捕虜収容所を始め全国二六カ所の文民・捕虜収容所を訪問し、連合国捕虜の待遇はおおむね良好であるとして次のように報告している。

「(中略)しかしながら、世界的戦争の渦中においてやむを得ない事情もあり、また彼らの風習の相異による不便も少なくないものがあって、彼らの希望を悉く満たすことができないこともあるが、これらは絶え難いほどのものではなく、次第に馴れつつある。」

想定越えた大量捕虜の運命

こうした報告を見る限り、捕虜への待遇は少なくとも日本国内の捕虜収容所に関する限り、ＩＣＲＣの目にはさほど過酷なものとは映らなかったようである。「バターン死の行進」や「アンボン島の捕虜処刑」など捕虜虐待が問題となった外地の捕虜収容所の状況とは内地の事情は異なっていたのかもしれない。

このほか、捕虜の状況が特に悲惨だったのは、捕虜条約の未批准国であるソ連とドイツに抑留された両国の捕虜だった。ソ連に抑留された三〇〇万人のドイツ人捕虜は、条約の適用を受けることなく約三分の一が死亡したといわれる。これに対し、ドイツも同様の復仇（違法行為に対する報復）措置を取ったため、五七〇万人のソビエト人捕虜のうち三三〇万人が死亡したといわれる。しかし連合軍捕虜の一般的な死亡率はドイツにおいても平均値を超えることはなかった。これらの事実は捕虜条約の批准は、通常の状況下では一般的に捕虜の生命保護に有効であったことを示唆している。

しかし、なぜ第二次大戦では、あれほど多くの捕虜が犠牲となったのだろうか。それを人道意識の希薄さだけで説明することは困難である。

その理由の一つとして考えられるのが、交戦国の想定を越えた膨大な数の捕虜の発生である。抑留国の捕虜管理能力や利益保護国、ＩＣＲＣの対応能力を遥かに越えた捕虜の発生という現実が、捕虜への適正な処遇を困難にし、悲惨な結果を招いたという一面もあるのではないか。

捕虜の収容・管理は、捕虜を捕獲した軍隊に相当の負担を強いるものとなる。捕虜への食糧、被服の提供は、自軍の兵士にすら、それらを十分に供給できない軍隊にとっては最大のお荷物となる。それは十分な補給が期待できない外地では特に顕著だった。こうした状況下におかれた場合、ジュネーブ条約は捕虜の生命を保護するために捕虜の解放を想定しているが、日本軍にとりこうした選択はありえなかった。その結果、未曾有の悲惨な事態を招いてしまったと考えられる。

ここで忘れてはならないことは、戦争の極限状況下で犠牲になったのは捕虜だけでなく、特に南方に出兵した日本軍の多くの将兵が無残な死を遂げたことである。例えば、ビルマ戦線では三二万八〇〇〇人の将兵のうち、一九万一〇〇〇人が戦傷病死しており、その死亡率は六〇％にも達している。日本兵がこうした過酷な状況下にあった当時、捕虜の運命がいかに過酷なものであったかは想像に難くない。それは捕虜の虐待を正当化するものではないが、捕虜が適正に待遇されえない客観的状況があったということである。

こうした中で第二次大戦中にＩＣＲＣが行った捕虜収容所への訪問は延べ一万一〇〇〇回に及んだ。捕虜への援助物資の量は四四万五七〇〇トン、約三四億スイスフラン相当に及んだ。また中央捕虜情報局は、捕虜と家族の間で一四〇〇万通の手紙を仲介し、二四〇〇万通の赤十字通信を取りついだのである。

捕虜になれなかった投降敵国人民

また第二次大戦の終戦末期には、捕虜とは異なる扱いを受ける投降兵士が多数発生した。特に終戦により、連合軍に投降した多数の日本兵は、大戦中に投降、捕獲された捕虜とは区別され、連合軍により投降敵国人民(Surrendered Enemy Personnel＝ＳＥＰ)として扱われることが多かった。

このような概念は一九二九年の捕虜条約では想定していないが、この背景には連合軍の管理能力を超えた膨大な数の投降兵士が終戦とともに発生したことがある。

捕虜条約によれば、捕虜を捕獲し、抑留する当局は、捕虜の住居、給養、被服の提供をはじめとする多大な負担を強いられることになるが、こうした負担を嫌った連合軍は多数の日本兵を捕虜条約上の捕虜とは認めず、一方的に武器を放棄して投降してきた敵国人として扱い、彼らへの捕虜条約の適用を免れようとした。これによりSEPは、捕虜としての労働等を強制されない代わりに自らの生命、安全を維持するための食糧などを自給自足することを余儀なくされた。

しかし、こうした投降兵をいかに呼称しようとも、その本質は捕虜条約上の捕虜に該当するのであり、こうした連合国の扱いは本来の条約の趣旨とは異なる。とはいえ、捕虜を管理下に置けない場合、条約は捕虜を武装解除して解放することを勧奨していることを考慮すれば、こうした取り扱いを違法とするのは困難かもしれない。SEPの問題は、終戦とともに捕虜条約が想定しえる規模を遥かに超えた大量の投降兵士（捕虜）が発生した第二次大戦の特徴を反映したものでもある。

4．激増した民間人の犠牲者

無差別爆撃による大量殺戮

第二次大戦は、それまでのいかなる戦争にも増して大量の一般住民の犠牲をもたらした。その数は戦争犠牲者の約半数に達した。それまでの戦争では、犠牲者の比率は戦闘員が圧倒的に高かったが、第二次大戦では戦闘員と民間人（文民）の犠牲者の比率はほぼ拮抗した。

その理由は原爆投下を含む大規模な無差別爆撃、そしてホロコーストに象徴される民間人の組織的な殺戮が空前の規模で行われたことによる。

第一次大戦後、航空機による空襲から一般住民を保護することが真剣に模索されてきたが、第二次大戦では空襲を規制する実効性ある条約は空白状態にあった。それが都市部への大規模な空襲による一般住民の大量の犠牲を引き起こした一因であった。

一九三二年から一九三四年に開かれたジュネーブ軍縮会議で空からの爆撃問題が取り上げられたが何の成果も得られなかった。

その後、イギリスのネビル・チェンバレン首相は、一九三八年六月、国際法の一般的原則を適用することで空襲を禁止することをイギリス下院で訴えた。そして九月三〇日、ロンドンで開かれた国際連盟総会はチェンバレン首相の提案した「住民への意図的な爆撃の違法化」「空爆の対象は軍事目標に限定し、目標を識別すること」「軍事目標の爆撃にあたっては、近隣住民の巻き添えを防ぐこと」の三つの原則を柱とする「戦時における空襲からの一般住民の保護」に関する決議を採択した。しかし、これらの原則も第二次大戦では完全に反故にされてしまった。

さらに一九三四年に東京で開かれた第一五回赤十字国際会議は、戦争の災禍から一般住民を保護する試みとして、ＩＣＲＣの作成した「戦時における一般住民の保護条約草案（通称、東京草案）」を採択し、領域内および占領地における敵国文民の保護について取り決めた。しかし、一九四〇年に予定していた外交会議は、第二次大戦の勃発により中止となり条約の成立は頓挫してしまった。

他方、一九三八年の国際連盟総会に併せてロンドンで開かれた第一六回赤十字国際会議は、東京草案の精神に沿って再び各国政府に空襲を禁止する規則の採択を求めた。その中で一般住民を空襲から保護するための規則草案、病院地帯の保護に関する規則草案および無差別爆撃の禁止を求めるアピールが提案されたが、これらの提案も各国政府代表の合意を得るに至らなかった。こうして世界は空襲から一般住民を保護する実効ある規則を持たないまま第二次大戦に突入してしまった。その結果、一五〇万人もの人々が空襲の犠牲となった。このうち六〇万人がドイツで、また三六万人が日本で死亡したと見られている。

もし、これらの空襲を規制する法が実効性ある条約として結実していたならば、第二次大戦の空襲による一般住民の犠牲者ははるかに少なかったに違いない。

ヒロシマとジュノーの活動

空襲による一般住民の犠牲は、一九四五年八月六日と九日の広島と長崎への原爆投下でその極致に達した。一般に第二次大戦以前の戦争では、民間人より戦闘員の死亡者が多かったが、第二次大戦ではこれがほぼ拮抗し、大戦後の朝鮮戦争やベトナム戦争ではこの割合は逆転した。現代の武力紛争では民間人の死亡者が八〜九割に達するといわれる。仮に核戦争ともなれば民間人の犠牲はこれより遥かに多くなると予想される。広島、長崎の原爆による民間人の多大な犠牲は無差別大量破壊兵器が及ぼすこの事実を如実に物語っている。ＩＣＲＣの代表はこの現実を直接目撃することになった。

第二次大戦中のＩＣＲＣ駐日首席代表は、戦前から横浜に在住するスイス人医師パラビッチニだったが、大阪ではフリッツ・ビルフィンガーが代表として活動していた。しかし、昭和一九年一月末にパラビッチニ代表が死去すると、ジュネーブのＩＣＲＣは後任として医師マルセル・ジュノーの派遣を政府に通知してきた。政府は当初、この申し出を拒否したが五月になってようやくこれに同意した。

ジュノーは同年一一月、日本のビザを取得し、翌一九四五年六月一一日、ジュネーブを出発した。戦時下の日本への渡航は容易ではなく、彼は中立国や枢軸国の支配下にないテヘラン、モスクワを経てシベリア鉄道で満州に至り、八月六日、まさに広島に原爆が投下された運命の日に東京に到着した。

終戦後の八月二五日から三〇日まで、被爆後の広島を調査したビルフィンガーは、東京にいたジュノーに電報を送り、原爆の言語に絶する惨状を伝えるとともに被災者救済のために医薬品の援助を訴えた。こうしてジュノーは、ＧＨＱの協力を得て調達した大量の医薬品を携えて広島入りすることになった。

ジュノーの報告から原爆が人類に及ぼす圧倒的な破壊力に震撼したＩＣＲＣは、九月五日、各国政府に対し、空爆の脅威から一般住民を保護することを訴えるアピールを発した。これは原爆の使用制限を訴えた世界で最初のアピールといわれている。

核兵器の使用は合法か違法か

戦後、原爆使用の違法性について世界で初めて判断を示した下田裁判では、昭和三八年一二月七日、東京地方裁判所判決は原爆投下は、「当時の実定国際法（条約及び慣習法）に反する違法な戦闘行為である」と判示した。当時、原爆という新兵器を個別的に禁止する国際条約はなかったが、この判決が参照した違法性の根拠となる国際法の諸規則は、①不必要な苦痛を与える兵器の使用を禁止する諸規定（サンクト・ペテルブルク宣言、ダムダム弾禁止宣言、ハーグ陸戦規則第二三条など）、②無防守都市への無差別攻撃の禁止規定（ハーグ陸戦規則第二五条、空戦規則案第二四条）、③戦闘行為を規制する慣習国際法、だった。

判決は、一九二三年の空戦規則案は未発効で実定法とはいえないが、国際法学者により空戦に関する権威ある文書と見なされ、その第二四条で無防守都市への攻撃を禁止していること、また都市への空襲は地上への攻撃であるから陸戦の法規慣例が適用されること、さらに空戦規則案の基本条項は国際法の慣行に一致することなどから、原爆の投下は無差別攻撃を禁止した慣習国際法に違反すると結論づけた。

その後、一九六一年一一月二四日の国連決議一六五三は、「核兵器・熱核兵器の使用は、国際連合の精神・文言および目的に反し、それ自体、国連憲章の直接的な違反である」と宣言し、核兵器の使用が国際法規と人道法規に違反することを総会として初めて明確にした。

しかし、現在でも核兵器を個別的に禁止する国際文書がないことなどから、軍事目標のみを限定的に破壊できる核兵器ならば必ずしも違法とはいえないといった見解もある。

こうした中、国連総会とＷＨＯは、ハーグの国際司法裁判所に対し、核兵器の使用または威嚇の合法性、違法性についての司法的判断を求めた。

一九九六年七月八日の同裁判所の勧告的意見によれば、核兵器の使用は、民間人(物)と軍事目標を無差別に攻撃する武器の使用を禁止し、不必要な苦痛をもたらす戦闘方法を禁止する一般国際法の原則に違反すると判断した。しかし、国家が存亡の危機にあるような場合においては、その使用が合法か違法か判断できないとした。

元来、戦争自体が国家の存亡をかけて行われるのが常であったことを想起すれば、それを理由に判断を留保することは釈然としないものがあり、国際人道法の適用に二重のハードルを科すことになるだろう。あらゆる状況下で、すべての国家を拘束する強行規範(ユス・コゲンス)としての性格を有する人道法の原則に照らせば、例外的な適用除外に含みを持たせる曖昧な判断には批判もある。ウィーラマントリー判事は、裁判所のこの判断は、状況によっては核兵器の使用あるいは威嚇が合法となる可能性に含みをもたせた危険なものであると批判し、コロマ判事も、現行国際法と裁判所の資料に基づけば核兵器の使用は少なくとも人道法の諸原則と諸規則に反するものであり違法であると反対意見を述べている。

核兵器の違法性の指摘とは別の視点から核兵器の不合理性を指摘する論者もいる。M・カルドーは『新戦争論』の中で核兵器は近代戦争の大前提であった国家利益の概念それ自体を無意味なものとする自己矛盾に満ちた兵器だと論じている。

ホロコーストと赤十字の苦悩

空襲による一般住民の犠牲に加え、第二次大戦が生み出した新たな人道問題は、ナチス・ドイツ下でのユダヤ人の迫害問題だった。特にドイツ国内に居住するユダヤ人が直面した過酷な運命は歴史上例を見ないものだった。こうした悲惨な現実の真っ只中にいたユダヤ人に対し、ＩＣＲＣは様々な困難のために実質的な支援をほとんど行えなかった。その後、ポーランドやチェコが占領下に入ると、これらの地域に居住するユダヤ人も同様の試練に晒されるようになった。

一九三八年一一月、ドイツ国内のユダヤ人の迫害が始まると、ＩＣＲＣと赤十字社連盟はユダヤ人への支援策の検討に入った。食糧支援など幾つかの方法が検討されたが、赤十字の独自性を生かし、他のユダヤ人組織が実施できない支援活動としてユダヤ人離散家族間の安否情報の仲介業務にあたることになった。一方、ドイツ赤十字社は、自国に居住するユダヤ人の保護・救済をどのように考えていたのだろうか。

ナチス・ドイツ下のドイツ赤十字社は、あらゆる組織に及ぶナチスの圧倒的な影響力のもとで自主的判断による活動がほとんどできなかった。

ユダヤ人への迫害が始まった直後の一九三八年一一月二九日、ＩＣＲＣはドイツ赤十字社に対し、ユダヤ人の安否情報の仲介を要請したが、同社の態度は極めて消極的だった。さらに一二月二八日、ＩＣＲＣは病弱なユダヤ人の病院への収容を同社に要請したが、同社はＩＣＲＣに対し、「当社は、これまでもユダヤ人への活動を行っておらず、今後もその必要性も可能性もない」と冷たい返事を送った。ドイツ赤十字社の前身であるプロイセン赤十字社といえば、赤十字の草創期から世界の赤十字運動をリードしてきた有力な赤十字社であった。そのような赤十字社のこうした態度は、人道機関としての歴史を汚すものと考えたＩＣＲＣは、「これは赤十字の理念への裏切り行為である」と厳しく同社を非難した。とはいうものの、圧倒的な権力によりドイツを支配したナチス政権下で、政治的な力を持たない一赤十字社に一体何ができたであろうか。以後、ＩＣＲＣはユダヤ人問題に正面から立ち向かうことは不可能であることを痛感し、別の方法を検討するようになる。

閉ざされたユダヤ人救済の道

ドイツ国内のユダヤ人迫害は、それまでにない困難な問題を浮き彫りにした。それはユダヤ人というドイツ国民の一民族が自国政府によって迫害されるという異常な事態であった。

ジュネーブ条約は元来、敵対国の戦闘員、国民と交戦国の関係を規律する戦争法であり、自国政府に自国民が迫害されるといった事態は想定していなかった。つまり、この問題は当時の戦争法の射程を超えた問題でもあったのである。

とはいえＩＣＲＣは法的根拠がないにせよ、人道上の問題としてユダヤ人の迫害問題を座視することはできないとして可能な範囲であらゆる活動を行った。

これに対しドイツ政府は、ユダヤ人問題は自国の国内問題であるとして外部の介入を一切拒否する態度をとった。このため当事国政府の許可を得て活動することが条約上の原則とされているICRCは、ドイツ国内のユダヤ人を全く保護するすべを失ってしまった。多くのユダヤ人は本格的な迫害が始まる前に国外に脱出したが、迫害開始後にドイツや占領下のポーランドなどから国外脱出しようとしたユダヤ人は、出国ビザや通行ビザの取得が困難な上、輸送手段や受入国も見つからないため容易に脱出することができなくなった。当時、リトアニアの日本大使館副領事であった杉原千畝が独自の判断で六〇〇〇人のユダヤ人にビザを発給し、脱出を支援したのはこうした状況下での秘話である。

一方、ICRCは、強制収容所のユダヤ人への訪問に関してドイツ赤十字社外事部長と会談を行ったが成果を得られず、一九四二年秋にはドイツ国内とその占領地のユダヤ人への支援は完全に手詰まりとなってしまった。

結局、第二次大戦ではユダヤ人六〇〇万人以上の犠牲者を出してしまった。戦後、ナチス・ドイツの戦争犯罪等を裁いたニュルンベルク国際軍事裁判は、ユダヤ人への迫害、殺戮を「人道に対する罪」として断罪した。この裁判も極東軍事裁判も主要な裁判は違法な戦争をしかけた指導者の責任を問う「平和に対する罪」を裁くものだったが、極東軍事裁判では「人道に対する罪」の適用がなかったのとは対象的である。

この凄まじい殺戮を抑止するのは赤十字の本来的役割ではなかったにしろ、ICRCはこの状況を改善できなかった道義的な挫折感の中にいた。この教訓から、ICRCはジュネーブ条約改訂への動きに着手した。

大戦中は、多くの挫折を体験したICRCではあったが、その精力的な人道活動が多くの捕虜や民間人の救済に貢献したことは各国が認めるところであった。そしてその活動に対し、一九四四年のノーベル平和賞が授与されることになったが、大戦中であったことから、その授賞式は一九四五年一二月一〇日、オスロで挙行された。授賞式に臨んだICRC委員長マックス・フーバーは次のように演説を結んだ。

「人類相互の強固な連帯意識から生まれた人道主義も、戦争という暗黒の中では影を潜めてしまうことがある。赤十字はその中にあっても理想をひたすら追い求めてきた。この理想から生まれるインスピレーションがなければ、国際平和を維持するために設立されたいかなる組織も決して存続することはできないだろう。」

それは、どんな困難な状況下でも赤十字の使命を達成するための高い理想を追い求める赤十字の決意に満ちていた。

第7章　戦後社会と国際人道法の再出発

1．大戦の教訓から条約の全面改訂へ

新たな戦争違法化の歩み

第二次大戦は、かつてない総力戦が展開されたことにより、戦闘員、民間人を併せて六〇〇〇万人以上といわれる人々が犠牲になった。しかも原爆投下や無差別爆撃、そしてユダヤ人の大量虐殺などにより戦闘員と民間人の死亡者比率はほぼ同数となり、過去に例のないほど多くの一般住民が犠牲となった。

連合国は大戦末期、二度の世界大戦に突入してしまった国際連盟体制の反省から、新たな国際の平和と安定のための体制を模索し、一九四四年八月にワシントンで開催されたダンバートン・オークス会議は、新たな国際の平和構築システムとしての「一般的国際機構の設立に関する提案」を採択した。この提案が一九四五年六月二六日、サンフランシスコ会議に提起され、修正の後採択されたのが国際連合憲章であり、同憲章は五〇カ国により署名され、同年一〇月二四日、国際連合が発足した。

国連憲章は、国際的紛争を平和的手段と国際法の原則により解決することを目的とし、その第二条三項で、「加

盟国は、国際紛争を平和的手段によって国際の平和及び安全並びに正義を危うくしないように解決しなければならない」という原則を明確にした。また同四項では国際関係における「武力による威嚇」と「武力の行使」を慎むべきことを規定した。こうして連盟時代に脆弱ながらもスタートした戦争違法化システムを一層強固なものにした。

とはいえ、国連憲章第七章四二条は、安保理が国際の平和への脅威、破壊、侵略行為に対し軍事的措置を取る権利を認め、また第五一条は、加盟国の自衛権の行使を認めている。したがって戦争放棄の時代とはいっても、それは基本的には一九二八年の不戦条約の理念を踏襲したものでもある。

戦争違法化の時代といっても、禁止される戦争には但し書きが伴うという意味では、国際社会が完全に武力紛争を放棄することは不可能といえるかもしれない。

新たに文民保護条約を採択

第二次大戦で浮き彫りとなった一般住民をいかに戦争の影響から保護するかという問題は、戦後のＩＣＲＣの最大の関心事となった。それはまたホロコーストや原爆投下という未曽有の犠牲を強いられた国際社会共通の願いでもあった。

国連は一九四八年一二月一〇日、世界人権宣言を採択し、再び人間の尊厳が蹂躙されることのない世界の実現を誓い合った。人権と人道という人間の命と尊厳、自由を保障する戦後の国際システムは、第二次世界大戦という人間性の破壊に対する不動の決意としてスタートしたのである。

他方、ＩＣＲＣは一九三八年から度々、子供や女性、妊婦、老人や病人などを保護するため都市に病院地帯や安全地帯を設置することを検討してきた。そして大戦末期にこの構想を実現するためジュネーブ条約改訂の準備作業に着手した。

まず大戦中のＩＣＲＣ活動の成功例と失敗例を含む資料、文献を収集し、調査を行った。これらの分析をもとに、再確認すべき事項、修正すべき事項、さらに拡充すべき事項の洗い出しを行った。こうした作業の成果をもとに、ＩＣＲＣ法務部長ジャン・ピクテをはじめとする各国政府、赤十字社、救済団体の専門家を中心とするチームにより新たなジュネーブ条約の草案作成作業に入った。

こうして一九四六年七月、同草案は各国赤十字社の予備会議に提出され、続いて一九四七年四月の政府専門家会議で審議された。さらに草案は一九四八年にストックホルムで開かれた第一七回赤十字国際会議に提案され、若干の修正を経て採択された。

こうした手続きを経て、一九四九年四月二一日から八月一二日までジュネーブで各国政府代表の外交会議が開催された。会議には五九カ国の全権代表と四カ国のオブザーバーが参加し、提出された条約草案が審議された。討議の模様についてＩＣＲＣのジャン・ピクテは次のように記している。

「(会議は)種々の意見の相違はあったにも拘らず、調和と相互理解の精神に満ち溢れていた。さらに参加代表が見せた真摯な人道精神について指摘しなければならない。討議の全体を通じて、会議には今回の世界大戦がもたらした罪悪に対する一致した恐れと戦争犠牲者の苦痛を軽減しようとする決意が支配していた。」

こうした熱心な討議の結果、八月一二日、主要四条約からなる「一九四九年八月一二日のジュネーブ諸条約」が採択された。採択にあたり、各国政府は次のような希望を表明した。

「各国政府は将来にわたり、戦争犠牲者の保護のジュネーブ諸条約を適用しなければならないことのないよう、また各国は強大国であろうと弱小国であろうと常に諸国間の相互理解と協力により紛争を友好的に解決することを希望する。」

この条約には当初、一七カ国の代表が署名したが、一二月八日の特別会議でその他の国々もこれに署名した。これら以外の国々も一九五〇年二月一二日までに署名を終え、署名国は六一カ国に達した。当時占領下にあった日本は会議に参加できなかったが、サンフランシスコ講和条約の義務を履行する形で一九五三年四月二一日に条約に加入し、一〇月二一日、加入を公布した。

一九四九年のジュネーブ諸条約

「一九四九年のジュネーブ諸条約」は、「一九〇六年のジュネーブ条約」と「一九二九年の捕虜の待遇に関するジュネーブ条約」を全面改訂したもので、

・第一条約（戦地にある軍隊の傷者及び病者の状態の改善に関する一九四九年八月一二日のジュネーブ条約＝陸戦条約）
・第二条約（海上にある軍隊の傷者、病者及び難船者の状態の改善に関する一九四九年八月一二日のジュネーブ条約＝海戦条約）
・第三条約（捕虜の待遇に関する一九四九年八月一二日のジュネーブ条約＝捕虜条約）
・第四条約（戦時における文民の保護に関する一九四九年八月一二日のジュネーブ条約＝文民条約）

の四つの条約から構成されている。

これらの条約がそれ以前のジュネーブ条約と異なる主な点は次のとおりである。

1. 文民（民間人＝一般住民）の保護条約を新設したこと。
2. 内戦に適用される規則をはじめて各条約の共通三条に規定したこと。
3. 重大な違反行為を処罰するための措置について規定したこと。
4. 戦闘員の概念が拡大し、義勇兵や組織的抵抗軍も規定の対象になったこと。
5. 条約の実効性を確保するため、利益保護国の監視制度を強化し、ＩＣＲＣ等の活動を規定したこと。
6. 条約の内容を自国民に普及することを締約国の義務としたこと。

最も特徴的な文民保護条約はこの改訂で初めて作成されたもので、その目的は紛争当事国の敵国民と占領地域の一般住民を保護することにある。これは、一九三四年の「東京草案」を発展的に修正したものである。一九〇七年のハーグ陸戦規則にも若干の文民保護規定はあったが、占領地域にいる住民を最低限保護するに過ぎなかった。

しかし、第二次大戦では、戦争開始とともに自国内に居住する敵対国の国民を抑留する国が現れた。さらに衝撃的なことは、ドイツ国内のユダヤ系ドイツ人やアメリカ国内の日系アメリカ人のように、自国政府によって自国民が拘束、抑留されるといった事態が発生した。そこで、重大な違反行為の中に自国民への非人道的行為も含むこととし、これらの人々に一定の保護を与えるようになった。

また、「重大な違反行為」は、この条約ではじめてその広範な内容が明示された。それらは、被保護者（敵国人、外国人、中立国人のほか、自国民も含む）に対する殺人、拷問もしくは非人道的待遇（生態学的実験を含む）、身体もしくは健康に対して故意に重い苦痛を与え、もしくは重大な傷害を加えること、強制して敵国の軍隊で服務させること、公正な裁判を受ける権利を奪うこと、不法な追放と移送、拘禁、人質および不法かつ恣意的な財産の広範な破壊や徴発となっている。

またこれらの違反者を処罰するための国内法を整備し、容疑者を捜査し、自国の裁判所で起訴することを締約国の義務とした。

また、はじめて盛り込まれた内戦に関する規定は、一国内で発生した内戦の犠牲者（民間人、武器を放棄した軍隊構成員、傷病・抑留その他により戦闘外に置かれた者）に人種、宗教、信条、性別に関係なく最低限の人道的待遇を保障する内容となった。特に、禁止される行為には、暴行、殺人、傷害、虐待、拷問、人質、個人の尊厳を侵害する侮辱的な行為、正規の裁判所によらない刑の言い渡しと執行などが含まれた。こうした事態においてＩＣＲＣが役務を提供する権利も明記された。

全面改訂されたジュネーブ諸条約は、国際人道法を飛躍的に発展させたが、第二次大戦後の新たな世界の現実に対応するにはなお不十分だった。

2．地域紛争と進化する国際人道法

独立闘争と内戦の中で

第二次大戦が終結すると、新たな形の地域紛争がアジア、アフリカを中心に世界的に多発した。第二次大戦後の五〇年間に発生した主要な武力紛争は一五〇件を超え、その死者は四～五〇〇〇万人に及び、負傷者や難民などの犠牲者はその数倍に達している。

こうした戦後の武力紛争は、宗主国からの独立を求める民族自決のための解放闘争に始まり、インドやアフリカの植民地など各地で勃発した。これに対し宗主国は、植民地の独立闘争は外国や国際法の介入の余地のない自国領域内の内政問題であると主張した。

また独立後も、国内の対立勢力間の激しい内戦に突入する国も多く、大戦後の武力紛争の約八割がこれらの内戦で占められた。その犠牲者は紛争犠牲者全体の九割を占めるとも言われる。

この問題については、すでに一九四八年に開催されたストックホルムの第一七回赤十字国際会議でＩＣＲＣが内戦、国際紛争を問わず、すべての武力紛争に適用する唯一の条約案を提案し、これが採択されていた。しかし、一九四九年のジュネーブ条約改訂のための政府外交会議では、ＩＣＲＣのこの案をノルウェーは支持したものの、全体の同意は得られず、内戦と国際紛争は区別すべきだとする意見が大勢を占めた。その結果、内戦については、ジュネーブ諸条約のいずれの条約にも共通する第三条で特例的に規定するにとどまったのである。したがって、内戦を個別具体的に規制する実効ある法としては脆弱であった。

ジュネーブ諸条約追加議定書への道

一九六六年から本格化したベトナム戦争をきっかけとして、ＩＣＲＣはこうした武力紛争に対応するため、ジュネーブ条約の不備を補う新たな人道法の法典化を急いだ。

ベトナム戦争激化の中の一九六八年、テヘランで開催された国連による世界人権会議が武力紛争下の人権問題に焦点を当てたことから、ＩＣＲＣはこの問題に国連事務総長と連携して取り組むことになった。さらに一九六九年にイスタンブールで開催された第二一回赤十字国際会議は、ＩＣＲＣに対し、新たな紛争状況に対応するための具体的な条約草案を早急に作成するよう要請した。

こうした動きを受けて研究を重ねたＩＣＲＣは、一九七一年から翌年にかけて、「国際的武力紛争に適用する国際人道法の再確認と発展に関する政府専門家会議」をジュネーブで開催した。会議の名称で分かるように、この会議ではじめて国際人道法という用語が正式に国際会議の名称の中に使用された。

会議において、ＩＣＲＣは現代の武力紛争が抱える諸問題に対応する新たな法整備の提案を行い、政府やＮＧＯ等の意見も踏まえて準備した条約草案を審議に付した。この協議の成果をもとに翌一九七三年、ＩＣＲＣは各国政府に対し、国際的武力紛争と非国際的武力紛争に適用するためのジュネーブ条約の二つの追加議定書草案を送付した。

こうした準備を経て、スイス政府は追加議定書草案を審議するために一九七四年二月二〇日から一九七七年まで四回に渡り、ジュネーブやルガノにおいて、「武力紛争時に適用される国際人道法の再確認と発展のための政府外交会議」を開催した。

一連の会議には一二四カ国の政府代表のほか、国連機関、地域機関、ＮＧＯや民族解放運動団体など五一団体がオブザーバーを派遣した。そして四年の討議を経て一九七七年六月一〇日、一九四九年のジュネーブ諸条約を補足する「国際的武力紛争の犠牲者の保護に関するジュネーブ諸条約の追加議定書」(第一追加議定書)と「非国際的武力紛争の犠牲者の保護に関するジュネーブ諸条約の追加議定書」(第二追加議定書)の二つの議定書が採択された。

この会議では、先進諸国と第三世界の国々の間で白熱した議論が展開された。第一追加議定書を巡り、宗主国に対する植民地の解放闘争は宗主国の国内問題だとみる西欧諸国に対し、それを国際紛争として承認することで解放運動団体にも国際法主体としての地位を与えることを求める第三世界や社会主義諸国が対立した。最終的には第一追加議定書が採択され、その第一条四項で植民地の民族自決権に基づく宗主国との独立闘争、および外国の占領に対する闘争や人種差別に対する闘争も国際的武力紛争として承認し、交戦当事者双方に法的義務を課し、同時にその犠牲者にも条約上の保護を与えるものとなった。

解放闘争を国際戦争と認知

独立闘争を宗主国との国際戦争と位置づけるためには、解放勢力をも国際法の主体と認知し、法を適用しなければならないが、そのために第一追加議定書は、第九三条三項で、「一方的な宣言により」解放勢力も議定書の適用を受けられることとした。

しかし、欧米諸国の中には、民族解放闘争を国際戦争に格上げすることには反対する国もあった。アメリカは、第一議定書はテロリスト・グループに承認と法的保護を与える欠陥の多い内容だとして一九八五年に批准の留保を決定し今日に至っている。しかし、一九八三年に中国が、一九九八年にイギリスが、またフランスも二〇〇一年にこれを批准し、さらに日本政府も二〇〇四年八月三一日、有事関連法整備の一環として両議定書に加入したことから、アメリカの立場は主要先進国の中でも孤立感を深めている。

また第一追加議定書は、第五二条二項で「攻撃は厳格に軍事目標に限定する」と規定し、軍事目標主義を一層明確にした。明文の定義がなかった軍事目標についても初めて明確に定義し、軍事目標以外の文民・民生物への攻撃を禁止したことは画期的といえる。さらに議定書は、文民や民生物を保護するために今までにない規定も盛り込んだ。

まず、「住民の生存に不可欠なものの保護」(第五四条)により、食糧や食糧生産のための農業地域などへの攻撃が禁止された。また、「危険な威力を内包する工作物および施設の保護」(第五六条)により、攻撃による破壊が住民に多大な損害を及ぼす危険性のある原子力発電所、ダム、堤防(三つを限定列挙)への攻撃を禁止した。さらに自然環境への広範かつ長期的な損害を予防するために「自然環境の保護」(第五五条)も規定され、ユネスコの文化財保護条約の趣旨も踏襲され、「文化財および礼拝所の保護」(第五三条)も盛り込まれた。これらのほとんどは、第二追加議定書にも同様に規定された。

さらに当局の管理下で活動することを条件に、民間人による医療・救護活動の権利が大幅に認められ、保護されるようになった。また敵の攻撃から特別の保護を受けることのできる「無防守地区」や「非武装地帯」を設置できる規定も加わった。

このほか、時代の変化に対応し、保護される衛生航空機を識別するために新たに電子的識別などの信号システムが導入された。これらは従来のジュネーブ諸条約の保護の枠を大きく広げるものとなった。

内戦の犠牲者保護を強化

内戦については、一八六四年のジュネーブ条約が締結された当時、ＩＣＲＣは内戦の犠牲者への支援は想定していなかったことはすでに述べた。しかし、一八七一年のパリ・コミューンの反乱を契機に内戦での活動の必要性を痛感したＩＣＲＣは、一八七二年から一八七六年までのスペイン内乱におけるカルロス党員の戦いで本格的に内戦の犠牲者救済を開始した。この時、まだ設立間もないスペイン赤十字社長のランダ博士は、政府軍と反乱軍の仲介役を果たし、ＩＣＲＣは政府軍に対し、反乱軍の傷兵、衛生要員、捕虜を保護するよう訴えた。

一八七四年のトルコに対するヘルツェゴビナの反乱においても、ＩＣＲＣは反乱勢力を救済するため現地に代表を派遣した。こうした経験からＩＣＲＣは、国際紛争の原則を内戦の犠牲者にも適用することに早くから関心を抱いていた。

歴史的には、国家という支配権力に対する武力による反乱者は、国内法により国家反逆者として裁かれるのが常であった。こうした反乱勢力にも法的保護を与える考え方は、一八世紀のスイスの国際法学者エメール・ド・ヴァッテルによりはじめて体系化されたといわれ、彼はその著『国際法』の中で、内戦の両当事者にも戦争法が適用されるべきことを主張した。

ＩＣＲＣが本格的に内戦問題を国際会議で取り上げたのは、一九一二年にワシントンで開催された赤十字国際会議が最初である。

この会議でアメリカ代表クラークは、赤十字は内戦の犠牲者の救済にも介入すべきだと主張したが、当時、社会主義革命の動きに危機感を抱いていたロシア代表は、「赤十字は、わが国の法で犯罪者と見なされる反乱暴徒や革命組織に対して救済義務を負うものではない」とこれに強く反発した。そのためクラークの提案は実を結ばなかった。

その後、一九一七年のロシア革命に端を発する東欧諸国の共産主義革命を経て、一九一八年には、レーニンがジュネーブ条約への加入を宣言した。そして一九二一年、ジュネーブで開催された第一〇回赤十字国際会議において、赤十字は内戦の犠牲者を人道の原則に従って取り扱う権利を宣言した。

やがて一九三六年にスペイン内戦が起きると、ＩＣＲＣは敵対双方の捕虜訪問や捕虜と家族の通信の仲介、並びに人質交換などの業務にあたった。

第二追加議定書の意義

第二追加議定書は、これまでのジュネーブ諸条約共通第三条を補完する内戦に適用される本格的な規定として成立した。

しかし、会議に参加した第三世界の多くの国は、第一追加議定書が締結されたことに満足してしまい、第二追加議定書の締結にはあまり熱心ではなかった。そのため、この法の適用範囲はかなり狭いものになってしまった。第三世界の代表にとっては、独立後の国内統治を容易にするためにも第二議定書の内容はあまり魅力的とは思えなかったようだ。

例えば、議定書の適用を受ける武装集団については、責任ある指揮官のもとに作戦行動を行い、議定書を実施できるだけの一定の領域を支配する武装集団に限られた。これは叛徒集団にとってはかなり高い敷居となった。また一九四九年のジュネーブ諸条約の中で唯一、内戦に適用される規定である共通第三条は、理論的には内戦までに至らない国内暴動などにも広く適用できる可能性をもっていた。それは、その内容が人間の生命、安全、尊厳を守るための最低限の要請であるという点で普遍的な人権規定の内容とほぼ同様だからである。例えば、イギリス軍法マニュアルのように、内戦までに至らない暴動であっても、武力紛争の形態をとる暴徒との交戦状態では共通第三条の規定を適用しなければならないとするものもある。

しかしながら、第二追加議定書は、その第一条二項で暴動、単発および散発の暴力行為、武力紛争でない国内的な騒乱および緊張事態には適用しないことを明確に規定した。これは共通第三条よりもその適用範囲を狭めたという点では保護の敷居を高めてしまったともいえる。しかし、こうした限界はあったものの、全体としてはそれまでの共通第三条の保護の枠を拡大し、内戦だけを規定する最初で唯一の人道法規則として大きな意義を持つものとなった。

3．国際人道法の精神

命名者ピクテが託した思い

国際人道法という用語は、一九七一年にジュネーブで開催された政府専門家会議で初めて公式に使用された。この新造語は、軍関係者が武力紛争法、戦時国際法などの表現を使用する傾向があるのを除けば、世界中で定着している感があるが、元来はＩＣＲＣ元副委員長兼法務委員会委員長で一九七四年二月から始まった政府外交会議のＩＣＲＣ首席代表を務めたジャン・シモン・ピクテが初めて公的に使用したと思われる。彼自身、この議定書草案起草グループの中心人物であった。国際連合でも一九六九年と一九七〇年の事務総長報告書「武力紛争における人権の尊重」の中で国際人道法という名称を使用しているが、これもＩＣＲＣが六〇年代後半から使用してきた用語を採用したものと思われる。

ピクテは、人道法という用語を初めて使用した時の状況について次のように記している。

「人道法という用語を私が初めて提案した時、人々はこの言葉には性質の異なる二つの概念、つまり法的概念と道徳的概念が混同されていると言った。この規則を構成する条文は、実際には道徳を国際法に置き換えたものであり、より厳密に言えば、人道的な関心を国際法へ転換したものである。したがって人道法という表現には妥当性があると思う。（中略）国際人道法という名称は、やがて多くの人々に受け入れられるようになり、今日では、ほぼ公的な用語になっている。」（『国際人道法の発展と諸原則』）

ピクテは、『人道法と戦争犠牲者保護』（一九七五年）の中でも、人道法という表現は法的概念と道徳的概念を合成したものだと述べているが、この理念は、国際法の淵源に人道の法則を措定したロシアのマルテンスの発想とよく似ている。

国際法の目的は、通常、国家間の関係を規律することにあるが、法が追求する最終的な利益（法益）は人道の実現にあると考える思想がジュネーブ条約全体に貫流していると見るならば、戦争の中で人道の要請を実現しようとする戦争犠牲者保護の法体系を国際人道法と呼称するのは的を射ていると思われる。

とはいえ、国際人道法の概念は必ずしも明確ではなく、戦時国際法の中でも人道的性格の強いジュネーブ諸条約（ジュネーブ法）に限定して使用する場合もあれば、戦争方法と武器使用を規制するハーグ法（陸戦規則等）を含めた戦時国際法一般を総称して使用する場合もある。また、旧ユーゴやルワンダの国際刑事裁判所規程では、武力紛争時の「国際人道法への重大な違反」として通常のジュネーブ諸条約の重大な違反行為（第一条）に加え、集団殺害（第四条）と人道に対する罪（第五条）を挙げている。

人類と文明社会への義務

国際人道法という用語も含め、その概念は一九七〇年代から次第に国際社会に認知されていったといえるだろう。ここでは、ピクテの代表的著作である『国際人道法の発展と諸原則』に基づき、国際人道法の独特の性質について他の一般的な国際法との比較から考えてみたい。

ところで法を契約の一種だと考えるならば、契約とは双方がそれを誠実に履行することにより成り立つ信頼関係が基礎にある。したがって一方が契約に違反した場合には、その相手方も約束を守る義務を負わなくなるというのが通例である。これは一般的な国際条約にも当てはまり、これを相互主義などといっている。

しかし、国際人道法はこれとは少し違った特色を持っている。それは相手がこの条約に違反しようが、また相手が条約の締約国でない場合であっても――もっとも実際には、ほぼすべての国家がジュネーブ諸条約に加入しているが――一方的に加盟国の義務として課せられる性質を持っている。こうした性質を持つ法を「強行規範」(Jus cogens=ユス・コゲンス)と呼ぶが、核兵器使用に関するＩＣＪの勧告的意見への反対意見の中でウィーラマントリー判事は、「戦争に関する人道法の原則は明らかに強行規範の地位を得ている」と明言する。国際条約の適用規則を定めた一九六九年の「条約法に関するウィーン条約」の第五三条は、強行規範について、「国際社会全体が受け入れ、承認した規範であり、その規範に対するいかなる違反も許されず、それを修正するためには、同様の性格を持つ国際法の新たな規範によらなければならない」としている。では、なぜ人道法は普遍的な拘束力を持つのだろうか。

一般に、国際法を構成する要素は、条約、宣言などの文書と、明文規定はないが、国際社会により歴史上、繰り返し慣習として定着し、それを守ることが互いに一種の法的確信(信念)として受け入れられてきた国際慣習からなっている。国際条約は一般的に非締約国を拘束するものではないが、国際慣習から成り立つ一般国際法(むしろすべての国家が遵守すべき法という意味では「普遍的国際法」と呼ぶべきかもしれない)の原則は条約の非当事国を含む、あらゆる国家を普遍的に拘束するとされている。したがってジュネーブ諸条約追加議定書の非締約国であっても慣習法化している規定については適用を除外されないことになる。ニュルンベルク国際軍事裁判の判決においても一九〇七年のハーグ陸戦規則に含まれる人道的な規則は、「すべての文明国家が承認し、戦争の法規および慣習を宣言するものとみなされていた」と明言している。

命と尊厳に関わる法

国際人道法は、その法典化の過程で明文化された条約の形をとるようになったものの、元来、その内容のほとんどは文明諸国間の慣習法から構成されている。傷者を収容、看護すること、捕虜を人道的に待遇することなどは、明文化される以前から一般に交戦国間の文明国家の約束事として慣習化、定着化してきたものである。

また、現在のジュネーブ諸条約等では「総加入条項」が削除されたことにより、交戦当事国の中に条約の未加入国があっても、条約は交戦当事者間に普遍的な効力を持つようになった。したがって重要な国際人道法の根幹をなす規定、慣習国際法化している規定については、その拘束から免れる国家は基本的に存在しないことになる。

さらに条約法条約第六〇条五項は相手の条約違反を理由とする報復（条約の終了又は運用停止）について、「人道的性格を有する条約に定める身体の保護に関する規定、特にこのような条約により保護される者に対する報復（形式のいかんを問わない）を禁止する規定については、適用しない」と規定し、人道的性格を有する条約＝国際人道法においては報復規定を適用しないことを定めている。

このように二国間、多国間条約を問わず、条約の当事国の一つが重大な違反を行った場合でも、他の当事国は一方的に国際人道法を遵守する義務を負うことになる。人道法が守ろうとする利益が人間の保護にあることから、あらゆる法の上位に立つ超越的、普遍的性格を持つことになる。それはまた国家間の相互主義的な義務とは異なり、国家が国際社会全体に対して負っている対世的義務(obligation erga omnes)でもある。ＩＣＪのバルセロナ・トラクション事件判決(一九七〇年)も人間の価値および尊厳に関する原則規範は万人に対する対世的な義務であり、すべての国家が国際社会に対して負う義務であると指摘している。それはピクテも言うように、「人道法は単なる物やサービスの交換に関する法ではなく、人間の命と尊厳に関わる法」であり、国際社会共通の利益を実現するのが目的であり、戦争という極限状況下でも最低限、人間の命と尊厳を守るために築かれた最後の砦だからである。

国際人道法の基本原則

では、このような性格を持つ国際人道法の内容はいかなるものか。ここでその基本的原則をまとめてみると次のようになる。

1．区別の原則(軍事目標主義)

攻撃にあたっては軍事目標と民用物、戦闘員と文民(一般の住民)を区別し、軍事目標、戦闘員以外の民用物や文民への攻撃は禁止される。この原則の当然の帰結として戦闘行為に参加しない限り、文民は一般的な保護を受けることになる。

2．均衡性の原則

攻撃にあたっては、軍事的必要性と人道的要請とのバランスを常に考慮しなければならない。したがって均衡を失した過度な損害を伴う軍事作戦は慎まなければならない。

3. 不必要な苦痛防止の原則
たとえ戦闘員に対してであっても人体に不必要で過度の苦痛を与えるような武器の使用や戦闘方法（害敵手段）は選択してはならない。

4. 傷病者の収容・看護の原則
傷病者は収容し看護しなければならず、不当に放置してはならない。この当然の帰結として赤十字標章を表示して活動する医療要員は保護しなければならない。一八六四年のジュネーブ条約の目的は、まさにこの点にあった。また捕虜も人道的に待遇しなければならない。

これらの原則から導かれる個別的規定として、特に第一追加議定書では、次のものを特別に保護しようとしている。

・一般住民の生存に不可欠な物の保護（第五四条）
食糧や食糧生産のための農業地域、作物、家畜、飲料水施設、かんがい施設など文民の生存に不可欠なものを攻撃・破壊してはならない。
・危険な威力を内包する工作物および施設の保護（第五六条）
たとえ軍事目標であっても攻撃により破壊された場合、放射能の放出や洪水などにより周辺住民に甚大な被害を及ぼす可能性の高い原子力発電所、ダム、堤防は攻撃・破壊してはならない。
・文化財、礼拝所の保護（第五三条）

文化的、歴史的遺跡や礼拝所、芸術作品など国民の文化的・精神的遺産は攻撃・破壊してはならない。同様の規定は、ユネスコの主導による一九五四年の「武力紛争時の文化財保護条約」にも見られる。

・自然環境の保護（第五五条）

自然環境に広範かつ長期的な重大な影響を与え、住民の健康や生存をも害するような害敵手段を選択してはならない。より詳細な規定は、追加議定書と同年に採択された環境改変禁止条約に見られる。

・文民保護組織の保護

一般住民を戦闘行為の危害から保護することが目的の文民保護組織（民間防衛組織）とその要員は保護しなければならない。文民保護組織は戦時の自然災害においても同様の機能をもつ。

このほかにも、危険な任務につくジャーナリストの保護も規定し、軍の許可を得て軍隊に随伴する従軍記者と同様、これらのジャーナリストにも敵対行為に参加しないことを条件に文民としての待遇を受けることを保障した。近年、紛争地におけるジャーナリストの犠牲者が増加していることから、ＩＣＲＣはジャーナリストのホットラインを開設するなどジャーナリストの保護の強化に努めている。

両輪としての人道法と人権法

国際人道法は、武力紛争時において個人の生命と尊厳を保護することを目的にしているが、同じく平時において個人の自由と保護を目的にしているのが人権法であり、この二つはともに人間の尊重を確保するシステムの車の両輪であり、補完関係にある。両者はその適用される状況は異なるが、武力紛争時といえども、国際人権法の中の個人の生存、尊厳に係る諸規定は最低限尊重されなければならない。

この二つが兄弟関係にあることを認めた上で、敢て相違を見出すとすればそれは何か。誤解を恐れずにいえば、人道は良心といった人間の本性に由来する法であるのに対し、人権は近世以後の啓蒙思想の中で培われた便宜的な人為的概念と見ることができる。例えば、A・マッキンタイアは、「中世の終焉近くになるまで、いかなる古代や中世の言葉においても、私たちが用いている「権利」という表現で翻訳できる表現はない」といい、「(権利という)概念は、古代英語においては言うまでもなく、一四〇〇年頃以前まで古典期のものであれ、中世のものであれ、ヘブライ語、ギリシャ語、ラテン語、アラビア語において、いかなる表現手段ももっていないのであり、また一九世紀中葉まで時代が進んでも、日本語にはなかった」(『美徳なき時代』)と指摘している。

こうした特徴を持つ人権法にはいわゆる逸脱条項(権利停止条項)があるが、人道法はいかなる逸脱も許されず、無条件に守ることが要請される強行規範としての内容が多い点をあげることができる。

逸脱条項(デロゲーション条項)とは、国家の生存を脅かすような公の緊急事態には、人権法の一部の権利、例えば自由権などを一時的に制限することができるというものである。この規定により、国家は戦時などの国家非常時には表現の自由や国内移動の自由などの権利を制限したりする。国内騒乱時に外出禁止令や戒厳令など国民の自由や一部の権利を制限する措置をとっても、これらの措置が国際社会から違法行為と見なされないのはこのためである。こうした逸脱条項は国家権力の強い要請により盛り込まれたもので、これがなければ人権諸条約への多くの国々の加入は実現しなかっただろう。

一方、国際人道法は基本的にいかなる逸脱も許されず、加入国はいかなる場合にも、その内容の多くを例外なく遵守しなければならない。それは、人道法が戦時という極限状況下において人間の生命と尊厳を、ぎりぎりの状況で守るための「最後の砦」となるからである。このため、国際人道法の主条約であるジュネーブ諸条約への加入国はすべての国家におよび、人権法のそれに比べて高い普遍性を有している。この普遍性の高さは人道法が戦時という状況下における国際社会の最も基本的にして普遍的な人間保護の規範であることを物語っている。

人道機関としての赤十字と人権団体のアプローチの違いについて、モーリス・トレッリ教授は次のように述べている。

「（赤十字）国際委員会の場合、犠牲者のための人道的任務を行なうために当該国の領域に立ち入る必要がある。このためその国の同意が常に必要とされるところから、委員会は世論を喚起するための糾弾よりも説得と極秘性によるのである。人権が扱う事項は高度に政治的である。ところが、赤十字国際委員会が最も警戒するのは人道法の政治化である。なぜなら、このような状況は、その原点である中立性と不偏不党性に反するからである。正義と慈善のあいだにあって赤十字は後者を選んだのである。それはその標語〈戦争の中に慈悲を＝inter arma caritas〉が、そうさせるのである。」（『国際人道法』）

4．赤十字基本原則の成立

明文化された行動規範

赤十字が設立されてから第二次大戦後まで、赤十字活動を規律する原則のようなものは暗黙裡に意識されてはいたが明確に明文化された原則は存在しなかった。第一次大戦後の一九二一年にＩＣＲＣ規約が改正され、その中で公平性、非政治性、非宗教性および経済的独立などの四つの原則が明記されたが、それらは不十分なものと見られていた。

第二次大戦後、原則の問題が再び赤十字国際会議で取り上げられた。一九四六年にオックスフォードで開催された赤十字社連盟理事会は、それまでの四つの原則を確認するとともに新たに一三の原則と六つの適用原則を追加した「オックスフォード原則」を作成した。しかし、この原則は赤十字の目的と基本原則、手続規則が渾然一体となり、数も多く分かりにくかった。その後、原則問題を検討するＩＣＲＣと連盟の合同委員会が設置され、同委員会はジャン・ピクテの著作「赤十字の諸原則」（一九五五年）や過去の赤十字国際会議の決議等を参照して七つの基本原則草案を作成した。

この草案は、一九六一年、プラハの第一九回赤十字国際会議の代表者会議で承認され、一九六五年、ウィーンの第二〇回赤十字国際会議において「赤十字の基本原則宣言」として採択された。

この基本原則は、赤十字の行動規範ともいえるもので、「人道」「公平」「中立」「独立」「奉仕」「単一」「世界性」の七つの原則から構成される。

人道の原則

国際赤十字・赤新月運動（以下、赤十字）は、戦場において差別なく負傷者に救護を与えたいという願いから生まれ、あらゆる状況下において人間の苦痛を予防し軽減することに、国際的および国内的に努力する。その目的は生命と健康を守り、人間の尊重を確保することにある。赤十字・赤新月は、すべての国民間の相互理解、友情、協力、および堅固な平和を助長する。

公平の原則

赤十字は、国籍、人種、宗教、社会的地位または政治上の意見によるいかなる差別をもしない。赤十字・赤新月はただ苦痛の度合いにしたがって個人を救うことに努め、その場合もっとも急を要する困苦をまっさきに取り扱う。

中立の原則

すべての人からいつも信頼を受けるために、赤十字・赤新月は、戦闘行為の時いずれの側にも加わることを控え、いかなる場合にも政治的、人種的、宗教的または思想的性格の紛争には参加しない。

独立の原則

赤十字は独立である。各国の赤十字社、赤新月社は、その国の政府の人道的事業の補助者であり、その国の法律に従うが、常に赤十字・赤新月の諸原則にしたがって行動できるよう、その自主性を保たなければならない。

奉仕の原則

赤十字・赤新月は、利益を求めない奉仕的救護組織である。

単一の原則

いかなる国にもただ一つの赤十字社あるいは赤新月社しかありえない。赤十字社、赤新月社は、すべての人に門戸を開き、その国の全領土にわたって人道的事業を行わなければならない。

世界性の原則

赤十字・赤新月は世界的機構であり、その中においてすべての赤十字社、赤新月社は同等の権利を持ち、相互援助の義務を持つ。

人道機関の規範的メルクマール

この原則の採択により、国際赤十字・赤新月運動の目的と行動規範が普遍的な形式で明文化されたことになる。この原則は様々な議論の的になってきたものの、今日にいたるまで人道支援の概念を考える際のメルクマールと見なされてきたことは確かであり、国連をはじめ、様々な国際的NGOの人道概念の定義に影響を与えてきた。中でも赤十字機関にとりこの原則が特に重要なのは、この原則がジュネーブ諸条約で公認され、赤十字の基本原則に基づく活動を国家が尊重し、便宜を与えなければならないことを条約が明確にしている点である。ジュネーブ第一条約第四四条二項は、「赤十字国際会議が定める原則に適合する」ことを条件に、締約国は赤十字社が平時に赤十字標章を使用することを認め、ジュネーブ第四条約第六三条一項は、占領国は、当該国の赤十字社が赤十字の諸原則に従って活動することを許可しなければならないと規定している。またジュネーブ諸条約第一追加議定書第八一条二項でも、紛争当事国は赤十字の基本原則に従い実施する人道活動に便宜を供与しなければならないと規定した。

他方、一九八六年六月二七日の国際司法裁判所のニカラグア事件判決は、赤十字の基本原則に言及して、次のように判示した。

「真の人道支援の本質的な特色は、いかなる種類の差別もなく供与されるものである。裁判所の見解によれば、人道支援の提供がニカラグアの内政問題への干渉との非難を免れるためには、支援が赤十字の実行に見られる目的に限定されたもの、すなわち、人間の苦痛を予防、軽減し、生命と健康を守り、人間の尊重を確保するものでなければならない。また、とりわけ、苦しむすべての者に無差別に与えられなければならない。」

この文言中にある「苦痛の予防と軽減」「命と健康の確保」「人間の尊重の確保」は、人道支援の目的が赤十字の目的に明記されている三つの要素を含むものであることを初めて明確にし、国際社会が人道支援の概念を明確にする際に大きな影響を与えてきた。「人道という言葉は、曖昧さやごまかしを込めて安易に使われる手段である」(G. Best, 1994)としばしば批判されてきた曖昧な人道の概念は、ここに初めて明確に表現された。

例えば、一九九一年一二月の「国連の人道緊急援助の調整強化」に関する第七八回国連総会決議四六／一八二附属書は、人道支援を「人命を救い、危機に瀕した人たちの苦痛を軽減することを目的に行なう支援」と定義し、その指導原則として人道、中立、公平の原則を掲げている。

またＯＥＣＤ開発援助委員会が一九九三年に採択した人道活動規範は、人道活動とは、「生命を救い、苦痛を軽減し、人間の尊厳を持続すること」を目的とし、公平、中立、独立を内容とすると説明している。

このように赤十字の基本原則は、単に赤十字機関を拘束する行動規範に止まらず、今日の国際社会が人道や人道支援の概念を考察するにあたり参照に値する示唆に富んだ原則である。

第8章　現代の戦争と国際人道法の挑戦

1. 冷戦後の紛争と人道犯罪の多発

激化する民族紛争と人道犯罪

冷戦崩壊後、世界の人々は今後続くであろう平和の配当にあずかれることを期待した。しかし、そうした期待はあっけなく崩れ去り、冷戦後に続く一九九〇年代は民族問題を巡る地域紛争が各地で頻発する事態となった。中でも旧ユーゴ、旧ソ連諸国、ルワンダなどを舞台に激しい戦闘が繰り返され、多くの民間人がその犠牲となった。こうした中で人道犯罪が多発したことを背景に国際社会は国際人道法の厳正な履行と人道法違反者の処罰への関心を急速に高めていった。その結果、一九九〇年代は違反者の処罰制度の発展など国際人道法の歴史に顕著な発展が見られた一〇年間となった。

一九九一年から一九九三年のボスニア・ヘルツェゴビナの紛争では、ジュネーブ諸条約および両追加議定書の批准国であるユーゴスラビアが戦場となったが、住民の集団殺害や女子への組織的レイプなど、諸条約と議定書の多くの規定が踏みにじられた。

一九九四年のルワンダ内戦においてもこれらの行為が繰り返され、ジュネーブ諸条約第二追加議定書にある文民保護の規則の多くが守られることなく、一〇〇万人近い一般住民が血で血を洗う殺戮の犠牲となった。二〇〇〇年のコソボ紛争においてもユーゴは、コソボのイスラム系住民に対し、略奪、処刑、集団殺害などの違反行為を行なった。

第二追加議定書は、その第四条の「基本的保障」で民間人への非人道的行為を禁止しているがその多くはこれらの戦闘で蹂躙された。

基本的保障とは、敵対行為に直接参加しないすべての者が例外なく享受することのできる最低限の権利を保障した規定であり、これらの者への無差別な人道的取り扱いを定めている。禁止される行為には、殺人、虐待（拷問など）、集団に科する刑罰、人質行為、テロ行為、強姦や強制わいせつなどが含まれる。

内戦の多くは、民族や宗教、政治的意見の相違等に基づく覇権争いから起きている。そのために国際戦争以上に身近な敵に対する憎悪や敵愾心は激烈となり、人種、皮膚の色、性、言語、宗教、若しくは信条、政治的意見その他の意見による不利な差別を禁じた議定書の規定は最も蹂躙されやすいといえる。

紛争犠牲者の凄惨な現実を目の当たりにした国際社会は、違反者に対するそれまでの不処罰の歴史に終止府を打つべく、正義の名のもとに違反者を処罰する国際法廷の設置に動いた。

加速する国連の介入

冷戦後の地域紛争に対しては、東西冷戦終結の結果、国連安保理決議に基づき、平和の回復のための軍事介入が積極的に行われるようになった。一九八〇年代までは、一〇年単位でほぼ五〜六件であったＰＫＯ活動は、一九九〇年代になる四〇件を超えるまでに増加した。

こうした中で、それまで国際法適用の直接の対象とされてこなかった国連の指揮下で行動する国連部隊にも国際人道法の遵守を義務付ける必要が生じてきた。実際、ソマリアのPKO活動に属するカナダ兵などによる現地人への拷問や殺人など、国際人道法の違反事例が国連軍の中にも発生する事態となった。これらの行為は個別国家の軍法により処罰が行われたとはいえ、国連軍自体に対する人道法の適用は不明確だった。

国連はこれまでにもICRCと協議を重ね、一九九七年以降、PKO受入国との間で締結する兵力地位協定(SOFA)において国際人道法の精神と原則を遵守する条項を盛り込んできたが、一九九九年八月一二日、国連事務総長は国連とICRCの共同作業で作成した「国際連合軍による国際人道法の遵守」と題する国連事務総長告示を発表した。

その中で、「本告示に定められた国際人道法の基本原則と規則は、戦闘員として軍事紛争状態に積極的な関与を行っている国連部隊に対し、その関与の程度および期間において適用される。よって、これらの原則および規則は、強制行動、あるいは、自衛のために武力行使が許されている平和維持活動において適用される」(第一条)と規定し、また「国連軍は、文民と戦闘員とを、〈略〉常に明確に区別しなければならない」ことや「文民は、敵対行為に直接参加しない限り、且つその期間中は、〈略〉保護を享有する」ことを明確に宣言した。

一九九〇年代の地域紛争の増加に連動して国連の軍事介入が増加したことにより、国連部隊は、交戦当事者としての立場を強く印象づけることになり、国際人道法は国家のみならず、国連機関をも拘束するものとして認識されるようになった。

人道犯罪を裁く国際法廷の設置

冷戦後の武力紛争が国際社会に投げかけたもう一つの深刻な問題は、これらの戦争で残虐な戦争犯罪や人道犯罪が頻発したことである。中でも、旧ユーゴスラビア諸国を戦場に三〇万人以上の犠牲者を出したとされる一九九一年から二〇〇〇年にかけての旧ユーゴスラビア紛争とツチ族・フツ族の部族間対立により一〇〇万人近い犠牲者を出した一九九〇年から一九九四年にかけてのルワンダの内戦は、集団殺害（ジェノサイド）や拷問、組織的なレイプなどが広範に行われ、その犠牲者の数と犯罪の性格において近年稀に見る戦争犯罪となった。

こうした現実に直面した国際社会は、人道犯罪の当事者を国際法廷の場で裁く動きを加速させた。こうして国連安保理決議に基づき、一九九三年五月に旧ユーゴ国際戦犯法廷が、また、一九九四年一一月にはルワンダ国際戦犯法廷が設置され、人道犯罪の当事者が裁かれることとなった。こうした犯罪を裁く国際法廷は、第二次大戦中のナチス・ドイツの犯罪を裁いた一九四五年のニュルンベルク国際軍事裁判と日本の軍国主義を裁いた一九四六年の極東国際軍事裁判以来、実に半世紀ぶりの設置となった。

しかし、これらの裁判所は、国連が安保理決議に基づき設置した臨時の裁判所であり、その使命を終えれば消滅することになる。そこで、人類にとっての重大な人道上の犯罪を裁く常設の裁判所を設置する願いを長く人類は抱き続けてきた。

東西冷戦期にはこうした動きは封印されてきたが、冷戦後の人道犯罪の増加の動きをうけ、国際社会は常設裁判所の設置に向けた動きを加速し、ようやく一九九八年七月、国際刑事裁判所（ＩＣＣ）の設立に関するローマ規程が採択され、二〇〇二年七月に発効、二〇〇三年三月、オランダのハーグに国際刑事裁判所が設立された。

この裁判所は国連から独立した常設の裁判所で、人道に対する罪、特に重大な戦争犯罪、集団殺害（ジェノサイド）罪など個人が犯した重大な犯罪を裁くもので補完性の原則により個別国家が適正に法の執行を行えない場合等に限り管轄することができる。対象犯罪に当初含まれていた侵略の罪は、侵略の国際的定義が明確でないことを理由に当面、棚上げされた。ＩＣＣによる判決は、二〇一二年三月一四日、コンゴ紛争で一五歳未満の少年兵を徴用した容疑で裁かれた武装勢力のルバンガ被告に対する有罪判決が最初である。

なお、一九六八年、国連総会で採択された「戦争犯罪及び人道に対する罪に対する時効不適用条約」（一九七〇年発効）は平時、戦時を問わず、これらの犯罪を「国際法における最も重大な犯罪」と位置づけ、これらの容疑者には時効を適用しないこととした。

このように冷戦後の地域紛争の続発を契機に、皮肉にも一九九〇年代は国際人道法がにわかにその存在感を高める結果となった。しかし、その後も二〇〇三年の第二次湾岸戦争においては、アブグレイブ刑務所における拷問や人道犯罪が明るみに出るなど、国際人道法の違反に終止符が打たれることはなかった。

人道支援で問われる民軍関係

また、冷戦後の紛争では、多くの難民が国外または国内に避難したことから、難民問題が深刻となった。また、戦闘により人道的アクセスが困難となったソマリアのような地域では飢餓が蔓延するなど様々な人道問題が発生した。こうした問題に対応するため、一九九〇年代以降、国際社会は人道支援への関心を急速に高めていった。

長引く内戦で特に緊急を要したソマリアに対して国連は、一九九二年一二月、安保理決議七九四に基づき、人道支援を可能とする安全な環境構築のため、ソマリアへの軍事介入に踏み切った。以後、国連は紛争地域にＰＫＯ部隊を派遣するなど人道危機にしばしば介入することとなり、個別国家の軍隊も緊急人道支援と称して準紛争地域等に軍隊を派遣するようになった。

この背景には、ＩＣＲＣやその他ＮＧＯの人道活動が武装勢力により攻撃され、要員の誘拐、略奪、強迫などが急増し、無防備の民間の人道機関だけでは安全を確保した活動が困難になったという事情もある。その一方で、軍隊が人道支援の現場に参入したことによる新たな問題が提起され、民間の人道機関と軍との協力関係としてのいわゆる民軍関係（ＣＩＭＩＣ）に関する議論が盛んに行われるようになった。

人道支援における民軍関係は、米軍の概念では、「戦争以外の軍事作戦（ＭＯＯＴＷ）」に位置づけられ、人道支援のほか災害救援、ＰＫＯ、武器規制、文民避難、麻薬撲滅や人質救出などが含まれるが、近年、注目を集めてきたのがＰＫＯと人道支援である。

中でも人道支援の分野において民間ＮＧＯ等との競合または協力関係が生じてきたことから人道支援の非政治的、軍事的な中立性と軍隊との関係が議論を呼んできた。

二〇〇四年の民軍関係に関する人道対応実行委員会（ＳＣＨＲ）のポジションペーパーは、軍隊による平和支援や武力行使に人道的理由が引用されることを懸念し、人道の用語が濫用されないようにその定義が必要であると指摘する。また「国境なき医師団」のように人道的介入の用語は文民活動に限り使用すべきであり、軍事行動を伴う活動には軍事的介入の用語を使用すべきだとする主張もある。

一方で、近年の人道支援の現場では人道機関が武装集団の意図的な攻撃を受け、要員が殺害されたり、救援活動が妨害されるといった事態も深刻化している。こうした中で一九九二年のソマリアでは、赤十字の救援活動が初めて国連軍による武装警護を受けるといった事態が生じた。

ジュネーブ諸条約では医療要員が被保護者や自己を護るための最低限の小火器（拳銃等）の携行を認めているが、

赤十字ではその要員に一切の武器の携行を禁止している。そうした中でのソマリアの状況は、武器に保護されなければ被保護者を支援する確実な手段がなかったというジレンマの中での選択だった。とはいえ、赤十字が長い歴史の中で培ってきた軍事的に中立な機関としての伝統が武装集団による攻撃の脅威の中で揺らぎつつあることは人道支援活動の前途に暗雲を投げかけた。

二〇〇四年の「複合緊急事態における民軍関係」に関するIASC（国連人道機関と人道支援NGOで構成する機関間調整機構）のレファレンスペーパーは、民軍協力の目的は人道の実現に貢献することであるが、軍隊との連携が中立や公平の原則を脅かすことがないよう調整が必要だと指摘する。しかし、その一方で被災者の保護と支援という人道の目的を達成するためには状況により現実的なアプローチも必要であり、現実主義と原則主義のバランスが必要とも指摘する。特に緊急かつ即時的に人命の維持や人権の保護が求められるような状況では軍隊に依存せざるを得ない場合もあり、軍隊による人道支援への関与を一概に拒否することは必ずしも現実的ではないという主張もある。

2．新たな戦争と国際人道法

混迷深める「テロとの戦い」

二一世紀に入っても、一九九〇年代から続く地域紛争は絶えることがない。さらに二〇〇一年九月一一日の同時多発テロ以降、「テロとの戦い」（War against terror）という新たな戦争が加わったことから、世界の紛争の様相はさらに混迷を深めている。

オーストラリアの研究機関ＩＥＰ(Institute for Economy & Peace)の「グローバル・テロリズム指標２０１４」によれば、二〇一三年に世界で発生したテロ事件の死者は一万七九五八人におよび、被疑者の八二％はイラク、アフガニスタンなど五カ国に集中し、全体の六六％がＩＳとアルカイダなど四組織により実行された。

こうした武装テロリスト集団の攻撃が民間人を標的にしていることは国連のデータ(Global Study on Homicide 2013)からも明らかであり、同指標によれば、二〇〇〇年から二〇一三年までのテロ集団の攻撃においては、ＩＳの攻撃の五〇％、アルカイダの攻撃の三〇％、タリバンの攻撃の二七％が民間人や教育・宗教施設を狙ったものとなっている。また国連機関によれば、二〇一二年の世界の自爆テロによる死亡者は四三万七〇〇〇人であり、これは通常のテロ攻撃による死者一万一〇〇〇人の四〇倍にのぼっている。

米国政府は、既に一九八〇年代から「テロは国際組織による戦争の一手段」との認識を持っていたが、「テロとの戦い」という表現は、二〇〇一年九月一一日の同時多発テロ以降頻繁に使用され、テロに対するグローバルな戦争は現代の戦争を象徴する戦争形態の一つとして認識されるようになった。これは国家間戦争と内戦という構図で語られてきた伝統的な戦争観の転換を迫ることとなった。

当初、ほとんどの識者は同時多発テロを戦争とは認識していなかったが、九月一二日、ブッシュ大統領がこのようなテロ攻撃はもはやテロではなく「戦争行為(acts of war)」であると発言したことから、これを戦争行為と見る見解が急速に世界に広がった。さらに、二〇一五年一月七日に起きたシャルリー・エブド襲撃事件を受けて、フランスのヴァルス首相が「フランスはテロとの戦いに突入した」と宣言するなど、主要な欧米諸国はテロを戦争と認識し、イスラム過激武装集団と戦闘状態にあると考えている。

しかし、攻撃が散発的で戦闘行為との一貫性や継続性が不明確であること、攻撃の烈度が戦争と見なせるかなどからテロを戦争と見なすことには異論も根強い。

こうした新たな戦争形態は、国家間戦争をベースに構築されてきた国際人道法に様々な課題を突きつけてきた。「テロとの戦い」の相手であるイスラム過激武装集団は国際法の主体とはなりえない上に、そもそも国際法を遵守する意志もなく、国際人道法で禁止される非人道的行為を戦闘手段として積極的に採用する違法な集団でもある。

元来、民族解放団体など戦争法を遵守した行動をとる一定の武装集団は国際法の主体と見なし、法を守らせることにより戦争の災禍を軽減しようとする発想がジュネーブ諸条約追加議定書には見られるが、イスラム過激武装集団が民族解放団体と見なされるかどうかは極めて疑問である。

例外なき交戦当事者の義務

イスラム過激武装集団が仮に国際法の主体になりえないとしても、その構成メンバーには彼らの法的地位とは無関係に国際人道法上の義務が課せられていると理解すべきである。

二〇〇六年の「武力紛争における文民の保護に関する国連安保理決議一六七四」は、武力紛争に関連するあらゆる勢力に対し、ハーグ条約やジュネーブ諸条約などの国際法上の義務や安保理の決定を遵守することを要請し、また二〇〇九年の「武力紛争における子どもの保護に関する安保理決議一八八二」も、その前文で武力紛争の全ての当事者が国際法の義務を厳格に履行することを要請している。国際人道法の守護者といわれるＩＣＲＣも、国際人道法はあらゆる交戦当事者がその法的地位に関係なく遵守すべき法であることを一貫して主張してきた。

民間人を無差別に標的とするテロ攻撃は戦時平時を問わず、いかなる意味でも国内法上、国際法上の犯罪行為である。特に戦闘行為の一環としてのテロ攻撃については、ジュネーブ第四条約第三三条が、「恐かつ

(terrorism)による措置」を禁じ、同第一追加議定書第五一条二項は、「文民たる住民の間に恐怖(terror)を広めることを主たる目的とする暴力行為」を禁止している。また、第二追加議定書第四条二項は、「テロリズムの行為」をいかなる場合にも禁止し、ジュネーブ諸条約共通三条は、生命・身体に対するあらゆる種類の殺人、傷害を禁止し、人質行為も禁止している。

国際法で縛りを効かせることのできない犯罪者集団が国家を相手に攻撃を仕掛けている厄介な戦争の中で国際人道法は空しい企てのようにさえ思える。しかし、法が残虐行為の抑止にはならないとしても、これらの非人道的行為は国際刑事裁判所をはじめとする国際司法の裁きの対象となるのは明らかである。

新たな戦争の特色

「テロとの戦い」やシリア内戦のみならず、一九九〇年代以降の近年の武力紛争では、伝統的な戦争のイメージでは捉えきれない新たな現象が顕著に見られるようになった。M・カルドーは、「新たな戦争」の特色として「公と私、軍人と市民、国内と国外の区別が瓦解しつつあり、戦争と平和の区別自体も疑問視されはじめている」と論じているが、一般的に「新たな戦争」に見られる特色として次の点を指摘できるだろう。

1．国家と武装テロ集団の戦争

これまでも国家と民族解放団体の独立闘争など国家と非国家主体の戦争はみられたが、近年のテロとの戦いにおける一方の当事者は交戦団体の要件を具えない違法な武装テロ集団である場合が多い。こうした戦争では国際人道法が遵守されない状況が常態化している。

2. 交戦者が複雑化・多元化する戦争

シリア内戦では交戦当事者が数百に及ぶとも言われ、統合する指揮系統が存在しないことによる混迷が際立っている。交戦当事者の複雑化・多元化は国際人道法の違反が多発する要因である。また当局との交渉により活動を行うＩＣＲＣにとっては、権限ある交渉相手を容易に特定できないことが人道支援を遅らせる要因にもなっている。

3. 領域性なきグローバルな戦争

「テロとの戦い」は、戦闘地域が特定できたこれまでの戦争とは異なり、戦闘地域を領域性の概念で捉えることができない。世界のあらゆる場所がイスラム過激武装集団の攻撃の対象となりえるという意味では世界中が戦場となる可能性がある。

4. 民間人が戦闘員化する戦争

近年の武力紛争では、本来、敵対行為に参加せず、敵対行為の影響から保護されるべき存在であった民間人が武器をとり敵対行為に参加する傾向が見られる。いわゆる一般住民の民兵化やウィークエンド・ファイターの出現の問題である。こうした現象が国際人道法の違反行為が多発する一因と見られている。

5. 民間人を意図的に攻撃する戦争

伝統的な戦争は、戦闘員と民間人を区別し、戦闘員や軍事物への攻撃のみを認める軍事目標主義が大原則とされてきた。しかし、近年の武力紛争、特にイスラム過激武装集団の攻撃では、民間人を意図的に攻撃対象とする戦法が常態化し、戦争法の大原則が揺らいでいる。これに対するテロとの戦いにおいても、民間人の付随的な犠牲が増加している。

これらの特色のほか、イラク戦争など近年の武力紛争では、作戦行動の一部を民間軍事会社が請け負う傾向がみられるようになった。そうした中で軍隊の機能を請け負うこれら民間人の地位と国際人道法の適用関係が議論されるようになった。

近年の新たな戦争が抱える問題意識は、国際法の専門家の間でも議論を呼んできた。例えば、イタリア・サンレモの国際人道法研究センターが二〇一〇年に開催した国際人道法円卓会議は次のようなテーマを議題に掲げている。

①「テロとの戦い」と敵対行為における法の適用問題
②武力紛争における戦闘員、武装集団、文民の概念
③敵対行為への直接参加の概念
④軍事目標の定義と民間軍事会社の地位
⑤無差別攻撃の禁止と比例の原則
⑥人間の盾と攻撃の影響に対する予防措置
⑦過度な傷害、不必要な苦痛の禁止原則
⑧生物化学兵器、非殺傷兵器（Non-lethal weapon）の法的関係、爆発性戦争残存物（ERW＝地雷、クラスター弾など）

⑨　敵対行為の人道支援への影響
⑩　環境保護と敵対行為

保護される文民の概念とは

新たな戦争の特色の一つは、「テロとの戦い」のみならず、無差別攻撃により多くの民間人が犠牲になる一方で、民間人が武器をとり戦闘員として敵対行為に参加する事態が頻繁に見られるようになったことである。また、イラク戦争や近年の民族紛争、「テロとの戦い」を背景に急成長してきた民間軍事会社（ＰＭＣ）や軍需産業の社員が軍隊の作戦行動の一部を請け負うなど、民間人が戦争行為に様々な形で関与する事態が増える傾向にある。こうした近年の動向を背景に、攻撃から保護される民間人（文民）とそれ以外の民間人の概念を明確にする必要が生じてきた。

ジュネーブ諸条約共通第三条によれば、「敵対行為に直接参加しない者（武器を放棄した軍隊の構成員及び病気、負傷、抑留その他の事由により戦闘外に置かれた者を含む。）は、すべての場合において、人種、色、宗教若しくは信条、性別、門地若しくは貧富又はその他類似の基準による不利な差別をしないで人道的に待遇しなければならない」とある。

しかしながら、この規定により保護される「敵対行為に直接参加しない者」とはどのような者であるかについては明確ではない。

そうした中で、ＩＣＲＣは二〇〇九年三月、「国際人道法上の敵対行為への直接参加の概念に関する解釈指針」を公表した。

解釈指針は、文民の概念について、「紛争当事者たる国の軍隊または組織された武装集団の構成員でないすべての者は文民であり、したがって敵対行為に直接参加していない限り、直接の攻撃からの保護を受けることができる」とする。その上で「敵対行為への直接参加」の概念を満たすための要件として、次の三つの要素を挙げている。

1. 危害の敷居＝当該行為は、武力紛争当事者の軍事行動もしくは軍事能力に不利な影響を及ぼすおそれがあるか、または直接の攻撃から保護される人や物に対して、死、傷害もしくは破壊を与えるおそれがあるものでなければならない。
2. 直接因果関係＝当該行為と当該行為または当該行為が不可分の一部をなす協同軍事行動のいずれかから生じるおそれのある危害との間に、直接的な因果関係の結びつきがなければならない。
3. 交戦者とのつながり＝当該行為は、一方の紛争当事者を支援しかつ他方の当事者を害する形で必要な危害の敷居を直接引き起こすことが明確に意図されたものでなければならない。

つまり、これらの要件を満たさない行為は、敵対行為への直接参加とはみなすことができず、そのような行為に関与する文民を攻撃の対象とすることはできないとする解釈である。

しかし、これらの敷居は解釈にあたって考慮すべき視点を列挙したにすぎず、実際の判断においては様々なジレンマが生じることが想像できる。

この解釈指針には拘束力はなく、指針の地位や意義については必ずしも明確ではないが、これまで不問に付されてきた保護される文民の概念について解釈上の一つの指針を示したことは、次のステップにつながる一歩として評価できるだろう。

3. 変化する赤十字の役割

変わりゆく赤十字と軍隊の関係

赤十字の起源から今日までの歴史を見ると、赤十字と軍隊との関係は次第に変化してきたことがわかる。赤十字創設時の対立の構図は、度々の戦争を通して協力の構図へと変化したが、現代では戦争形態の変化の中でこの関係にさらなる変化の兆しが見える。

当初の対立の構図は、戦場への赤十字の参入に抵抗する軍と、傷病者救済のため戦場に参入しようとする赤十字の攻防戦だった。軍の要素と民間（素人集団）の要素は相容れないものであり、戦場に民間人が立ち入ることは作戦行動の障害となり、戦況に影響しかねないことを軍は警戒していた。これに対し赤十字は、軍隊の衛生機関だけでは負傷兵の十分な救済が困難である以上、赤十字の協力を受け入れるべきだと主張してきた。そのために赤十字は軍の指揮下に入ることを受入れ、軍の承認を得ることに成功したのである。

こうした構図が相互協力の段階へと転換したのは、近代戦争における圧倒的な負傷兵の増加が背景にある。もはや軍隊の衛生機関だけでは対応しきれない圧倒的な傷病者の救済には、赤十字の参加を認めざるを得ず、軍の抵抗は次第に薄れていった。つまり犠牲者救済という双方の共通の利益のために双方が互いに歩み寄ったといえる。つまり軍は、「赤十字が提供する役務を受け入れることと、そのために必要な便宜を与えること」を受け入れたのである。

こうした相互の協力関係は、一般的には第二次大戦まで続き、多くの戦争犠牲者の救済に成果をあげたのである。

民間人の保護救済へシフト

しかし、現代の赤十字と軍の関係は、第二次大戦までの状況から大きく変化してきている。この間、軍の衛生機関は急速に発展し、現代の武力紛争では、各国赤十字社はもはや傷病兵を直接的にも間接的にも収容、看護することはほとんど見られなくなった。

例えば、湾岸戦争やベトナム戦争においても、アメリカ軍の傷病兵の収容、看護、治療にアメリカ赤十字が参加したことはなく、傷病兵の捜索、収容、治療はアメリカ陸軍の衛生機関によりすべて行われてきた。その他主要な先進国の軍隊においても同様である。

元来、軍の衛生機関を補助することが赤十字の目的だったことを考えれば、軍の衛生機関が十分機能すればもはや赤十字の介入する余地はなくなるのは当然である。こうした時代の変化の中で、半世紀以上も前にできたジュネーブ諸条約に規定された赤十字社の「条文上の役割」と「実際上の役割」は微妙に乖離してきたともいえるだろう。さらに赤十字の側にも、中立の原則から軍との過度の協力関係を警戒し、見直す動きもある。特に人道支援の現場ではこうした傾向が見られる。

こうした現実から今日の赤十字の最も重要な役割を考えると、それはもはや戦闘員の保護・救済ではなく、今日の紛争犠牲者の九割を占めるとされる民間人（一般住民）の保護・救済にあると思えてくるのは当然である。

一九九九年にＩＣＲＣが公表した世界の紛争国一一カ国とアメリカ、イギリス、フランス、ロシア、スイスの計一六カ国・地域を対象に実施した調査「People on War～紛争および国際人道法に関する世界規模の世論調査」（紛争国世論調査）によれば、調査対象の紛争国では、「居住していた場所が戦闘地域になった」と答えた者が五〇％、「近親者が行方不明になった」者が四二％、「家から立ち退きをさせられ、他の場所に避難した」者が三四％、「家族が殺された」者が三一％、「家が略奪にあった」者が二六％と、いずれも高い割合を示し、現代の武力紛争で犠牲になる民間人の実態が明らかになった。

さらに、これらの民間人は、現在、戦闘員以上に保護システムが脆弱であり、最も深刻な境遇にある人々である。過去一〇〇年にわたり、次第に戦争の直接的影響から保護されてきた一般住民は、今や再び戦争の直接的、かつ意図的な攻撃の対象となっている。

近年の「テロとの戦い」における民間人犠牲者の増加をはじめ、旧ユーゴ紛争の民族浄化による女性の組織的レイプやルワンダ内戦での民族間の殺戮、カンボジアのポルポト政権下での二〇〇万人の虐殺などは、このことを如実に示している。

敵対行為と無縁な多くの無辜の民間人が攻撃の対象になり、付随的損害として処理される事態を改善することこそ、現代の武力紛争の最も重大かつ緊急の課題であり、この問題に取り組むことが赤十字の最大の使命となっているといえるだろう。

近年、整備された有事法制の一環としての国民保護法においても、日本赤十字社の役割が文民（国民）の医療救護にあたる機関として位置づけられているのもこうした現実が背景にある。

国連と赤十字の特色

第二次大戦後、国連憲章により戦争が禁止された。そのため現代では「戦争」という言葉は形式的には死後となり、「武力紛争」などの語を使うようになった。しかし、国連憲章が自衛のための武力行使と国連による平和回復のための武力行使を認めていること、またコソボ紛争のように人道的介入を理由とする武力行使や国家の意思の及ばない内戦等の多発により、現実には紛争は絶えることがない。これらの紛争の平和的解決のための努力だけでなく、一方で国連は、紛争犠牲者救済のために人道法の法典化にも貢献してきた。

戦後、国際人道法を発展させ、その適用を確保するために、国連と赤十字は相互に密接な協力関係を維持してきた。その関係を国連のアナン元事務総長は「互いに自立し、精神的にもよく似た良きパートナー」と呼び、紛争の平和的解決と人権の尊重を確保するために二つの機関が協力しあうことの大切さを力説した。

このような協力関係は是非とも必要であるが、同時に二つの機関の間にある本質的な相異にも目を留めなければならない。

国連の本質は政治機構であり、クラウゼヴィッツの表現をもじれば、それは「政治的交渉の一部であり、その継続に他ならない」といえる。まさに国連は、加盟国の「国益を巡る政治的闘争の場」であり、政治的交渉力により紛議の解決を図る場である。さらに冷戦後は、安保理決議に基づく武力行使が容認されてきたことから、国連も間接的、直接的に武力紛争の当事者、つまり交戦団体の一つとなってきた。国連軍にも国際人道法が適用されるのはこうした背景による。これは別の視点からは、国や武装勢力によっては国連軍および国連決議を敵対勢力、または敵対行為と見なすということである。事実、ソマリア紛争や旧ユーゴ紛争、タリバン政権下のアフガニスタンなどでは、国連を敵対勢力と見なすと公言する武装勢力もいた。国連が政治機構である限り、政治的中立はありえないことである。

これに対し、赤十字の本質は人道機関であり、それは政治的な意図のない非政治的機構である。政治的影響力を持たないことは赤十字の弱点と言われてきたが、実はこの弱みこそが人道機関にとっては強みでもある。赤十字が政治的中立と独立を維持できる理由はこの弱さ(限界)の故であるともいえる。政治的力で獲得することのできない民衆の良識、善意を味方にすることこそ、赤十字の唯一の武器といえるのである。

また赤十字は国連のように武力行使をいかなる理由があろうと容認することがない。人道法の用語を初めて用いた元ICRC副委員長ジャン・ピクテは、「赤十字こそ、その名においてかつて一度たりとも人間を殺害したことのない唯一の組織である」と言っている。

これらの二つの機関は、同じ願いから出発し、最終目的は同じかもしれない。しかし、互いの当面の目的もその手法も明らかに異なっている。それはどちらが優れているかといった問題ではなく、性格の違いに起因する手法の違いである。したがって、両者は互いに補完関係にあり、今後もそれぞれの持ち味を生かしながら「良きパートナー」として平和達成のために協力する必要がある。

4. 赤十字標章と医療要員の保護

赤のクリスタル標章の登場

近年、イスラエルの赤十字運動への参加を巡り、新たな保護標章の使用を認める条約が採択された。赤十字運動から一部の国家が除外されるという状況が半世紀以上続いたが、二一世紀に入り、ようやくこの問題が解消され、赤十字は本来の普遍性を体現するようになった。

イスラエルは、一九四八年の建国以来、ダビデの赤盾社（Magen David Adom）が同国の赤十字組織に当たるものとして活動してきた。しかし、ジュネーブ諸条約で規定する保護標章を使用せず、非公認のダビデの赤盾標章を使用することに固執してきたため、国際赤十字運動への参加が承認されないままであった。ジュネーブ諸条約によれば、加入国は赤十字標章または赤新月標章のいずれかを保護標章として選ばなければならない。この状況を打開するためイスラエルは、ダビデの赤盾社の国際承認を後押しするアメリカの支援を得ながら戦後一貫して外交交渉を重ねてきた。

国家的、宗教的背景を持つ保護標章の承認は絶対に避けたいＩＣＲＣや中東のイスラム諸国等の反対により「ダビデの赤盾標章」の承認は事実上困難となった。そこで、ＩＣＲＣは、イスラエルが合意可能と思われた宗教的な意味を持たない赤のクリスタル（Red Crystal）標章を新たな標章として承認することを提案したところ、イスラエルもこれに同意した。赤のクリスタル標章（第三議定書標章ともいう）の使用を認めるジュネーブ条約第三追加議定書が二〇〇五年一二月に採択され、イスラエルもこれに加入したことにより、二〇〇六年六月、ダビデの赤盾社は、国際赤十字によりパレスチナ赤新月社と同時に承認された。

第三追加議定書は、単に対イスラエル対応のための条約ではなく、今後、同様の問題が生じた時をも視野に入れた標章を巡る問題に対する「最終的な解決策」とされている。

しかし、これにより国際保護標章は、赤十字、赤新月、赤獅子太陽、赤のクリスタルの四種類の標章が条約上、並存することになった。

戦時に攻撃が禁止される医療組織を識別する保護標章は、元来、統一されていることが好ましいことは明らかである。しかし、人道という普遍的価値を世界に広める赤十字運動は、国際的であるとともに文化横断的な多様な視点を取り込みながら発展してきた。それが最も象徴的に凝縮されたのが、運動の視覚的シンボルともいえる保護標章問題だった。

赤十字標章の保護と適正使用

武力紛争地で活動する医療要員を保護する赤十字標章ではあるが、近年の武力紛争では、意図的に赤十字要員等を攻撃の対象とする事件が発生するようになった。二〇一五年二月には、スーダンやミャンマーで赤十字標章を表示した赤十字車両が武装勢力に銃撃され、赤十字ボランティアらに死傷者が出ている。こうした事件は過去にも度々発生しているが、近年、人道支援関係者への攻撃はエスカレートしている。まさに人道活動の危機である。

各国は自国民に対しジュネーブ諸条約で規定する赤十字標章の意義を啓発教育する義務を課せられ、標章の使用と管理について規定する国内法を整備することが義務付けられている。

日本においては、「赤十字の標章及び名称等の使用の制限に関する法律」（昭和二二年一二月制定、平成一六年六月改正）に基づき、赤十字標章や赤十字の名称およびそれらに類似するマークや名称を使用することは禁止され、違反者は六カ月以下の懲役または三〇万円以下の罰金に処せられる規定がある。また、赤十字のマークは商標法、意匠法でも登録できない標章として規定され、軽犯罪法においてもこれらをみだりに使用したものを罰する規定がある。国内法によれば、平時に赤十字標章を使用できる組織は、日本赤十字社と自衛隊衛生部隊のみであり、その他の組織による標章の使用は、たとえそれが国家機関によるものであれ、日本赤十字社の許可を得ない限り違法な使用となる。

このように厳しく赤十字標章の使用を管理するのは、戦時においてこれらが濫用された場合、国際人道法の的確な履行が妨げられるのみならず、円滑な医療行為が妨げられ、傷病者の収容看護に支障を来たす可能性があるからである。

他方、国民保護法では、有事（武力攻撃事態）においては、赤十字標章の使用管理は厚生労働大臣が所管することとなり、国は平時から自治体や赤十字社と協力して赤十字標章、文民保護標章等の特殊標章の意義等について国民に普及啓発することになっている。

このような赤十字標章の意義を平時から国民に理解してもらうことが有事における標章の適正な使用を確保する決め手になる。

医療要員の権利と義務

国際人道法で保護される武力紛争下の医療要員は、その任務の性格から特別の保護を享受するとともに一定の義務も課せられることになる。

武力紛争時に当局の許可を得て医療活動に従事する医療関係者は、国際人道法上、敵味方の差別なく医療行為を行なう権利、患者の秘密を守る権利、医療行為に必要な場所に立ち入る権利、医療資器材等を理由なく徴発されない権利など様々な権利が保障されるが、同時に敵対行為に参加せず赤十字標章を適正に使用する義務などを課せられている。同様の綱領には、二〇一二年一〇月に改定された「武力紛争時およびその他暴力的状況における医の倫理に関する世界医師会の規程」があるが、この中でも医師はジュネーブ諸条約の規定に従った行動が求められている。

特にＩＣＲＣは、今日のジュネーブ諸条約においても特別の権利を付与されており、一九二九年の捕虜条約以来、ＩＣＲＣに認められてきた人道的イニシアチブを行使する権利の一環として、その他公平な人道的団体とともに、犠牲者の救済のために関係当事国の同意を得て行う人道的活動を妨げられることはない。また、利益保護国の任務を引き受けることができ、各国赤十字社も紛争当事国の赤十字社としてジュネーブ諸条約に基づく活動については、当局からの便宜供与を受ける権利が認められている。

しかし、このような条約上の保障にもかかわらず、近年の紛争地域では、医療行為が様々な妨害にあったり、医療要員を意図的に狙った誘拐、殺人などが後を断たない状況にある。紛争下で犠牲者の命を守る最前線に立つ要員の人道的アクセスへの様々な妨害行為は紛争地の人道危機に拍車をかけている。

有事関連法と国際人道法の履行

わが国は平和憲法の下、戦後一貫して武力紛争を想定した国内法整備は行われなかったが、二〇〇三年六月六日、わが国有事（武力攻撃事態）における対処の基本理念や国、自治体の役割等の骨格を定めた「武力攻撃事態対処法」（「武力攻撃事態等における我が国の平和と独立並びに国および国民の安全の確保に関する法律」）が成立した。この法整備の一環として二〇〇四年六月一四日には、「武力攻撃事態等における国民の保護のための措置に関する法律」（「国民保護法」）が成立し、わが国の武力攻撃事態において国民の生命、身体、財産等を守るための国や自治体の役割と責務が定められた。

これらの法整備の柱となる理念は、武力攻撃時にわが国が国際人道法の理念を尊重して国民の保護措置に当たることにあり、国民保護法第九条二項には、「国民の保護のための措置を実施するにあたっては、国際的な武力紛争において適用される国際人道法の的確な実施を確保しなければならない」と明記している。

そして国や自治体が行う「国民の保護のための措置」と一体となって国民の生命、身体の安全を守るために重要な役割を担うのが民間の医療関係者であることから、これらの人々は国際人道法の概要について基本的な理解を深めることが特に必要となる。

二〇〇四年に東京で開かれた世界医師会（ＷＭＡ）総会は、「武力紛争時の医師の倫理綱領」を採択し、その中で、「政府、軍隊、およびその他権力の立場にあるものは、ジュネーブ条約および同条約の追加議定書に従い、医療従事者が武力紛争という状況の中で、ケアを必要とするすべての人に医療を提供できることを保障すべきである。この義務には、医療従事者を保護するという条件が含まれる。」（第五条）とし、さらに「職務遂行にあたり、医療従事者は通常、赤十字や赤新月標章のような国際的に認知されたシンボルで特定されるものとする。」（第一三条）と宣言している。

今日、国や自治体のみならず、国民の生命、財産の保護に掛かる業務を有事に携わることになる人々は、国際人道法の基本的知識に習熟することが必要であり、それなくして国際人道法の適確な実施は期待できない。さらにジュネーブ諸条約がその内容の国民への普及を政府に義務付けているように、一般国民が人道法の基本的理念を理解することが、戦時の非人道的行為等を抑止する意味でも極めて重要であると考えられる。しかし、実際には国民的な啓発教育はほとんど行われていないのが実情である。

第Ⅳ部　グローバル世界と国際人道法

第9章　近未来戦争とグローバル世界

1．新たな殺傷兵器の出現

劣化ウラン弾や燃料気化爆弾

兵器技術の進歩により新たな兵器が日々開発されているが、それらの兵器は大別すると殺傷兵器と非殺傷兵器に分類できる。殺傷兵器には、例えば、条約により使用・委譲が禁止されたクラスター弾や明示的に禁止されていないが健康被害などが指摘される劣化ウラン弾や大量破壊兵器の疑いのある燃料気化爆弾などがある。しかし、幾つかの兵器の違法性については議論が分かれている。

劣化ウラン弾は、戦車などの分厚い装甲を打ち抜くために開発されたもので、一九九一年の湾岸戦争で米軍が、コソボ紛争ではNATO軍が使用した。

爆発時に放射能を帯びた微粒子を拡散させ、周辺にいる兵士の人体に放射線障害を及ぼすとの指摘がある。米軍は人体への影響を否定してきたが、劣化ウラン弾が投下されたとされるイラクのバスラ近郊では、この影響とされるガンや先天性異常出産、流産が他の地域に比較して多発傾向にあるといわれる。

燃料気化爆弾は、アルミニウムと硝酸アンモニウム、ポリスチレン混合物を内蔵した爆弾で、その威力は通常兵器の中で最大級といわれ、小型核兵器にも匹敵する破壊・殺傷力を持つ兵器である。超高温の炎や熱線、衝撃波で殺傷力が極めて高いだけでなく、広範囲に多量の酸素を一瞬に燃焼するので広範囲の人々を窒息死させる効果もある。背の低いヒナギクさえも根こそぎ刈り取るほどの破壊力を喩えて、「デイジーカッター」の異名も持つ。

これらの兵器は、使用後の長期に及ぶ健康被害や無差別性が懸念されることから、一九七七年のジュネーブ条約第一追加議定書をはじめ、ハーグ陸戦規則、特定通常兵器使用禁止制限条約（CCW）などの国際法の精神に反する疑いがある。一九九六年六月の国連の「差別の防止と少数民族の保護に関する小委員会」は、大量破壊兵器とともに、これらの兵器を非人道的な兵器に認定し、その使用は国際法違反であるとする決議を採択した。

このほか、二〇〇九年にイスラエルのガザ攻撃で使用されたといわれる白リン弾のようにCCWや化学兵器禁止条約でも禁止されないが、その殺傷性、違法性について議論のある兵器もある。

無人攻撃機やレーザー兵器の出現

近年の「テロとの戦い」で使用される無人攻撃機ドローンや実戦配備されたレーザー兵器などの新兵器は、これまでの戦争のあり方を一変する可能性がある。それに伴い、戦闘方法を規制する国際法に照らしてその違法性、合法性が議論されてきた。既述したように近年のサンレモの国際人道法円卓会議が非殺傷兵器への法の適用問題を議題に取り上げたのも近未来戦争への対応を意識したものである。

近年の「テロとの戦い」では、アメリカは無人攻撃機ドローンを使用し、テロリスト武装集団幹部の標的殺害を行った。二〇一四年一二月八日には、アメリカ海軍はレーザー兵器をペルシャ湾に展開する輸送揚陸艇に実戦配備し、二〇二〇年までに世界規模で実戦配備すると発表した。文字通り、スターウォーズのようなレーザー兵器戦の幕開けを思わせる事態が急速な科学・軍事技術の進歩により現実化しつつある。

レーザー兵器に関する国際条約としては、一九八〇年の特定通常兵器使用禁止制限条約（ＣＣＷ）の第四議定書「失明をもたらすレーザー兵器に関する議定書」が一九九五年一〇月に採択され、一九九八年に発効し、永久に失明をもたらすように設計されたレーザー兵器の使用と移譲は実戦配備を見ない段階で全面禁止された。しかし、人体への傷害を目的としない今回のレーザー兵器については、それを禁止する実定法はない。

これらの兵器の規制条約は、基本的には軍縮条約や軍備規制条約の一環として位置づけられるが、これらの条約が主に国家の軍備削減や軍拡競争を防止するのが目的であるのに対し、国際人道法は戦争の人道化を図るため人間保護の視点からこれらの兵器の使用規制を強化しようとしている。しかし、失明をもたらすレーザー兵器の禁止やクラスター弾の禁止条約などは、その成立過程におけるＩＣＲＣの関与などを見れば、国際人道法の発展の具体的成果と見ることもできる。

自律型殺傷兵器の脅威

人間である戦闘員をロボットが代行したからといってそのこと自体は直ちに違法とはいえない。さらに、現代の戦争法では、弓矢と機関銃の戦いのような武器の非対称型戦争を禁止していない。こうした現代において、近年、無人攻撃機ドローンのような遠隔操作によるロボット兵器を更に進化させた自律型殺傷ロボット（Lethal Autonomous Robots=LARs）の道義上、国際法上の問題が急浮上してきた。自律型殺傷ロボットとは、一旦起動すれば人間の操作による更なる介入がなくても標的を自律的に選択して攻撃できる兵器のことである。

自律型でない遠隔操作によるロボットの場合、攻撃による最終的責任は遠隔操作を行った兵士やその上官に帰属する。無人攻撃機などの場合がこれにあたる。しかし、完全自律型ロボットの場合、ロボット自身が自律的に判断し行動するため、その行為の最終的責任は誰に帰属するのか必ずしも明確ではないとされる。これが自律型殺傷ロボットに内在する大きな問題である。誤作動等による違法行為があった場合、裁かれるのはロボットなのか(これは論理的にありえないが)、その設計者(プログラミング設計者)なのか。それともその使用を決定した責任者なのか。あるいはPL法のように製造者責任が問われるのか。

これらのロボットを推進する側からは、ロボットは人間のように感情や自己保存欲求に影響されないため判断基準を適正にプログラミングすれば、国際人道法の違反行為は人間よりも少なくなるといった主張がある。他方、攻撃の適否を判断する複雑な状況設定を行うことはほぼ不可能とする見解もある。

また別の視点からの懸念もある。国連人権理事会の報告(二〇一〇年、オールストン報告)によれば、一般的に国家は戦争による自国兵士の人命損失を懸念し、武力行使に躊躇する傾向があるが、ロボット兵器が活用できれば安易に武力行使に走る傾向が高まるのではないかといった指摘である。つまり、ロボット兵器の登場は武力行使が安易に採用される環境を醸成する可能性があるというものである。

これらの兵器の合法性、違法性を巡る議論は簡単に決着をみないが、こうした多くの問題を孕んでいることから、自律型ロボット兵器の開発は国際条約で禁止すべきとする意見(二〇一二年一一月、ヒューマン・ライツ・ウォッチ報告)やその開発を凍結すべきであるといった意見(二〇一三年四月、国連人権理事会へインズ報告)がある。こうした中でＩＣＲＣは、このような多様な問題が解決されない限り、自律型兵器の使用は避けるべきであり、これらの兵器にも現在の国際人道法が適用されると主張している。

これらの議論は、生命科学の進歩により可能となったクローン人間や遺伝子操作を巡る倫理的な問題と類似の議論を提起している。

2. 非殺傷兵器とサイバー戦争

非殺傷兵器は人道的か

二一世紀の戦争の様相を一変させるもう一つの兵器は、いわゆる非殺傷兵器（Non-lethal weapons）と呼ばれる兵器群である。

究極の兵器といわれる電磁兵器や高出力マイクロ波兵器、グラファイト（黒鉛）爆弾、低周波兵器（音響兵器）などは敵兵の殺傷が目的ではなく、兵士の人体に不快感を与えたり、兵器の電子部品等を破壊し、戦闘能力を無力化するのが目的であり、人命を殺傷することがないとされることから非殺傷兵器と呼ばれる。暴動鎮圧などに使用されるゴム弾や催涙ガスもこれに分類されるが、ここでは武力紛争時に使用される非殺傷兵器が問題となる。

近年、アメリカ海軍が開発した電磁波を利用したＡＤＳ（アクティブ・ディナイアル・システム）やイラク戦争で米軍が催涙弾の代わりに使用したとされる低周波兵器などはその一例である。

二〇〇二年四月に米軍が行った実験では、エンジンをかけたままのトラックにアンテナからマイクロ波を照射したところ、エンジンの点火装置とキャブレターを破壊し、エンジンが停止したという。米軍は照射器を地上の移動兵器からアンテナで照射したり、戦闘機、無人偵察機、巡航ミサイル等に搭載し、爆発時のエネルギーをマイクロ波に転換して放射することを想定しているといわれる。二〇〇三年三月のイラク戦争開戦時にイラクの司令系統を破壊するために米軍がこの兵器を使用したのではないかとの疑惑が持たれたが、当時のラムズフェルト国防長官は、同年三月一七日のヘラルド・トリビューン紙で、「必要な場合にはいつでも使用できる」ことを示唆する一方で、「実際に使用する計画はない」と発言している。

グラファイト爆弾は、乾電池の電極にも使用されている黒鉛の特色を活用し、爆発すると炭素繊維（カーボングラファイト）の雲を作り、電力供給網を漏電させ、機能を破壊する兵器でブラックアウト（停電）爆弾とも呼ばれる。人体の殺傷力はないとされるが、爆発により発がん性物質を拡散するといった指摘もある。アメリカ軍が一九九一年の第一次湾岸戦争で使用し、NATO軍も数種類の同種爆弾を配備し、一九九九年のコソボ紛争で使用したといわれる。

低周波兵器は、音響兵器（アコースティック兵器）の一種で、超低周波により敵の戦闘員に不快感を与えて戦闘能力を奪うが、高出力の照射や長時間の照射で内臓に損傷を与えるなどの健康被害を及ぼすとの指摘もあり、非殺傷兵器の域を越える可能性もある。最近では、長距離音響装置が警察活動に使用されたり、二〇〇九年には、調査捕鯨を妨害するシー・シェパードに対して日本の調査捕鯨団が使用し効果をあげたといわれる。

これらの兵器の開発者は、ジュネーブ条約やハーグ陸戦規則が目指す戦争の人道化を推し進める合法的兵器であると主張するが、実戦での影響がほとんど未知であることや使用の仕方によっては人体に様々な傷害を及ぼす可能性も否定できない。特にマイクロ波や低周波兵器が人体に及ぼす影響は実際には検証されていないのが現状であり、その開発、使用には慎重さが求められる。

ICRCの兵器の影響に関する顧問ロビン・カップランドは、「非殺傷兵器といった概念はまったく無意味であり、そうした兵器は存在しない。非殺傷兵器という用語は一種のレトリックであり、多様な兵器体系が包含されている。ＩＣＲＣの立場は、これらの多様な兵器のすべてを国際法に照らして包括的にではなく、個別的に整合性を評価することである」としている。

サイバー戦争が問いかけるもの

現実世界のリアルな戦争における新兵器の登場とともに、ＩＴを駆使したコンピューターやインターネットによる国家や集団、企業への攻撃が現実のものとなってきた。いわゆるサイバー攻撃の脅威である。二〇一四年一二月、北朝鮮の独裁者暗殺をテーマにしたパロディ映画を巡り、北朝鮮のサイバー部隊によるとされるソニー・ピクチャーズへのサイバー攻撃が明るみになり、サイバーセキュリティを巡る国際的議論が過熱した。この事態に対し、オバマ政権は北朝鮮への報復措置を明言した。また、中国も二〇一一年、中国軍の中のサイバー部隊の存在を認めている。

サイバーセキュリティの問題は、平時戦時を問わず急速に関心が高まっており、これを武力攻撃（戦争行為）と見なすかどうかも議論されている。

米国は、二〇一〇年二月の国防計画の見直しで、サイバー空間を陸・海・空・宇宙に次ぐ「第五の戦場」と位置づけた。二〇一一年六月、ロバート・ゲイツ国防長官は、外国政府によるサイバー攻撃を戦争行為とみなすと宣言し、翌月、国防総省はサイバー空間における行動指針を発表した。かつての戦場がいずれかの国家の領域を舞台に行われたのとは異なり、戦場がどの国の主権も及ばない仮想空間でなされることがサイバー戦争の大きな特色である。

ソニー・ピクチャーズへのサイバー攻撃は、民間企業への攻撃だが、これが国家機関への攻撃であれば、米国政府はこれを戦争行為と見なし、自衛または報復のための戦争（反撃）に突入する可能性がある。まさに９・11の同時多発テロを戦争行為と見なし、アフガニスタンへの軍事攻撃に踏み切ったのと同じ論理である。もっとも、オバマ大統領は、ＣＮＮとのインタビューにおいて、今回の北朝鮮のサイバー攻撃を「戦争行為とは考えていない」（二〇一四年一二月二一日）と発言している。

サイバー戦争が脅威となるのは、それが武力紛争の一環として行われた場合、標的となるコンピューターシステムのデータのみならず、その影響は現実社会のあらゆるコンピューターシステムに及ぶ可能性があることである。コンピューター制御された交通網、通信網や原発、電力施設、ダムなど人々の生活に死活的な影響を与えるインフラへの攻撃が特に懸念される。これらは軍事使用、民生使用が相互に複雑に関連しているため、国際人道法の原則である軍事物と民間物の区別が容易でないという難題を抱えている。

現在、サイバー戦争についての確立された定義はないが、ＮＡＴＯサイバー防衛センターの「サイバー攻撃の定義」等を参照すれば、サイバー攻撃とは「人の殺傷又は物の損傷又は破壊を目的にしたインターネットやコンピューター上で行われる大規模な攻撃」とされている。

サイバー戦争は規制できるか

二〇一四年三月、ＩＣＲＣはジュネーブで「人道的視点から見る新技術と現代の戦争空間（New technologies and the modern battlespace）」と題する研究討論会を開催し、その第一回シンポジウムでサイバー戦争など新技術が戦争にもたらす人道的、倫理的、法的問題を議論した。この中でＩＣＲＣの法律顧問は、航空戦を個別的に規制する条約が存在しなくても空戦に人道法の諸原則が適用されるのと同様に、新技術による戦争にも国際人道法の一般原則が適用されると主張している。

また、二〇一四年一〇月の国連総会における全面武装解除と国際安全保障に関する一般討論で、ICRCは、「自律型兵器とサイバー戦争は、国際法の空白地帯で起こるわけではなく、他の新兵器や戦争手段・方法と同様、国際人道法の区別原則、比例原則、攻撃時の予防措置の原則に照らして運用しなければならない」と述べた。しかし、その一方でこれらの新技術の特殊な性質や予見される影響に照らし、既存の法規則が十分明確であるか見極める必要があることも指摘している。

ICRCと同様の見解は、二〇一二年にNATOサイバー防衛センター（CCDCOE）の研究チームが発表した「サイバー戦争に適用される国際法に関するマニュアル」（二〇〇八年に同センターが設立されたエストニアの首都タリンの地名を冠し、通称「タリン・マニュアル」とも呼ばれる）にも見られ、サイバー戦争にも現在の国際人道法が適用されると結論づけている。

これまでICRCは、法の不備を指摘される度に、問題は法の不備ではなく法の履行の確保にあると主張してきたが、その一方で「現在も国際人道法は交戦当事者のあらゆる行為に適用されるが、民間人の保護を十分確保するために新たな法を整備する必要性も排除しない」（二〇一三年七月一日）と発言し、法整備にも前向きな姿勢を示している。

国際社会は、サイバー攻撃のもたらす人類社会への深刻な脅威に備えるため、平時からのサイバーセキュリティの確立に向けた議論を進めており、二〇一一年一一月には、政府関係者、国際機関、民間セクター、学者、NGO代表などが集まり、ロンドンで初の「サイバー空間に関するロンドン会議」を開催し、サイバー攻撃への取り組みを協議した。こうした議論を進めつつ、各国はサイバーセキュリティ対策を強化し、当面の国内法の整備等に取り組んでいる。

3. 未来兵器を規制するルール

問われる新兵器の合法性判断

新兵器の規制については、タリン・マニュアルも言及している通り、ジュネーブ諸条約第一追加議定書第三六条の新兵器に関する規定が適用される。同規定によれば、「締約国は、新しい兵器、戦闘方法の手段及び方法の研究、開発、取得又は採用に当たっては、その使用がこの議定書又は当該締約国に適用される国際法の他の規則により特定の場合又はすべての場合に禁止されているものであるかどうかを決定する義務を負う」とある。

規定の文言中にある「国際法の他の規則」とは、戦闘方法と武器使用の制限に関する一九〇七年のハーグ陸戦規則や一九八〇年のＣＣＷ、一九九三年の化学兵器禁止条約、一九九七年の対人地雷禁止条約などの諸条約等の規定のほか、慣習国際法も含まれるだろう。

これらの国際法に見られる主要な原則は、個別の兵器の合法性、違法性の判断基準となる。これらの原則とは通常、「過度で不必要な苦痛を与えないこと」、「無差別性がないこと」、「環境に永続的な悪影響を与えないこと」、「背信的でないこと」などが挙げられる。これらの原則に照らして兵器は審査されることになる。現在、第三六条の趣旨に沿って幾つかの国々が新兵器の合法性評価検証システムを構築している。

アメリカは、第一追加議定書を批准していないが、一九七四年に「兵器評価プログラム」を開始し、すべての兵器が国防総省により軍の法務官の参加を得て、開発段階から法的、環境的、医学的、技術的な専門家の検証をへて、その合法性、違法性が審査されるようになった。この検証データは、合衆国情報公開法に基づき一般市民も閲覧できるようになっている。オーストラリアでも国防省が法務官による検証を行うシステムがとられ、「新兵器の目的は何か」、「新兵器の採用が必要とされる要件は何か」、「新兵器がもたらす損傷メカニズムは何か」など審査項目の一覧に基づく評価を行っている。

しかし、実際にはこうした審査をパスしたはずの兵器——例えば、クラスター弾、劣化ウラン弾など——が、その人体や環境への影響や無差別性を指摘されたりした。

マルテンスから学ぶ普遍的規範

国際社会の非人道的兵器に対する目が一段と厳しくなっている現代では、開発、使用されている兵器は基本的には合法性評価審査をパスした兵器であるはずである。それにもかかわらず、対人地雷やクラスター弾が実戦使用後に禁止されたように、今後も禁止兵器の規制の間隙を縫って新兵器が開発され、使用される可能性がある。また従来の禁止概念では規制できない想像もつかない兵器が開発される可能性もある。このような兵器を普遍的に規制する原理原則はないのだろうか。

例えば、非殺傷兵器は、電力網を麻痺させたり、電子機器を破壊するが、直接人を殺傷することがなければ、従来の兵器の禁止概念からは逸脱するかもしれない。しかし、これらの兵器はその使用方法によっては市民生活を支える経済・金融システム、交通システム、ライフライン、電力システムなどに甚大な損害を及ぼす可能性がある。高度にＩＴ化が進み、ライフラインのほとんどがコンピューターに依存している現代社会では、これらのインフラへのサイバー攻撃が行われた場合には、間接的に無辜の市民生活を破壊し、結果的に人々の生命、安全への脅威となる可能性は極めて高い。

戦争の新技術の飛躍的進歩に見られるように、法の規制は常に兵器の開発の後塵を拝してきた。こうした状況に何らかの歯止めをかけるとしたら、最終的には諸国家と人民の道義心に訴えるしかないともいえる。そうした意味で現代でも示唆に富んだ知恵が、ハーグ陸戦条約前文にあるマルテンス条項である。マルテンス条項は簡潔には、「条約で規定がない場合でも、加盟国は文明国に共通する慣習、人道の法則及び公共の良心の要求から生まれる国際法の原則に従わなければならない」というものであった。つまり、参照すべき法（実定法）が存在しない場合には、人間の人道心や良心が国際法の淵源であることを想起し、こうした道義的原則に基づいた実行が求められるというものである。換言すれば、最終的には人間の人道心や良心に依拠した行動が求められることになる。それはもはや法の問題ではなく倫理・道徳の問題である。

非殺傷型防衛研究を担当してきた元ロス・アラモス国立研究所のジョン・アレキサンダー博士は、技術革新が新兵器に応用されるのは不可避だが、問題は技術ではなく人間の倫理観にあることを次のように強調している。

「われわれは化学兵器の規制条約を発展させてきたが、これらは基本的に一〇〇年ほど前の第一次世界大戦当時の技術に基づいている。二〇世紀は科学と物理学の世紀だったが、二一世紀は生物学の世紀となるだろう。それは大きな利益にもなるが、何を開発すべきか、すべきでないか、といった議論は無意味になるだろう。法を適用するのに最も重要なことは、法で技術を規制するのではなく、それを悪用する人間に法を適用することである。」

マルテンス条項は、戦争のルールの根幹は、究極的には善良なる市民の人道心や良心に依拠していること、つまり法の拘束力や強制力とは、単なる条文上の規則を超えた人間社会の道義心や倫理観に基礎づけられていることを確認し、宣言したという点で時代を超えて普遍的である。だからこそ、マルテンス条項は今日においても戦時国際法に限らず、平時の国際文書においてもその理念的根幹を支える重要な概念として生き続けている。

第10章　グローバル時代の戦争と個人

1．身近になった戦争と国際人道法

誰もが戦争に参加できる時代

近代の伝統的な戦争は、一般に開戦に始まり、和平協定をもって終結するという戦時と平時が容易に区別できるものだった。しかし、現代の戦争は、「テロとの戦い」に象徴されるようにこうした区別が無意味で戦闘地域と平和な日常といった区別も領域概念も不明瞭になっている。

このような時代に私たちはどう向き合えばよいのだろうか。国家は依然として国際社会の主要なアクターではあるが、他方で戦争はもはや個人や私的集団もその意志さえあれば誰もが容易に参加できる時代に入ったといえる。このことは、ＩＳの戦闘員に志願する先進国の若者やサイバー攻撃、ドローンの出現などからも垣間見ることができる。

このような戦争は、もはや従来の戦争観では捉えきれず、特にサイバー戦争ともなれば、国境を越えたサイバー空間を舞台に国際的なハッカー集団などＩＴ技術を駆使出来る者ならば誰もが参加できるようになる。こうして戦争に至るまでの敷居はかなり引き下げられてゆく。しかも、彼らは戦争（敵対行為）に参加しているという実感のないまま、バーチャルだがリアルな戦争に巻き込まれてゆく。

例えば、ハッカーの通常の攻撃は平時には刑事犯として訴追されるが、戦時における攻撃は場合によっては敵対行為への直接参加と見なされ、攻撃が背信的に行われたり、その損害や犠牲が甚大な結果を及ぼす場合には重大な戦争犯罪や人道に対する罪に当たる場合もある。それを伝統的な意味での戦争と呼べるかどうかはともかく、一般市民が物理的手段を用いることなく、多数の市民に死活的な被害をもたらす戦争に関与することが可能な時代がすぐそこに来た。

こうした時代にあって、国家間の約束としての国際人道法は個人に対しても意識の変革を迫っている。

重要性を増す国際人道法の普及

主権や領土を巡る国際戦争の脅威が払拭されない一方で、世界的格差が助長される世界の現実に対する不満はグローバリズムの負の遺産を強いられている人々の間に増えている。こうした現実が改善されない限り紛争の種は尽きることがない。だとすれば、戦争は、貧困や抑圧、格差の構造を除去することで取り除くことはできないにしても、その発生を抑える希望はある。その上で、万一、戦争に至った場合には、戦争のもたらす惨禍を最小限にとどめるために国際人道法が最後の砦としての役割を担うことに変わりはない。

その意味で従来にも増して国際人道法の役割が重要になる。国際人道法が機能するためには、戦闘員を始め関係当事者がその内容に習熟しなければならないが、いつ紛争に巻き込まれるかわからない一般市民も人道法の精神と原則を平時から身に着けることが必要である。むしろ、現代の武力紛争では民間人が武器をとる例が増えていることを想起すると、民間人への教育はかつてより遥かに重要ともいえる。

とはいえ、近年の紛争の現実を直視すれば、人道法教育の限界も認めざるを得ない。特に民族紛争や宗教紛争では、一般住民がいずれかの武装勢力に心情的に加担している場合が多く、敵に対する憎悪や敵愾心は極度に達し、異常な心理状態に駆り立てられる。こうした状況下では、人道法を遵守した行動は極めて困難と見られるからである。

しかし、一九九九年にＩＣＲＣが紛争国を対象に行なった紛争国世論調査では、次のような結果がでている。「(人道法)条約は紛争の悲惨さを抑えると思うか」という質問に対し、「そう思う」と答えた者は紛争国全体では五六％に達し、エルサルバドルでは七一％、ジョージアでは六〇％、ボスニア・ヘルツェゴビナでは五九％と高い数値を示した。これに対し、同じ質問に対する米英仏露の国連常任理事国では、「そう思う」と答えた者は、四三％に止まる。英米では三八％、フランスでは四九％、ロシアでは四七％と、いずれも紛争国より低い数値となった。この調査で見る限り、一般的に紛争の悲惨な現実を体験している人々の方が平和な先進国で暮らす人々よりも国際人道法に対する期待が高い傾向が見て取れる。

この結果は国際人道法の普及の重要性をあらためて再認識させるものであるが、その一方で現代のイスラム過激組織などの非人道的行為を見るとき、法を公然と無視し、国際世論をも全く意に介さない者たちの行動を法で規制することの限界も感じないわけにはゆかない。

法は世界を救えるか

歴史家が言うように、人間の歴史は戦争の歴史である。平和な時代は束の間であり、平和を享受することのできる者はそれが僥倖にすぎないことを知る。それだからこそ人間の歴史は戦争を防止し、その災禍を軽減する歴史でもあった。

そうした中で国際人道法の役割は、戦争のもたらす犠牲や災禍を可能な限り最小化することにあり、国際社会の平和と安全のために国際人道法が成し得ることは多くはない。それでも、国際人道法は単に戦争の人道化―もっともこの言葉には懐疑的な論者もいるが―を促すだけでなく、結果として人道的規範や価値を社会に広めることにより、平和な日常社会そのものをより人道化する可能性はある。戦時国際法の中に採用されたマルテンス条項が環境保護を促進する平時の国際法などにも引用されていることは、それを示唆しているかもしれない。

私たちが平和の尊さや人間の命と尊厳の大切さを気づかされるのは、戦争の悲惨な現実を通してであり、平和な日常からそれらを学ぶのではない。戦争という極限状況下においても人間尊重を訴える人道法の精神にこそ、人々に人間の尊厳の大切さを再認識させる強い説得力がある。

法の力は最終的には国家や個人の人道心や良心といった規範意識の高まりに期待せざるを得ない。古代ギリシャ・ローマの時代から、法の根源は良心にあると考えられてきたし、ソクラテスは、どんな人間にも生まれながらに備わった良心としてのダイモニオン（間違った行為を踏み止まらせる神の声）を想起した。ルソーは、「人間の魂の底には、先天的に正義と美徳の原理がある」（『エミール』）と考え、この原理を良心と名づけ、それをまた「天の声」とも呼んだ。カントも、「良心は人間なら誰のなかにもあるものであり、人間に行うべき義務を指示して、その適否を判断する実践理性である」（『道徳哲学』）とし、それを内的審判者や内的裁判所と呼んだ。

法が支配する国際社会でも法の力には限界がある。まず法は、悲惨な現実が起こった後で整備されるものであり、それを未然に防ぐことはできない。まさに、ミシェル・ペローが、「人道活動はしばしば戦争、軍隊、紛争の後を追いかける。人道活動の最初の大組織（赤十字）の原点がここにあったということを忘れないようにしよう」と指摘した通りである。

さらに法は、処罰や自爆を覚悟で違法行為を仕掛ける者を制止することはできないし、違法でなければ何をしても構わないという脱法行為に余地を残すことになる。つまり、合法であっても不当な行為（legal but illegitimate）もあれば、違法であっても正当な行為（illegal but legitimate）もある。法を無視する例は、ＩＳやアルカイダなどのイスラム過激組織の行動に見られるし、法の隙間を縫う行為は、アメリカの「テロとの戦い」における攻撃の論理に見えたりする。例えば、軍事目標への攻撃や標的殺害に伴う市民の巻き添えの犠牲を「許容範囲内の犠牲」と見る論理などである。犠牲が過度でなく均衡性を失しなければ必ずしも違法とはいえない場合がある人道法の「付随的損害」の論理が利用されているとすれば、法と正義に照らして正当な行為といえるか疑問が残る。結局、法はたとえ強固な法執行機関があったとしても万能ではない。だとしたら、法の適正な執行を強化する一方で、最終的には国家や個人の人道心や良心、道義心といった規範意識の高まりに期待する以外にない。

2. グローバルな人道秩序構築に向けて

グローバルな人間尊重のメカニズムを

国際人道法が現代に発するメッセージは、戦争という極限状況下においても人間の生命や尊厳といった至高の価値を保護することは、人類の責務であるということである。それは平時の人権法、戦時の人道法といった法の適用領域を超えて普遍的に妥当する人間尊重のメカニズムを象徴するものであり、それをジャン・ピクテは人道法（humanitarian law）と対比させて「人類法（humane law）」と呼称した。それはカントが、『永遠平和のために』などで構想した「地球人類の法（世界市民の法）」とも呼ぶべきものである。

このような人間尊重の思想であらゆる人間の営みを秩序立てようとするのがグローバルな人道的秩序構築のテーマであり、それは戦時平時の区別を超えて世界を普遍的な人道的規範で規律しようとするものである。

そのような人道的規範に基礎付けられた世界秩序を国連は、新国際人道秩序と呼び、人道的規範主義者たちは、それを国際人道秩序（M・バーネット）、人道的レジーム（M・カルドー）あるいは、普遍的人道秩序（M・ブーテ）、人道的統治（R・フォーク）、国際人道主義（D・フォーシス）など様々に表現している。また、こうした秩序の構築をグローバル倫理という視点から提唱する者（P・シンガー、H・キュングら）もいる。

こうした秩序構築の動きは、近年徐々に芽生えてきた。例えば、これまで国際機関や国家間の限られた専門家集団の中だけで立案されてきた国際法の成立プロセスにNGOや市民が積極的に参加し役割を演じるようになってきた。一九九七年の対人地雷禁止条約や二〇〇八年のクラスター弾禁止条約もICRCを始め、世界のNGO、市民団体が共同して実現をはかってきた一つの成果である。こうした動きは、著名な国際法学者アントニオ・カッセーゼが言うように、「一握りの専門家たちの間で行われる議論に一般大衆を参加させることが大切」なことを教えている。

それとともに国際法、特に人権と人道に関する人間の保護に関する規則は、単に国家のみならず、グローバル世界の構成員たる個人を直接拘束するという意識も高まっている。特に平時戦時を問わない重大な人道犯罪等を裁く国際刑事裁判所の設立は、グローバルな人道的秩序構築の重要な一翼を担うものと思われる。M・カルドーは、世界レベルで暴力を極小化する有効な手段として国際人道法の強化とともに国際刑事裁判所の機能強化が必要だと指摘する。

また、近年、グローバルな人道的規範は企業活動でも遵守されるべきだという主張も強くなった。世界の約八〇〇〇社の企業が参加する国連グローバル・コンパクトもその一例といえるだろう。

普遍的な人道主義

人道的秩序でグローバルな世界を秩序立てるとするならば、まず人道主義という概念自体があらゆる文化を超えて普遍的に共感され、支持されなければならない。

元来、人道主義の語は、古代ローマ時代に遡るフーマニタース(humanitas)を語源とし、その概念は「人間らしさ」に係る多義的な概念であった。しかし、近代以降、その発展型としてのヒューマニズム(humanism)は、博愛主義者を意味する人道主義者(humanitarian)という新たな用語を生み出し、「一九世紀に最も頻繁に用いられた言葉」(シセラ・ボク)となり、奴隷解放や社会福祉の促進など人間尊重の文明の基本的価値となってきた。

しかし、その一方で、ヒューマニズムとしての人道主義は、当時の西欧中心の文明国観のもとで、文明と野蛮という構図を措定し、非西欧を野蛮と見なし、文明国とされた西欧を優位におく差別的世界観を固定化してきた側面も見逃せない。A・シュバイツァーの思想にもそうした文明間の片鱗が見られる。そうした一種の自文化中心主義(ethnocentrism)の延長線上に帝国主義や植民地主義の論理が成り立っていた。また、西欧出自の人道主義は、仏教的な慈悲とは異なり、人間以外の生物全般にまでその愛を敷衍させるものではなかった。そうした過度の人間中心主義が自然との調和ある発展を阻害し、環境破壊を誘発してきた側面もあるのではないか。こうした近代的、西欧由来のヒューマニズムが人間の本質的な尊厳、崇高さを体現しえないことをハイデガーは直感していた。

一九八二年の第三七回国連総会決議に基づき、国際社会共通の人道的基準を探ってきた国際人道問題独立委員会は、その最終報告書で、地球人類が抱える多様な危機的課題の解決にあたり、その中核的理念となる普遍的価値はヒューマニタリアニズムとしての人道主義以外にないことを指摘している。その中で、「人道主義は人類が直面する様々な矛盾を認識するための物差しであり、それを解決するための処方である」と述べるとともに、人道主義の「国際的な基準は広範囲な文化やイデオロギーに受け入れられるものでなければならず、人類は一つで分かちがたいが多元的なものであるという認識に基づかなければならない」と指摘している。そして「西欧的な発想から一歩出て、もっと普遍的なものに基づいていれば、人道的な規範はずっと普遍的に受け入れやすくなるだろう」と結んでいる。

中国の台頭や世界的なイスラム教徒拡大の中で、あらゆる人々に共感される真に普遍的な人道主義こそがグローバルな人道的秩序構築の基礎とならなければならないことだけは確かなようだ。

憎しみの連鎖の中で

民族紛争や「テロとの戦い」を支配する憎しみの連鎖を見るとき、私たちは現代世界が敵愾心や憎悪、怒りといった感情を生み出しやすい差別的、抑圧的構造をどこかに秘めていることを感じないわけにはいかない。

二〇一五年一月のダボス会議において、オックスファムのウィニー・ビヤニマは、世界の不平等のスケールは増大の一途を辿り、二〇一六年には最富裕層一％の富は世界の富の半分を占めるようになり、格差は急速に拡大していると指摘している。急速に進展するグローバリズムの波は、こうした格差感、被差別感を際立たせ、不当な扱いに対する怒りの渦は世界中に蔓延している。それはイスラム過激派の主張の中にも読み取れる。

イラクの代表的なシーア派神学者ムハマド・バキル師はイスラム原理主義の立場について次のように言う。

「今日の世界の姿は、よそ者、すなわち非イスラム教徒によって作り上げられた。我々には二つの選択肢がある。従順に受け入れ、イスラム教の死を待つか、我々の求める世界を建設するために今の世界を破壊するかだ。」(『A War against the West』)

二〇一五年一月三一日に死去した統一ドイツの初代大統領ワイツゼッカーは、大戦後四〇周年にあたる一九八五年五月八日、連邦議会で次世代の人々に向けて次のように語った。

「人間は何をしかねないのか、われわれは自らの歴史から学ぶ。だからわれわれは、これまでとは異なる、よりよい人間になったなどとうぬぼれてはならない。究極的な道徳の完成などあり得ない。われわれは人間が危険にさらされていることを学んだ。しかしその危険を繰り返し克服する力も備えている。ヒトラーは常に偏見と敵意、憎悪をかき立てるように努めていた。若い人たちにお願いしたい。他人への敵意や憎悪に駆り立てられてはならない。対立ではなく、互いに手を取りあって生きていくことを学んでほしい。」

新たな戦争の世紀に生きる私たちは、戦争の背後に潜む偏見、敵意、憎悪といった人間性を直視し、社会のあり方とともに個人のあり方に対する根本的な問い直しを迫られているのではないだろうか。

カントは、人間の本性が完全に高められるならば、内的な良心が法と公正を支配する神の国が到来すると信じた。そして、そのような状態こそが「人類が到達しうる最後の定められた目的であり、最高の道徳的完全性である」（『道徳哲学』）とし、その到来を未来の世代に託した。人類に託されたカントの期待を叶えることができるかどうかは人類自身の知恵と努力と勇気と意志にかかっている。その道は極めて困難だが、これなくして人類の未来に希望はない。

世界は「万人の万人に対する戦い（bellum omnium contra omnes）」であると説いたトマス・ホッブスが、合理的な人間であれば誰もが同意するはずだと言ったように、「平和を達成する希望がある限り、人はそれに向かって努力すべき」（『リヴァイアサン』）なのだろう。その時に初めて、キケロが夢見たように、「親切と情愛、そして法の共有によってすべての人間が一つに結ばれる」（『法律について』）のである。

主要文献一覧

邦語文献

アーサー・フェリル著（鈴木主税、石原正毅訳）『戦争の起源―石器時代からアレクサンドロスにいたる戦争の古代史』河出書房新社、一九九九年
足立純夫著『国際人道法論集1～3』自費刊行本、刊行年不詳（未記載）
アダム・スミス著（水田洋訳）『道徳感情論（上）』岩波書店、二〇〇三年
アラスデア・マッキンタイア著（篠崎榮訳）『美徳なき時代』みすず書房、一九九三年
アラン・ヤング著（中井久夫ほか訳）『PTSDの医療人類学』みすず書房、二〇〇一年
有賀長雄著『日清戦役国際法論全』陸軍大学校、一九〇三年
A・カッセーゼ著（曽我英雄訳）『戦争・テロ・拷問と国際法』敬文堂、一九九二年
アンリー・デュナン著（木内利三郎訳）『ソルフェリーノの思い出』日赤出版普及会、一九九四年
アンリ・ボグダン著（高井道夫訳）『東欧の歴史』中央公論社、一九九三年
アンリ・ルフェーブル著『パリ・コミューン（上・下）』岩波書店、二〇一一年
石黒忠悳著『懐旧九十年』岩波書店、一九八三年
井上忠男著『戦争と救済の文明史―赤十字と国際人道法のなりたち』PHP新書、二〇〇三年
井上忠男著『戦争のルール』宝島社、二〇〇四年
井上密著『赤十字主義』日本赤十字発行所、一九〇八年
猪口邦子著『戦争と平和：現代政治学叢書⑰』東京大学出版会、一九八九年

エリ・ウィーゼル、川田順造編（廣瀬浩司、林修訳）『介入？ 人間の権利と国家の論理』藤原書店、一九九七年
エレーン・ランドー著（松本利秋監訳、大野悟訳）『オサマ・ビンラディン』竹書房、二〇〇一年
大川四朗編訳『欧米人捕虜と赤十字活動―パラヴィチーニ博士の復権』論創社、二〇〇六年
小川鼎三著『医学の歴史』中公新書、一九六四年
小川政修著『西洋医学史』日新書院、一九四四年
海軍主計学校編『戦時国際法講義』東京府平民 廣丘幸助、一八八九年
金谷治訳注『孫子』岩波書店、一九七六年
樺山紘一ほか編『岩波講座 世界歴史25 戦争と平和』岩波書店、一九九七年
川俣馨一編『日本赤十字社発達史』日本赤十字社発達史発行所、一九一六年
岸本蔦次著『赤十字条約講義』厚生堂、一九〇九年
木下康彦、木村靖二、吉田寅編『詳説：世界史研究』山川出版社、二〇〇二年
ギヨーム・ダンドロー著（西海真樹、中井愛子訳）『NGOと人道支援活動』白水社、二〇〇五年
グスタフ・モアニエ、ルイ・アッピア『戦争と仁恵』日本赤十字社、大正四年試訳
クラウゼヴィッツ著（篠田英雄訳）『戦争論（上・中・下）』岩波書店、一九六八年
クロード・ダレーヌ著（小川武夫、川村よし子訳）『外科学の歴史』白水社、一九八八年
桑田悦、同台経済懇話会著「日清・日露戦争」『近代日本戦争史第一編』同台経済懇話会、一九九五年
古賀幸久著『イスラム国家の国際法規範』勁草書房、一九九一年
国際人道問題独立委員会著（創価学会インタナショナル訳）『地球 人間 生命―人類に勝利はあるか？』緒方貞子監修、毎日新聞社、一九八九年
塩川優一著『軍医のビルマ日記』日本評論社、一九九四年
シセラ・ボク著『共通価値―文明の衝突を越えて』法政大学出版局、二〇〇八年
J・J・ルソー著（本田喜代治、平岡昇訳）『人間不平等起源論』岩波書店、一九七二年
J・J・ルソー著（桑原武夫、前川貞次郎訳）『社会契約論』岩波書店、一九七八年
ジャン・ピクテ著（井上忠男訳）『国際人道法の発展と諸原則』日赤会館、二〇〇〇年

ジャン・ピクテ著（井上忠男訳）『解説赤十字の基本原則—人道機関の理念と行動規範』（第二版）東信堂、二〇一〇年
自由国民社『世界の戦争・革命・反乱』自由国民社、一九九一年
ジョージ・C・コーン著（鈴木主税訳）『世界戦争事典』河出書房新社、一九九八年
ジョン・キーガン著（井上堯祐訳）『戦争と人間の歴史—人間はなぜ戦争をするのか？』刀水書房、二〇〇〇年
ジョン・ロールズ他著（中島吉弘・松田まゆみ共訳）『人権について—オックスフォード・アムネスティ・レクチャーズ』みすず書房、二〇〇五年
赤十字国際委員会編（榎本重治訳）『千九百四十九年八月十二日のジュネーヴ条約解説Ⅰ』防衛庁陸上幕僚監部、一九五七年
赤十字国際委員会編（榎本重治、足立純夫共訳）『ジュネーヴ条約解説Ⅱ』朝雲新聞社、一九七三年
赤十字国際委員会編（榎本重治、足立純夫共訳）『ジュネーヴ条約解説Ⅲ』朝雲新聞社、一九七四年
赤十字国際委員会編（榎本重治、足立純夫共訳）『ジュネーヴ条約解説Ⅳ』朝雲新聞社、一九七六年
関亮著『軍医サンよもやま物語—軍医診療アラカルト』光人社、一九九八年
田岡良一著『空襲と国際法』巌松堂書店、昭和一二年
多木浩二著『戦争論』岩波書店、一九九九年
田畑茂二郎著『国際法新講（上・下）』東信堂、一九九〇年
淡徳三郎著『パリ・コンミュン史』法政大学出版局、一九七一年
チャールズ・タウンゼンド著（宮坂直史訳）『テロリズム』岩波書店、二〇〇三年
ヂュナー著（水野鉄次郎訳）『赤十字社の起源と国民への希望』水野鉄次郎、一九三二年
デニス・ウォーナー、ペギー・ウォーナー（妹尾作太男、三谷庸雄共訳）『日露戦争全史』時事通信社、一九七八年
ドック著『世界看護史』日本赤十字社、一九三二年
トマス・ポッゲ著（立岩真也監訳）『なぜ遠くの貧しい人への義務があるのか—世界的貧困と人権』生活書院、二〇一〇年
蜷川新著『人道の世界と日本』博愛発行所、一九三六年
日本赤十字社『明治三七・三八年戦役救護報告』、一九〇九年
日本赤十字社編『救護員生徒教育資料』日本赤十字社、一九一一年
日本赤十字社編『日本赤十字社社史稿（明治一〇年〜明治四〇年）』日本赤十字社、一九一一年

日本赤十字社編『日、米、英、佛、伊五カ國赤十字社委員會議事録』日本赤十字社、一九二〇年
日本赤十字社編『日本赤十字社史続稿　上巻／下巻（明治四一年～大正一一年）』日本赤十字社、一九二九年
日本赤十字社編『日本赤十字社史稿　第四巻』日本赤十字社、一九五七年
日本赤十字社編『日本赤十字社史稿　第五巻』日本赤十字社、一九六九年
日本赤十字社編『日本赤十字社史稿　第六巻』日本赤十字社、一九七二年
博愛社編『日本赤十字社沿革史全』（増訂8版）一九〇六年
橋本祐子著『私のアンリー・デュナン伝―赤十字の創立者に学ぶ』学習研究社、一九七八年
秦郁彦、佐瀬昌盛、常石敬一監修『世界戦争犯罪事典』文藝春秋社、二〇〇二年
F・クプチンスキー著（小田川研二訳）『松山捕虜収容所日記―ロシア将校の見た明治日本』中央公論社、一九八八年
フーゴー・グローチウス著（一又正雄訳）『戦争と平和の法』巌松堂、一九五〇年
藤田久一著『国際人道法』（新版）有信堂高文社、二〇〇三年
藤田久一著『戦争犯罪とは何か』岩波書店、一九九五年
松井芳郎著『国際法から世界を見る―市民のための国際法入門』（第3版）東信堂、二〇一一年
松井芳郎著『テロ、戦争、自衛―米国等のアフガン攻撃を考える』東信堂、二〇〇二年
マハトマ・ガンジー著（森本達雄訳）『わたしの非暴力1』みすず書房、一九七七年
マハトマ・ガンジー著（蝋山芳郎訳）『ガンジー自伝』中公文庫、二〇〇四年
宮部力次著『日露戦史大全（上下）』博信館、一九〇五年
村瀬信也、真山全編『武力紛争の国際法』東信堂、二〇〇四年
村山俘訳『中国の思想10　孫子・呉子』徳間書房、一九九六年
メアリー・カルドー著（山本武彦、渡部正樹訳）『新戦争論』岩波書店、二〇〇三年
メアリー・カルドー著（山本武彦、宮脇昇、木村真紀、大西崇介訳）『グローバル市民社会論―戦争へのひとつの回答』法政大学出版局、二〇〇七年
メチニコフ著（宮村定男訳）『近代医学の建設者』岩波書店、一九六八年
モーリス・トレッリ著（斎藤恵彦訳）『国際人道法』白水社、一九八八年

森鷗外著『森鷗外全集　全八巻』筑摩書房、一九七一年
山内進著『掠奪の法観念史―中・近世ヨーロッパの人・戦争・法』東京大学出版会、一九九三年
陸軍軍医学校編『陸軍軍医学校五十年史』陸軍軍医学校、一九三六年
陸軍省年報『赤十字条約註釈』明治二〇年
リチャード・フォーク著（川崎孝子訳）『21世紀の国際法秩序』東信堂、二〇一一年
リチャード・リケット著（青山孝徳訳）『オーストリアの歴史』成文社、一九九五年
ロジェ・カイヨワ著（秋枝茂夫訳）『戦争論―われわれの内にひそむ女神ベローナ』法政大学出版局、二〇一三年
ロマン・ロラン著（宮本正清訳）『マハトマ・ガンジー』みすず書房、一九八三年
渡辺昇一著『ドイツ参謀本部』中公新書、一九八二年

主要外国語文献

Andre Durant, *International Committee of the Red Cross,* ICRC, 1981.
André Durand, *History of the International Committee of the Red Cross. Volume II: From Sarajevo to Hiroshima,* Henry Dunant Institute, Geneva 1984.
Caroline Moorehead, *Dunant's Dream*, Carroll&Graf Publishers, Inc. New York, 1998.
Committee International de la Croix Rouge, *Quatrieme Conference Internationale des Societes de la Croix-Rouge*,Carlsrhhe 1887.
Conway W. Henderson, *Understanding International Law*, Wiley-Blackwell, 2010.
Dietrich Schindler, and JiriToman, *Law of Armed Conflicts* ,Leiden, Boston,Martinus Nijhoff Publishers, 2004.
François Bugnion, *The International Committee of the Red Cross and the protection of war victims.* ICRC & Macmillan (ref. 0503), Geneva 2003.
François Bugnion, *From the end of the Second World War to the dawn of the third Millennium,* International Review of the Red Cross,Marchi-April and May-June 1995.

François Bugnion, *Red Cross Law*, Offprint from the International Review of the Red Cross, September-October 1996.

Geoffrey Best, *War and Law since 1945*, Oxford University press,1994.

Georges Willemin, and Roger Heacock, *International Organization and the Evolution of World Society. Volume 2: The International Committee of the Red Cross,* Martinus Nijhoff Publishers, 1984.

Gradimir Djurovic, *The Central Tracing Agencey of the International Committee of Red Cross*, Henry Dunant Instittute , Geneva 1986.

Guenter B.Risse, *Mending Bodies, Saving Souls: A History of Hospitals*, New York, Oxford University Press, 1999.

Hans Houg,*Humanity for all*,Henry Dunant Institute,Paul Haupt Publishers Berne・Stuttgart・ViennaICRC,1993.

Henry Coursier, *International Red Cross*, ICRC, *Inter arma Caritas* ,1947.

International Committee of the Red Cross, *Handbook of the International Red Cross and Red Crescent Movement.* 13th edition, ICRC, Geneva 1994.

Jack E.McCallum, *Military Medicine:From Ancient Times to the 21st Century*,ABC-CLIO, 2008.

Jack Moreillon, *The promotion of peace and humanity in the twenty-first century:what role for the Red Cross and the Red Crescent?*,Offprint from the International Review of the Red Cross, 1994.

JA.Giesberg, *Civil war sisterhood: U.S.Sanitary Commission and Women's Politics in Transition*, Northeastern University Press, 2000.

J.Pictet, *Humanitarian Law and the Protecting of War victims*,Henry Dunant Institute, 1975.

J.Pictet, *The Principle of International Humanitarian Law*,ICRC, 1967.

John F. Hutchinson, *Champions of Charity: War and the Rise of the Red Cross,* Westview Press, Boulder 1997.

Joyce, James Avery, *Red Cross International and the strategy of Peace*, London, Stevens, 1958.

Julil Kasto, *Jus cogens and Humanitarian law*, International law series No.2, Kall Kwik Kingston, 1994.

Leslie C. Green, *The cotemporary law of armed conflict*, second edition, Juris Publishing, Manchester University Press, 2000.

Pierre Boissier, *Henry Dunant*, Henry Dunant Institute, 1974.

Pierre Boissier, *History of the International Committee of the Red Cross. Volume I: From Solferino to Tsushima.* Henry Dunant Institute, Geneva 1985.

Quincy Wright, *A Study of War*, University of Chicago Press: second edition 1965: second impression, 1967.

Michael Barnett, *The International Humanitarian Order*, Cornel University Press,2008.
Michael Barnett, and Thomas G. Weiss, *Humanitarianism in question* , Cornell University Press,2008.
Meinrad Studer, *The ICRC and civil-militray relations in armed conflict*, Offprint from the International Review of the Red Cross, 2001.
Robin M. Coupland, FRCS, and Peter Herby, *Review of the legality of weopons:a new approach,* Offprint from the International Review of the Red Cross, 1999.
Shelby T. McCloy, *The Humanitarian Movement in Eighteenth-Century France*, Haskell House Publishers Ltd. 1972.
Umesh Palwankar, *Application of international humanitarian law to United Nations peace- keeping force*, Offprint from International Review of the Red Cross, 1993.
Will Durant, and Aerial Durant, *The Lessons of History,* Fine Comunications, 1997.

ウェブサイト

CCDCOE,Tallinn Manual Process: https://ccdcoe.org/tallinn-manual.html
Death tolls for the major wars and atrocities of the twentieth century: http://necrometrics.com/20c1m.htm
Estimated war dead World War 2: http://warchronicle.com/numbers/WWII/deaths.htm
HISTORYNET,Civil War Casualties: http://www.historynet.com/civil-war-casualties
ICRC: https://www.icrc.org/en
ICRC,Interpretive guidance on the notion of Direct participation in hostilities under International Humanitarian Law: https://www.icrc.org/eng/assets/files/other/icrc-002-0990.pdf
ICRC, Panel discussion on the challenges of new technologies in warfare: https://www.icrc.org/eng/resources/documents/event/2014/03-06-research-and-debate-inaugural-event.htm
ICRC, People on War Report: https://www.icrc.org/eng/assets/files/other/icrc_002_0758.pdf
ICJ, CASE CONCERNING THE MILITARY AND PARAMILITARY ACTIVITIES IN AND AGAINST NICARAGUA

(NICARAGUA v. UNITED STATES OF AMERICA) (MERITS):Judgment of 27 June 1986:
http://www.icj-cij.org/docket/?sum=367&p1=3&p2=3&case=70&p3=5
ICJ, Legality of the threat or use of nuclear weopons:advisory opinions:
http://www.icj-cij.org/docket/index.php?p1=3&p2=4&k=e1&p3=4&case=95
IFRC: http://www.ifrc.org/
Institute for Economics & Peace,Global Terrorism Index 2014: http://economicsandpeace.org/research/
Non-lethality: http://www.bibliotecapleyades.net/sociopolitica/esp_sociopol_mindcon09.htm, http://www.whale.to/b/victorian2.html.
日本赤十字社：http://www.jrc.or.jp/
Oxfam: https://www.oxfam.org/en/pressroom/pressreleases/2015-01-19/richest-1-will-own-more-all-rest-2016
Prof.Joseph Joblin, At the origins of Humaniarian Law:the attitude of the Holy See:
http://www.bing.com/search?q=At+the+origins+of+Humaniarian+Law%3Athe+attitude+of
Statistics of Wars, Oppressions and Atrocities in the Nineteenth century: http://necrometrics.com/wars19c.htm
UNODC, Global study on homicide 2013:
http://www.unodc.org/documents/gsh/pdfs/2014_GLOBAL_HOMICIDE_BOOK_web.pdf
我が国の患者空輸の黎明と航空医学研究への展開：
http://www.sasappa.co.jp/online/abstract/jsasem/1/049/html/1110490424.html

あとがき

戦後七〇年の今年は、様々なメディアが戦争特集を組み、改めて戦争の悲惨さ、残酷さを心に刻む機会が多かった。あの大戦を教訓として世界は不戦の誓いを立てたはずであるが、今日の世界を見回すと未だに戦争は絶えることがなく、混迷した世界の状況はむしろ一層際立っている。

国際社会では、引き続き「テロとの戦い」が国際の平和と安全にとって大きな課題となっている一方で、変化する東アジア情勢の中、わが国では日本の安全保障を巡る議論が国会の内外で活発に行われている。

しかし、安全保障問題となると、とかく防衛問題のみに議論が集中しがちで、不幸にして戦争が起こってしまった後に運用される国際人道法への関心は今一つ盛り上がらない。この状況は、七〇年前の日本軍の捕虜に対する考え方の構図とどことなく似てはいないかと思うことがある。

当時の日本軍は「生きて虜囚の辱めを受けず」の精神のもと、捕虜になることを固く禁じられていた。そのため、万一、捕虜になった場合にはどのように行動すべきかはまったく教育されていなかった。「万一」などを想定することすらタブーだった。そうした中で敵国捕虜の虐待のみならず、捕虜になった日本兵は自らが享受するジュネーブ条約上の権利義務を全く理解できず、自軍の軍事情報を進んで提供する者さえいた。そうした国際常識を逸した不可解な行為はまさに無知のなせる業だった。

もし、国際人道法の周知徹底の議論が、安全保障の問題とは別次元と思われているとするならば、それは七〇年前の状況と何も変わっていないことになりはしないか。幸い、日本を含む主要国の軍隊はこれらの教育をかなり充実させてきたが、それに比べ一般国民に対する教育はほとんど進んでいない。軍人の国際人道法に対する理解度は、一般国民のそれと無関係とはいえないだろう。さらに現代の武力紛争では、民間人が戦闘行為に直接的に参加する傾向が高まっていることを想起すると、平時からの民間人への国際人道法の普及教育が特に重要になっていると思われる。

本書がテーマとする近代以降の一五〇年は、戦争と国際人道法が大きく進化した時代である。それはまた国家主権と法が支配した時代といってもよい。この間、近代と現代を分かつ第一次世界大戦を経て、世界は第二次世界大戦の惨劇を体験し、戦後の七〇年は世界が人権と人道を基調とする人間尊重の文明を築いてきた歴史でもある。しかし、東西冷戦終結以降、国家の求心力は相対的に低下傾向にあり、民族意識に目覚めた人々の軋轢は紛争にまで至り、国際社会の平和と安全を脅かす不安定要素となってきた。

また二一世紀に入り、同時多発テロ以降、世界の紛争を取り巻く状況はさらに複雑化し、シリア内戦やＩＳの台頭、イエメン内戦など混迷の度を深めている。この間、わが国をも巻き込む「テロとの戦い」は一向に出口が見えず、世界は重苦しい見通しの立たない時代の中にある。

ロシアとクリミア、カザフスタンを巡る情勢やギリシャ危機に象徴されるＥＵの混迷、あるいは少し前の「アラブの春」とその後の国々の混乱などを見るにつけ、国家はもはや強固でも健全でもなく、その脆弱さだけが際立つようになった。それは欧米諸国も例外ではなく、ローマ法王は「ヨーロッパは年老いた老人のように活力がなく病気である」と慨嘆した。そうした中、中国やインドなどアジア諸国の活力が目を引くが、それぞれの国の深層を探れば、いずれも決して安泰とは言い難い複雑な内情を秘めている。

主権国家の起源がグロチウスの時代(一七世紀)に遡るとするならば、それから約四〇〇年。国家というシステムはひょっとすると大きな曲がり角に来ているのかもしれない。

他方の「法の支配」の始まりもグロチウスの時代に遡るとするならば、国家と法は切っても切れない関係にある。しかし、法の支配についても国家と同様、ちょっと怪しくなってきた。国際法など眼中にないＩＳやアルカイダはさておくにしても、力による現状変更を強行する国々を見るにつけ、法の支配も国際道義も怪しくなったと思わざるを得ない。地球の死活的課題である核廃絶や地球温暖化対策についても、国家エゴが剥き出しの国際政治は全く無力で共同行動すらとれない。

さらにグローバリズムの進展は、格差と貧困を際立たせ、世界のあり方に不満を抱く人々を生み出している。そうした人々の既存秩序への逆襲をルサンチマンと呼ぶならば、イスラム過激組織の無茶苦茶な論理にもグローバリズムの中で周縁化された人々の呻き声を聞くような気もする。どうも世界の深刻な問題の解決に国際政治はうまく機能できなくなっているようだ。

国際政治学者の故高坂正堯氏は、国際政治と法について次のように言う。

「混乱した国際政治の状況は、邪悪な国家が存在するからおこるのではない。またそれは人びとの道徳的堕落によって説明されるものでもない。国際政治の混乱は、各国の行動を規律する準則が弱まり、他の国がいかなる行動様式をとるかを理解できないか、あるいは信用できない状況なのである。安定した状況には、そのような行動準則が存在する。国際法はその最も代表的なものであった。これまで、国際法は法であるかという問題がしばしば議論されてきたし、国際法が強制力を背景にした明確な法規でないことは否定しえないことであるが、それが各国の行動の一つの基準を与えてきたこともまた事実なのである。」(『国際政治』)

国家の行動を規律する上で国際法はそれなりの機能を果たしてきた。国際政治の場では、国益の要請だけでなく道徳的要請にも応えるという悩ましい選択を国家に迫ってきたし、万一、戦争に至った場合には、国際人道法が軍事的要請とともに人道的要請にも応えることを国家に求めてきた。このような法の縛りが存在しなかったなら、世界はもっと醜悪なものになっていた可能性はある。

国家と法の関係は、個人と道徳の関係に置き換えられる。人間はその長い歴史の中で人間性の限界を自覚し、自らの無制限な欲望を抑制する掟を作り出した。旧約聖書のモーゼの十戒もその一つであり、宗教的な戒律は、人間の荒ぶる欲望を抑制するブレーキの役割を果たしてきた。こうした戒律や教えといった倫理的規範が法の淵源にあるとすれば、法は国家という存在より遥かに人間的であり普遍的なものである。

人間が完全に道徳的な完成に至らない限り、争いは尽きることがない。だからこそ人間が織りなす世界に法は不可欠であるし、法が多くの不備や矛盾を秘めているとしても、それに代わる何かがあるわけではない。

しかし、それでも尚且つ、法の無力を感じざるを得ないのはなぜだろうか。国際人道法を無視するＩＳの行為も、人道法の隙間を縫う脱法的な行為も法の精神を踏みにじる点では本質的に同じかもしれない。前者を「野蛮」と呼ぶならば、後者は「狡猾」とでも呼ぶべきか。いずれも正義(そんなものがあればだが)とは程遠い。しかし、野蛮が無知の結果だとするならば、無知を開明、啓発で改善できる可能性はある。では狡猾はどうするか。どうも策が見当たらない。

国民なき国家などありえないように、法のない社会を想像することはできない。しかし、究極的には、法の根源を支える個々の人間の人間性や徳性を高めない限り、社会全体の平和と安全のレベルを底上げすることはできない。このごく当たり前のことが戦争と国際人道法の歴史を概観してきた筆者の当面の結論である。

ＩＳに拘束され、処刑の寸前で刑執行を命じられた兵士の慈悲により命拾いした男のインタビューがテレビで報道された。人の運命を最終的に左右するのは邪悪な上官命令でも法でもなく、一人の人間の勇気ある慈悲心や倫理観なのかもしれない。

筆者は、赤十字の場を通じて国際人道法の普及教育に長年力を入れてきたが、近年、人道法など眼中にない勢力を見るにつけ、法を説くことの空虚さや限界に意気消沈することがあった。そうした思いは、法の以前に人間の規範形成に大きく関わる哲学や宗教の重要性を筆者に再認識させることとなった。法の履行を保障するのは単にルールブックを教えることや処罰制度を強化することではなく、最終的には個々の人間の徳性に依存せざるを得ないからである。旧ユーゴの国際戦争犯罪法廷の被告人は、国際人道法の存在を知っていた者が少なくない。一方で、おそらく国際人道法など学んだことのないマザー・テレサは、あたかもそれを知っているかのような行動できるだろう。人道法とはそのようなものだからである。本書で再三、マルテンス条項を引用したのもそのためである。

故高坂正堯氏は、「戦争はおそらく不治の病であるかもしれない。しかし、われわれはそれを治療するために努力しつづけなければならない。われわれは、懐疑的にならざるをえないが、絶望してはならない。それは人間のつとめなのである。」といったが、この言葉は、また人間の道徳的な完成についてもいえるだろう。

おそらく人間が完全に道徳的な完成に至るのは不可能に近いだろう。しかし、その完成をめざさない限り人類の未来に本当の希望はない。懐疑的になりながらも、そのために努力することが恐らく人間のつとめなのだろう。

最後に、本書の刊行にあたり、数々のご支援をいただいた株東信堂の下田勝司社長並びに同社の向井智央氏に改めて感謝申し上げる。

二〇一五年八月一五日　終戦記念日に

井上忠男

【た行】

【な行】

【は行】

【ま行】

【や・ら・わ行】

人名索引

【ま行】

【や行】

【ら行】

【わ】

【は行】

【な行】

【た行】

【さ行】

【か行】

事項索引

著者紹介

井上　忠男（いのうえ　ただお）

日本赤十字国際人道研究センター長。日本赤十字看護大学教授。東洋大学国際哲学研究センター客員研究員。元日本赤十字学園事務局長、日本赤十字社企画広報室参事（2005愛・地球博　国際赤十字・赤新月館副館長）、国際部開発協力課長、青少年課長などを歴任。

主な著書：『戦争のルール』（宝島社）、『戦争と救済の文明史』PHP新書、『医師・看護師の有事行動マニュアル』（東信堂）、『国際人道法の発展と諸原則』（訳書　日本赤十字社刊）、『赤十字標章ハンドブック』（監修・共訳　東信堂）、『解説　赤十字の基本原則』（訳書　東信堂）、『赤十字標章の歴史』（訳書　東信堂）など。

戦争と国際人道法——その歴史と赤十字のあゆみ

2015年10月 1 日　　初　版第 1 刷発行　　〔検印省略〕
2018年 3 月31日　　初　版第 2 刷発行　　定価はカバーに表示してあります。

著者© 井上忠男　　発行者　下田勝司　　印刷・製本／中央精版印刷株式会社

東京都文京区向丘 1-20-6　郵便振替 00110-6-37828
〒113-0023　TEL (03) 3818-5521　FAX (03) 3818-5514

発行所
株式会社 東信堂

Published by TOSHINDO PUBLISHING CO., LTD.
1-20-6, Mukougaoka, Bunkyo-ku, Tokyo, 113-0023, Japan
E-mail : tk203444@fsinet.or.jp　http://www.toshindo-pub.com

ISBN978-4-7989-1312-4 C3032

東信堂

園田保健社会学の形成と展開	山手茂・米林喜男・須田木綿子 編著	三六〇〇円
社会的健康論	園田恭一	二五〇〇円
保健・医療・福祉の研究・教育・実践	山手茂・園田恭一・米林喜男 編	三四〇〇円
研究道 学的探求の道案内	平岡公一・武川正吾・山田昌弘・黒田浩一郎 監修	二八〇〇円
福祉政策の理論と実際（改訂版）福祉社会学研究入門	三重野卓・平岡公一 編	二五〇〇円
認知症家族介護を生きる―新しい認知症ケア時代の臨床社会学	井口高志	四二〇〇円
社会福祉における介護時間の研究―タイムスタディ調査の応用	渡邊裕子	五四〇〇円
発達障害支援の社会学	木村祐子	三六〇〇円
介護予防支援と福祉コミュニティ	松村直道	二五〇〇円
対人サービスの民営化―行政・営利・非営利の境界線	須田木綿子	二三〇〇円
グローバル化と知的様式―社会科学方法論についての七つのエッセー	J・ガルトゥング 矢澤修次郎・大重光太郎 訳	二八〇〇円
社会的自我論の現代的展開	船津衛	二四〇〇円
社会学の射程―ポストコロニアルな地球市民の社会学へ	庄司興吉	三二〇〇円
地球市民学を創る―地球社会の危機と変革のなかで	庄司興吉編著	三二〇〇円
現代日本の階級構造―理論・方法・計量分析	橋本健二	四五〇〇円
文明化と暴力―エリアス社会理論の研究	内海博文	三四〇〇円
人間諸科学の形成と制度化―社会諸科学との比較研究	長谷川幸一	三八〇〇円
現代社会と権威主義―フランクフルト学派権威論の再構成	保坂稔	三六〇〇円
観察の政治思想―アーレントと判断力	小山花子	二五〇〇円
インターネットの銀河系―ネット時代のビジネスと社会	M・カステル 矢澤・小山 訳	三六〇〇円
マナーと作法の社会学	加野芳正編著	二四〇〇円
マナーと作法の人間学	矢野智司編著	二〇〇〇円

〒113-0023 東京都文京区向丘 1-20-6 TEL 03-3818-5521 FAX03-3818-5514 振替 00110-6-37828
Email tk203444@fsinet.or.jp URL:http://www.toshindo-pub.com/

※定価：表示価格（本体）＋税

東信堂

オックスフォード キリスト教美術・建築事典	P&L・マレー著 中森義宗監訳	三〇〇〇〇円
イタリア・ルネサンス事典	J・R・ヘイル編 中森義宗監訳	七八〇〇円
美術史の辞典	P・デューロ他 中森義宗・清水忠訳	三六〇〇円
書に想い 時代を読む	河田悌一	一八〇〇円
日本人画工 牧野義雄—平治ロンドン日記	ますこ ひろしげ	五四〇〇円

〔芸術学叢書〕

芸術理論の現在—モダニズムから	藤枝晃雄 谷川渥 編著	三八〇〇円
絵画論を超えて	尾崎信一郎	四六〇〇円
美を究め美に遊ぶ—芸術と社会のあわい	江藤光紀 荻野厚志 田中佳 編著	二八〇〇円
バロックの魅力	小穴晶子編	二六〇〇円
新版 ジャクソン・ポロック	藤枝晃雄	二六〇〇円
美学と現代美術の距離—アメリカにおけるその乖離と接近をめぐって	金悠美	三八〇〇円
ロジャー・フライの批評理論—知性と感受性の間で	要真理子	四二〇〇円
レオノール・フィニ—境界を侵犯する新しい種	尾形希和子	二八〇〇円
いま蘇るブリア＝サヴァランの美味学	川端晶子	三八〇〇円

〔世界美術双書〕

バルビゾン派	井出洋一郎	二〇〇〇円
キリスト教シンボル図典	中森義宗	二三〇〇円
パルテノンとギリシア陶器	関隆志	二三〇〇円
中国の版画—唐代から清代まで	小林宏光	二三〇〇円
象徴主義—モダニズムへの警鐘	中村隆夫	二三〇〇円
中国の仏教美術—後漢代から元代まで	久野美樹	二三〇〇円
セザンヌとその時代	浅野春男	二三〇〇円
日本の南画	武田光一	二三〇〇円
画家とふるさと	小林忠	二三〇〇円
ドイツの国民記念碑—一八一三年—一九一三年	大原まゆみ	二三〇〇円
日本・アジア美術探索	永井信一	二三〇〇円
インド、チョーラ朝の美術	袋井由布子	二三〇〇円
古代ギリシアのブロンズ彫刻	羽田康一	二三〇〇円

〒113-0023 東京都文京区向丘 1-20-6 TEL 03-3818-5521 FAX03-3818-5514 振替 00110-6-37828
Email tk203444@fsinet.or.jp URL:http://www.toshindo-pub.com/

※定価：表示価格（本体）＋税